JN087553

多文化共生のコミュニケーション

多文化共生のコミュニケーション（'24）

装丁デザイン：牧野剛士
本文デザイン：畑中　猛

s-73

はじめに

放送大学でコミュニケーション学の分野に特化した科目を開講するのはこれで3つ目になります。最初は2007年度開講の「コミュニケーション論序説」，次が2019年度開講の「コミュニケーション学入門」，そしてこの「多文化共生のコミュニケーション」が2024年度開講です。この間に日本の社会も随分変わりました。2007年末の外国人登録者数は215万2,973人*でしたが，2022年末には1.4倍の307万5,213人**になりました。人口に占める外国人の割合も，2007年末には1.62%だったのが，2022年末には2.46%になりました**。国籍別に見ても，2007年末には1位が「中国」(606,889人，28.2%)，2位が「韓国・朝鮮」(593,489人，27.6%)，3位が「ブラジル」(316,967人，14.7%)でした*が，2022年末には1位が「中国」(761,563人，24.8%)であることは変わらないものの，2位は「ベトナム」(489,312人，15.9%)となり，3位の「韓国」(411,312人，13.4%)を追い抜きました**。(更に言うと，2022年末の時点で「ブラジル」は5位**ですし，2007年末の時点では「ベトナム」は上位6か国に入っていませんでした*。)「コミュニケーション学入門」の印刷教材の第15章***で描いた「明日の職場」では，様々な文化背景の人が一つの職場で共に仕事をする様子を想像していました。当時は「絵空事」のように見えたこの様子が，5年後の今日ではもう少し現実的に思えてくる気がします。

同時に，日本の中に存在する様々な違いについても，このところ注目されてくるようになったと思います。「ダイバーシティ」や「インクルー

*https://www.moj.go.jp/isa/content/001342022.pdf (2023年9月26日参照)
**https://www.moj.go.jp/isa/content/001398583.pdf (2023年9月26日参照)
***大橋理枝 (2019)「コミュニケーションの学び：まとめに代えて」大橋理枝・根橋玲子編著『コミュニケーション学入門』第15章 (pp. 255-274) 放送大学教育振興会。

ジョン」という語を聞く機会が増え，関心が以前よりは高まったと思いますし，様々な社会的格差や経済的格差が存在することも，コロナ禍でより一層浮き彫りになったと言えるでしょう。また，前段落で述べた外国人の増加に伴い，外国につながる人々や子どもたちも増加してきています。そのような現代の日本の状況を踏まえて，多文化共生を実現させるためにはどのようなコミュニケーションが求められるのかを考える必要があります。

「多文化共生のコミュニケーション」の印刷教材である本書は，そのような思いから5人の執筆者によって書かれました。授業科目の主任講師である大橋理枝と根橋玲子に加え，佐々木由美，花光里香，桝本智子の3名が分担執筆者として加わるという布陣は「コミュニケーション学入門」の印刷教材の時と同じですが，書かれている内容はかなり異なっています。本の前半で理論的な面を論じ，後半で応用的な面を具体的に論じる，という基本的な構成は似ていますが,「コミュニケーション学入門」の印刷教材ではコミュニケーション学の分野で扱う基礎的な内容を6章にわたって比較的じっくり論じたのに対し，本書ではその内容を3章にまとめ，他の章で理論的にも応用的にもより広い内容を扱っています。その結果「コミュニケーション学入門」の印刷教材より異文化（間）コミュニケーションの分野で扱う内容が多くなりましたが，このことは多文化共生のコミュニケーションを考える上では必須だったと思います。

「コミュニケーション」という語は今や国語辞典にも載っています†が,「多文化共生」はまだ十分に知られてはいないのではないかと思います。この印刷教材や放送授業を通して「多文化共生」とはどのようなことなのか，そこで私たちが理解しておきたいコミュニケーションはどのようなものなのかを考えて頂ければ,執筆者一同大変嬉しく思います。

---

†例えば『広辞苑』『明鏡国語辞典』は共に「コミュニケーション」という見出し語を立てている。

この印刷教材を上梓するに当たり，編集者の福岡二九雄氏には多々お手数をお掛け致しました。また，再校段階での「フレンドリー・アドバイス」では，匿名の先生に貴重なコメントを頂きました。更に，放送授業の制作に際してはディレクターの川口正氏と音声技術の新田健一氏に大変お世話になりました。この場をお借りして皆様に御礼申し上げます。

2023 年 9 月 30 日
執筆者一同

目 次

1　多文化共生とコミュニケーション

大橋理枝

《目標＆ポイント》「多文化共生」及び「コミュニケーション」という概念について，基盤となる点を確認すると共に，「多文化共生の対人コミュニケーション」のモデルを示し，コミュニケーション学で前提としている対人コミュニケーションの考え方を説明する。
《キーワード》 多文化共生，コミュニケーション，コンテキスト，メッセージ，対人コミュニケーション，言語／非言語，音声／非音声

1．「多文化共生」とは

もしいきなり次のような連絡が来たら，どう思うだろうか。

「今日の定例ミーティングは 30 分後倒し（あとだおし）になります。」

勿論，「定例ミーティング」が仕事のミーティングなのかどうか，本来何時からのものなのかなど，様々な状況次第で反応が異なるのは当然だが，考え得る幾つかの反応パターンを挙げてみよう。

a. 問題ない。じゃあ空いた 30 分で何をしようかな。

b. 困る。いつもの時間で終わらないと後の用事に支障が出る。

c. 「後倒し」が分からない。ミーティングは何時に始まるの？

自分の反応はどれに近かっただろうか？　そして，他の反応があり得るということに気付いただろうか？

a はミーティングの時間が変更されたことに合わせて自分の予定を変えようとしている。このような反応をするのは「定例ミーティング」を

かなり重要視している人だろうと考えられる。同時にａのように反応する人は自分の予定を変えることができる人でもある。即ち自分で自分の時間に融通を利かせることができる立場の人だということになる。その人たちにとってみれば，ａの反応は「普通」の反応であろう。

それに対してｂはミーティングの時間が変更されたことに合わせて自分の予定を変えることができない立場であることが想像される。「後の予定」を具体的に考えてみると，例えば日中どこかに預けている家族メンバー（子ども，高齢者など）を迎えに行かなければならないことなどが考えられる。その他自分では時間の融通を利かせられないような立場の人にとっては，ｂの反応が「普通」だろう。

一方ｃは「後倒し」という言葉の意味が分からないとなると，この連絡の意味が理解できない可能性がある。その場合は自分がどうすることを求められているのかが分からないだろうし，その結果どのような手配をする必要があるのか（例えばミーティングの開始時刻が遅くなるということは終了時刻も遅くなる可能性が高いので自分の代わりに子どもを迎えに行ってくれる人を手配する必要がある，など）も分からないだろう。2022年末の時点で日本に住んでいる外国人が307万人以上[1]いることを考えれば，日本語の習得が十分でないなどの理由でこのような反応が「普通」にならざるを得ない人がいても不思議はないだろう。

ここで例に挙げた反応は，それぞれ現代の日本の社会で生活している人たちにとって突拍子もないものではないだろう。そして，ａのように反応する人たちにとってはそれが「当たり前」であり，ｂのように反応する人たちも，ｃのように反応する人たちも，それぞれ同様だろう。即ち，日本の中には「普通」や「当たり前」が異なる人たちが共に生活しているということである。

石井・久米（2013）は「自分の所属している集団，自分の居住してい

1　出入国在留管理庁（2023年）。ここでいう「外国人」とは在留外国人を指している。

る地域などでは『あたりまえ』とされている共通の『考え方』『行動の仕方』『ものの見方』『対処の仕方』」（p. 14）を文化の定義の一部としている。「文化」については第2章で詳述するが，石井・久米の「文化」の定義によれば，「普通」や「当たり前」が異なるということは「文化」が異なるとことであるといえる。そのように考えると，日本では文化を異にする人々が共に生活していると言うことができる。

総務省（2006）では「地域における多文化共生を『国籍や民族などの異なる人々が，互いの文化的ちがいを認め合い，対等な関係を築こうとしながら，地域社会の構成員として共に生きていくこと』と定義」（p. 5）しており，この定義が現在日本の「多文化共生」を考える際の基盤となっている。一方，前節でみた通り，日本の中では「文化」が異なる人たちが共に生活している。つまり，「国籍や民族などの異なる人々」が，「互いの文化的ちがいを認め合」うことは勿論としても，国籍や民族などが異ならなくても「互いの文化的ちがいを認め合」うことが必要なのである。日本に住んでいる「当たり前」が異なる様々な人々が，互いの「当たり前」の違いを認め合いながら，共に生活していくこと――このことが日本における多文化共生であると考える。

2.「コミュニケーション」とは

2.1 「コミュニケーション」の定義

板場（2011）は「『コミュニケーション』ということばは『ジョーカー』のような働きをする。様々なものになれるという意味においてだ。」（p. 4）と述べる。つまり，「コミュニケーション」という語を定義することは容易ではないということである。日本大百科全書（ニッポニカ）「コミュニケーション」の解説で，岡田（1986）も「人間と社会にとって基礎的重要性をもつにもかかわらず，コミュニケーションの概念はまことに多様であって，統一された共通の定義が存在するわけではない」と述べ，「社会学者，社会心理学者，コミュニケーション研究者などによる若干の定義を紹介してみるならば」として8つの異なる定義を挙げている。石井（2013）も「『コミュニケーション』の定義は現在までに多数提出され，定義内容も多種多様である」（p. 2）と述べる。だが，「多文化共生のコミュニケーション」を論じようとする本書の中では，暫定的なものであっても何らかの共通理解が欲しい。そこで，このように多種多様な定義があることを踏まえた上で，もう少し焦点を絞っていく。

石井（2013）は上記に続く部分で「メッセージの授受・交換による動的な相互作用過程を重視する定義が一般的なもの」（p. 2）であると述べている。また，石井・久米（2013）は「人が，物理的および社会文化的環境・コンテキストの影響を受けながら，他者と言語および非言語メッセージを授受・交換することによって，認知的および情意的な意味づけをする動的な活動過程である」（p. 20）と定義している。そこで本書では「多文化共生のコミュニケーション」を「文化的背景が異なる者同士の間で，一定のコンテキストの下でメッセージの送信または受信を行うことにより，認知的及び情意的な意味づけが行われる過程」と定義しておきたい。

2.2 コンテキスト

広辞苑第七版には「コンテクスト」として「文章の前後の脈略。文脈。コンテキスト。」と掲載されているが，コミュニケーション学で「コンテキスト」という語はもっと広い意味で使う。鈴木（2013）は次のように説明している。

コミュニケーションの「コンテキスト」とは，物理的，歴史的，心

> 理的コミュニケーション環境のことを指す。つまり，コンテキストは物理的な環境だけでなく，コミュニケーションの場にいる人々の数やこれまでの人間関係，コミュニケーションの目的，人々の文化的背景なども含む。これらは相互に関連しあい，メッセージの記号化や記号解読の結果に影響を与える。(p. 12)

もう少しかみ砕いて言えば，コミュニケーションが行われる時の物理的環境・対人関係状況・心理的状態などを全て含めて「コンテキスト」なのである。従って本書では「多文化共生のコミュニケーション」における「コンテキスト」を「文化的背景が異なる者同士の間でメッセージの送信や受信が行われる際に，認知的及び情意的な意味づけに影響を与える物理的環境・対人関係状況・心理的状態などを指す」と定義する。

先に「今日の定例ミーティングは30分後倒しになります。」という連絡を例に挙げたが，この連絡が届いた人たちの間では，お互いに分かっている情報があるはずである。「定例ミーティング」が何のミーティングなのか，通常であれば何時に始まるものなのか，などの情報は関係者の間で了解されているものであることが前提とされており，この「連絡」の中には明示されていない。それでもa，b，cのどの反応をした人でも，これらの情報は分かっていて反応しているはずであり，そのような情報は「共有されているコンテキスト」であるといえる。一方，a，b，cのような異なった反応が生じる理由は必ずしも関係者の間で共有されてはいないだろう。そのことを考えると，「コンテキスト」の中には共有されているものもあれば共有されていないものもあることが分かる。

人は必ず複数の役割を持っており（例えば一人の人が会社員であると共に親であり，子であり，趣味の団体の一員である，など），同じ役割の人とは共有できるコンテキストがある（例えば親同士であれば共有できるコンテキストがある，など)。従って各個人には必ず複数のコンテキストがあり，それは特定のコミュニケーションの当事者ではない人との間で共有されているものである場合も多い。

特定のコミュニケーションの場面において，共有されているコンテキストと共有されていないコンテキストがあるという点と，人は誰もが複数のコンテキストを持っているという点は，多文化共生の対人コミュニケーションを考える際に非常に重要である。これらの点はこの先ずっと念頭に置いておくべき事柄であろう。

2.3 メッセージ

「メッセージ」という語が日本語の日常会話で使われる場合の意味合いを確認するために広辞苑を引いてみると，1番目の定義として「伝言。ことづて。口上。挨拶。」と出ている。これは「留守電のメッセージ」や「メッセージカード」などの文脈で使われる「メッセージ」としてなじみ深いだろう。だが広辞苑の「メッセージ」の定義はそれに留まらず，2番目の定義として「言語その他の記号（コード）によって伝達される情報内容」と述べられている。コミュニケーション学で使う「メッセージ」の意味はむしろこの2番目の意味に近い。これをもう少し詳しくした形で，岡田（1988）はメッセージを

> 送り手の目的や意図をなんらかの程度において内包した記号あるいは一連の記号群をいう。したがってメッセージとは，一般に，ある送り手（発信者）から他の受け手（受信者）へ多くの場合顕示的に，ある場合には非公式に伝達される有意のコミュニケーション内容といってよい。

としている。本書ではこの定義を参考にし，「多文化共生の対人コミュニケーション」における「メッセージ」を「文化的背景が異なる者同士の間で，一定のコンテキストの下で送信または受信されることにより認知的及び情意的な意味づけが行われる，何らかの形で表現された内容」と定義する。

2.4　対人コミュニケーション

先に挙げたコミュニケーションの定義の中に「文化的背景が異なる者同士の間で」という一節があったが，コミュニケーションという語自体は様々なレベルで行われるものを指し得る。一個人の中でもメッセージの送信や受信を行うことがある（独り言を言う場合など）し，集団や組織の代表者同士がやり取りする場合は純粋な個人間でのやり取りとは異なる。国の代表同士でコミュニケーションを行う場合は「外交」となるだろうし，少数のメッセージ送信者が不特定多数の受信者に対して一方向的にメッセージを送信する場合もある。これらはそれぞれ「個人内コミュニケーション」「集団間コミュニケーション」「組織間コミュニケーション」「国家間コミュニケーション」「マスコミュニケーション」と呼ばれる。これらに対して，先の定義にもあったような，個人対個人の間で行われるコミュニケーションを「対人コミュニケーション」という。1人の個人が別の1個人とやり取りを行う対人コミュニケーションはコミュニケーションを考える時の基本的な形であり，多文化共生のコミュニケーションを論じる上でもこの形を基本として考える。

2人の人がやり取りをしている時に，片方が一方的に話し続けるだけということはまずない。相手が話している時に割り込むこともあるし，相手の話に相槌を打ちながら聞いたりすることが多い（相槌がメッセージになることについては第4章を参照されたい）。この点は先に挙げた

「マスコミュニケーション」の形や，一人の人が大勢に向かって話す「レトリカルコミュニケーション」とは大きく異なっているといえる。従ってメッセージの送信者と受信者が頻繁に交代するという点を，対人コミュニケーションの重要な特徴の一つとして明記しておきたい。

3.「多文化共生の対人コミュニケーション」のモデル

コミュニケーションの定義が一義的に決められないのと同様に，コミュニケーションをモデル化して図示しようとする試みにもこれまで様々なものがあった。ここでは筆者が提案する対人コミュニケーションのモデルを示す。

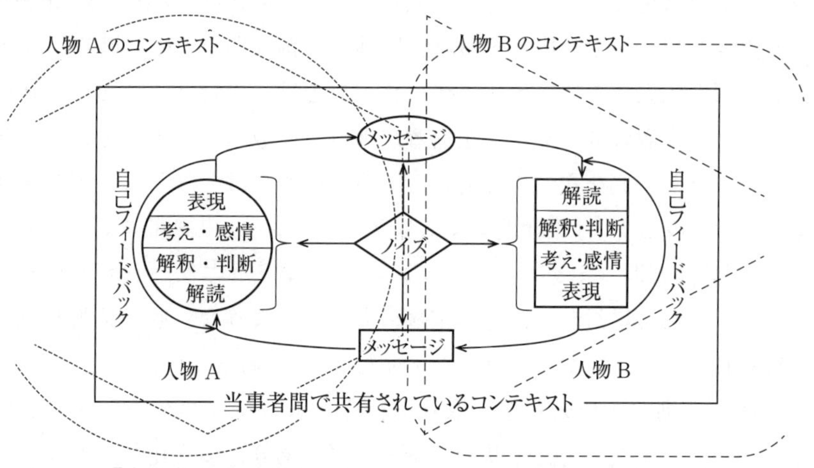

図 1-1 「多文化共生の対人コミュニケーション」のモデル（石井，1998，p. 57 及び石井，1997，p. 9 より改変）

このモデルは人物 A と人物 B の間で対人コミュニケーションが行われる状態を図示している。左側の人物 A はまず自分の考えや感情を何らかの形（言語や動作を使う，など）で表現する（例：言語を使って「今日の定例ミーティングは30分後倒しになります。」と伝える)。そのようにして表現されたメッセージが人物Bに伝わると，人物Bはその表現が何を意味するのかを解読する（例：「今日のミーティングはいつもより30分開始時刻が遅くなる」ということを解読する――「『後倒し』が分からない。ミーティングは何時に始まるの？」という反応になる場合はこの「メッセージの解読」の段階でつまずいていることになる)。人物Bは次に解読したメッセージの意味するところを解釈・判断する（例：「何らかの理由でいつもの開始時刻だと都合が悪い人がいるのだろう」と解釈する)。その解釈・判断に基づいて，人物Bは考えや感情を抱く（例：「じゃあ空いた30分で何をしようかな。」と考える)。そこで抱いた考えや感情を何らかの形で表現し（例：「了解しました。」と返信する)，それがメッセージとして人物Aに伝わる（例：Bから「了解しました。」と書かれたメールが来る)。これが全て特定のコンテキストの中で行われる（例：「定例ミーティング」が何のミーティングか，など)。但しこのコンテキストは共有されているものとされていないものがある（例：ミーティングの時間を変えると不都合が生じる人の事情など)。モデルの中では，共有されているコンテキストを実線で示し，人物A及び人物Bがそれぞれ持っている（即ちAとBの間では共有されていない）コンテキストを点線で示すと共に，コンテキストごとに形を変えてある。また，それぞれのコンテキストはここに現れていない人と共有されているため，閉じられていない形で表現されている。

人物Aと人物Bが異なる形状で表されているのは，人は一人一人異なっているということを表している。円形で表された人物Aが自分の考え・感情などを楕円形で表現したメッセージが，四角形で表された人物Bに届く。人物Bは四角という枠組みで楕円形のメッセージを解読し，解釈・判断する。その結果生じた考え・感情などを人物Bは長方形という形で表現したメッセージとして人物Ａに送る。人物Ａは長方形という形で表現されたメッセージを円形の枠組みで解読し，解釈・判断する…というプロセスがコミュニケーションである，という描き方をしたモデルである。

モデルの中に書き込まれている「自己フィードバック」とは，自分が相手にメッセージを送る前に自分の中でメッセージを精査する時のメッセージの受送信のルートである。例えばミーティングの時間変更の連絡が来た場合，「了解しました。」と返信するか「了解。」と返信するか，「りょ。」[2]と返信するか，はたまた「(･o･)ゞ！」[3]と打ち返すか，どれが最も適切かを自分の中で吟味しながらどの表現形を選ぶかということを考えるのが，自己フィードバックのルートである。相手に何か依頼をする場合や相手を勧誘する場合など，どのような形でメッセージを出せば良いのかに工夫が必要な場合は特にこのルートが活発に活用されるだろう。このルートの存在を考えると，コミュニケーションとは２人の人の間で行われるものである以前に，個人の中で行われるものであるということも可能である。

「ノイズ」というのは，コミュニケーションを阻害する様々な要因を指す。例えば「了解しました。」と打とうとして「領海島下」と打ってしまった場合，この文字列が「了解しました。」を意味すると理解されるのに支障が生じるかもしれない。このように，メッセージが相手に届くことを妨げるのがノイズである。ノイズには物理的なもの（電話中に周りがうるさくて相手の話が聞こえない場合は周りの音が物理的ノイズになる），心理的なもの（何か非常に心配なことがあって相手の話をうまく理解できないというような場合はその心配事が心理的ノイズになる），時間的なもの（非常に急いでいて相手の話をきちんと聞けないと

2　Wikipedia「りょ」。「了解」を意味する若者言葉・ネットスラングとして一時期流行った言い方。
https://ja.wikipedia.org/wiki/%E3%82%8A%E3%82%87（2023年２月６日参照）
3　顔文字一覧データベース。「了解」を意味する絵文字。
https://www.kaomoji-ichiran.com/okke/（2023年２月６日参照）

いう状態であれば，急いでいるということが時間的なノイズとなる）など様々なものがある。ノイズはメッセージが相手に伝わる時に混入するだけでなく，一人の人物が自分の考えを表現する際にも入り込み得る（例：「うまく言葉にできない」と感じられる場合など）し，相手からのメッセージを解読する際にも入り込み得る（例：相手が使っている言語を理解できない場合など）し，解読したメッセージを解釈・判断する過程にも入り込み得る（例：相手に言われた言葉の意図を誤解した場合など）。

4.「表現」の形

前節で示した「多文化共生の対人コミュニケーション」のモデルでは，当該コミュニケーションに関与する人物がそれぞれ考えたことや感じたことを何らかの形で「表現」することから考えた。この「表現」の仕方については，音声を使うもの・使わないもの，及び言語を使うもの・使わないもの，という区別が考えられる（末田・福田，2011；他）。

表１-１　メッセージの表現形

言語＼音声	使う	使わない
使う	言語音声メッセージ	非言語音声メッセージ
使わない	言語非音声メッセージ	非言語非音声メッセージ

私たちがコミュニケーションを行う際には声を出して言葉を話すことも多いが，音声言語を用いて作成されるメッセージが言語音声メッセージであり，そのようなメッセージを使って行うコミュニケーションが言語音声コミュニケーションである。一方，私たちが電子メールやSNS，手紙や手話[4]などを使ってコミュニケーションを行う際にも言語を用い

4　手話は特定の語に対応する手の動作や顔の表情が定まっており，抽象的な概念も定められた表現方法で示す上，独自の文法体系をもっているため，言語非音声メッセージに分類される。詳しくは章末を参照。

るが，音声は使わずにメッセージを作成する。このようなメッセージは言語非音声メッセージであり，そのようなメッセージを用いて行うコミュニケーションを言語非音声コミュニケーションという。

また，私たちが音声言語を使っている際に相手に伝わっているのは言語で表現された内容だけではない。例えば「こんにちは。」という挨拶に対する返事が元気の良い「こんにちは！」だった場合と，暗く弱弱しい声での「こんにちは。」だった場合とでは，相手の状態に違いがあることが示される。このように，言語で表現された内容そのものではなく，言語をどのように音声化するかによって表現されるメッセージが非言語音声メッセージであり，このようなメッセージを用いて行うコミュニケーションが非言語音声コミュニケーションである。更に，手招きをする，頭をなでる，視線を動かすなどの動作は，言語は使われていないし，音声も使われていないが，伝える内容をもったメッセージとして理解される。このように，言語も音声も使わないメッセージを非言語非音声メッセージといい，そのようなメッセージを用いて行うコミュニケーションを非言語非音声コミュニケーションという（第 4 章参照）。

コミュニケーションについて考える際に「表現」の仕方を考えなければいけないのは，人間は何らかの形で考えや気持ちを表現しなければ他人に伝えることができないからである。考えや気持ちを表現するために言語を用いる場合も，言語ではなく動作などで表現する場合も，そこで用いられる手段は考えや気持ちを象徴的に表現するもの[5]であると捉えられる。このことを「コミュニケーションの象徴性」という。

また，考えや気持ちを表現する際に言語を用いる場合は，その一部を変えると全体の意味が変わる（「今朝はパンを食べた。」「今朝はご飯を食べた。」「昨夜はパンを食べた。」はいずれも単語を一つ入れ替えただけで文全体の意味が変わっている）。一方，言語ではなく動作などを用

5 「象徴的に表現する」ということは即ち「記号として表現する」ということと同義であり，そのために本書で「表現」としていることは「記号化」として説明される場合が多い。

いる場合は，その動作の繰り返しの頻度や速さなどが意味の違いをもたらす（手招きをどれだけ早く繰り返すかによって緊急度の差を表現するなど）。このように，部分を変えると全体の意味が変わるような表現形態を「デジタル型の表現形態」，部分を入れ替えるのではなくその大きさ・速度・頻度などの量を変えることで意味の違いを表す表現形態を「アナログ型の表現形態」という。言語メッセージはデジタル型の表現形態であり，非言語メッセージはアナログ型の表現形態である。

先に挙げた非言語メッセージの例は意図的に行う動作などを用いたものだったが，意図的な動作だけではなく貧乏ゆすりやペン回しなど意識しないで行っている動作や，無意識のうちに相手との間に取っている距離なども非言語メッセージとして機能する。最も端的に言えば，私たちが行っている一挙一動全てがメッセージとなるのである。そして，意識せずに行っている一挙一動がメッセージとなるのであれば，こちらにはメッセージを発信する意図がなくても，こちらが行った何らかの動作などが相手にメッセージとして受け取られてしまう可能性が生じる。そのことを考えると，私たちは生きている限りコミュニケーションから逃れることができないということが分かる。このことを「コミュニケーションの不可避性」という。

このことを，メッセージを発信する意図の有無と，メッセージを受信するか否かという観点から考えると，次のように整理できる。

表１−２　メッセージの発信意図と受信の有無からみたコミュニケーション

人物Ａ／人物Ｂ	メッセージの発信意図あり	メッセージの発信意図なし
メッセージが受信された場合	成功したコミュニケーション	無意図的コミュニケーション
メッセージが受信されなかった場合	失敗したコミュニケーション	コミュニケーションとはみなさない

「成功したコミュニケーション」「失敗したコミュニケーション」「無意図的コミュニケーション」はいずれもコミュニケーションの一種である。即ち，先のモデルで見れば，人物Aからメッセージが発信された段階で「コミュニケーション」なのであり，コミュニケーションであるかないかを考える場合にはそのメッセージが人物Bまで届いたかどうかは問わない（届けば「成功したコミュニケーション」となり，届かなければ「失敗したコミュニケーション」となる）。また，メッセージが人物Bに到達していれば，そのメッセージが人物Aによって意図的に発信されたものであるかどうかは関係ない（人物Aから意図的に発信されたものであれば「成功したコミュニケーション」となるし，人物Aが意図的に発信したものではないのに人物Bに到達してしまった場合は「無意図的コミュニケーション」となる）。人物Aにメッセージを発信する意図がなく，人物Bもメッセージを受信しなかった場合のみが「コミュニケーションとはみなさない」という状態なのである。

注意しなければならないのは，「コミュニケーションである」ということは「誤解が生じていない」ということを意味するのではないということである。人物Aが楕円形のメッセージとして表現した考えや気持ちと，人物Bが四角の枠組みで行った解読や解釈とがある程度合致すれば，それは「誤解の少ないコミュニケーション」となるし，合致しなければ「誤解のあるコミュニケーション」となるが，どちらもコミュニケーションである。この点はコミュニケーション学で捉えるコミュニケーションの捉え方と，一般の日常会話の中で使われる「コミュニケーション」という語が指す内容との違いと考える方が良いだろう。

5．その他のコミュニケーションの前提

ここでこの章の冒頭で挙げた「今日の定例ミーティングは30分後倒

しになります。」という例をもう一度考えてみたい。このメッセージでは「なります」という言い方が使われているが，これはこのメッセージの作成者が意図的に選んだ言葉遣いであろう。そしてこの言葉遣いにはこのメッセージの作成者が受け取り手をどのような相手として捉えているかが反映されている（例えば「今日の定例ミーティングは30分後倒しだよー。」というメッセージと比べてみると，「〜になります。」というメッセージの方が受け取り手に対して心理的に距離があるように感じられ，「〜だよー。」というメッセージの方が受け取り手に対して親しみが込められているように感じられるかもしれない）。このことから分かるように，あらゆるメッセージにはその内容と共にメッセージの作成者が受け取り手との間の対人関係をどのように把握しているかということが併せて伝わる。このことを端的にまとめて「コミュニケーションには内容面と関係面がある」とする。

また，コミュニケーションは時間と共に進んでいく。私たちは時間を止めることはできないし,時間を元に戻すこともできない。従ってコミュニケーションも止めることはできないし，元に戻すこともできない。このことを「コミュニケーションの不可逆性」という。更に，私たちは生まれてから現在まで生きて来る中で様々な経験を積んでおり，私たちが行うコミュニケーションは，必ず自分が今まで積み重ねていた経験に則った形で行われる。このことを「コミュニケーションの先行性」という。

6. まとめ

本章では本書で考える「多文化共生」について示し，「多文化共生のコミュニケーション」を定義すると共に，「コンテキスト」「メッセージ」「対人コミュニケーション」などの重要な語の意味を明確化した。また

「多文化共生の対人コミュニケーション」をモデル化した形で示し，コミュニケーション学の分野におけるコミュニケーションの捉え方の概要を示した。

＊手話について

日本で使われている手話には「日本手話」と「日本語対応手話（手指日本語）」とがあるが，後者は音声言語の日本語（以下「音声日本語」と称す）に手話単語を対応させていく表現の形であり，音声日本語と同じ語順で用いられるなどの点から，必ずしも音声日本語と別言語であるとは捉えられていない（神谷，掲載年月日不明；若林，2013）。一方前者は音声日本語や日本語対応手話とは語順などが一部異なり，「異なる独自の文法体系をもつ独立した言語」（若林，2013）であると捉えられている。詳しくは髙橋・仲内・宮地・村上（2007）及び神谷（掲載年月日不明）を参照のこと。

自分の身の回りのコミュニケーションを，「多文化共生のコミュニケーション」のモデルにあてはめて説明してみよう。

邦文引用文献

石井敏（1997）「異文化コミュニケーション」石井敏・久米昭元・遠山淳・平井一弘・松本茂・御堂岡潔（編）『異文化コミュニケーション・ハンドブック：基礎知識から応用・実践まで』第Ⅰ部第２章（pp. 7-11）有斐閣。

石井敏（1998）「文化とコミュニケーションのかかわり」鍋倉健悦（編著）『異文化間コミュニケーションへの招待：異文化の理解から異文化との交流に向けて』第

2 章（pp. 41-65）北樹出版。
石井敏（2013）「コミュニケーション」石井敏・久米昭元（編集代表）『異文化コミュニケーション事典』（p. 2）春風社。
石井敏・久米昭元（2013）「異文化コミュニケーションの基礎概念」石井敏・久米昭元・長谷川典子・桜木俊行・石黒武人『はじめて学ぶ異文化コミュニケーション：多文化共生と平和構築に向けて』第 1 章（pp. 11-34）有斐閣。
板場良久（2011）「『伝え合い』としてのコミュニケーション」板場良久・池田理知子編著『よくわかるコミュニケーション学』第 1 部第 2 章（pp. 4-5）ミネルヴァ書房。
大橋理枝（2019）「はじめに：コミュニケーションの基礎概念」大橋理枝・根橋玲子編著『コミュニケーション学入門』第 1 章（pp. 11-28）放送大学教育振興会。【p. 20 の一部を転載】
岡田直之（1986）「概念と機能」日本大百科全書（ニッポニカ）9「コミュニケーション」小学館。
岡田直之（1988）「メッセージ」日本大百科全書（ニッポニカ）22「メッセージ」小学館。
神谷昌明（掲載年月日不明）「手話学入門」
https://www.dge.toyota-ct.ac.jp/~kamiya/syuwagaku.html（2023 年 2 月 7 日参照）。
出入国在留管理庁（2023）「令和 4 年末現在における在留外国人数について」
https://www.moj.go.jp/isa/publications/press/13_00033.html（2023 年 9 月 4 日参照）。
末田清子・福田浩子（2011）『コミュニケーション学：その展望と視点　増補版』松柏社。
鈴木志のぶ（2013）「コンテキスト」石井敏・久米昭元（編集代表）『異文化コミュニケーション事典』（p. 12）春風社。
総務省（2006）「多文化共生の推進に関する研究会　報告書：地域における多文化共生の推進に向けて」。
http://www.soumu.go.jp/main_content/000706219.pdf（2023 年 2 月 4 日参照）
高橋亘・仲内直子・宮地絵美・村上裕加（2006）「日本手話と日本語の構造比較と聾者にわかりやすい日本語の表現」『関西福祉科学大学紀要』第 10 号，pp. 75-82

http://id.nii.ac.jp/1059/00000140/（2023年2月7日参照）。
若林真未（2013）「手話通訳」（石井敏・久米昭元 編集代表）『異文化コミュニケーション事典』（pp. 315-316）春風社。

2 文化とコミュニケーション

佐々木由美

《目標＆ポイント》 本章では，脳の神経回路が文化的に形成されるという神経文化相互作用モデルを紹介し，文化心理学的また文化神経科学研究の知見に基づき，主に米国文化について考察する。
《キーワード》 文化，長期記憶，神経文化相互作用モデル，コミュニケーション

1．文化定義の流れ

近年，神経科学の知見は分野の枠を越え，多様な研究分野に多くの示唆を与える。進化学者のウィルソン（2002）は，知の統合（consilience）こそ，より知的な冒険とより確実な人間理解を可能にすると述べ，生物学，神経科学，人文社会科学全分野の統合を提唱している。神経科学者のルドゥー（2012）は，文学などの非自然科学的アプローチや，言語学や社会学のような非還元主義的科学も，神経科学と共存し補完し合えるだけでなく，互いの知見や研究手法を進化させると述べている。また，神経科学者の小野（2014）も，神経科学と人文社会科学分野が共に研究を進める必要性を説いている。人間の「こころ」とコミュニケーションを含む行動の解明に関わる全ての研究分野において，今後，さらに互いの知見を共有，応用し，研究に取り組むことが必須である。

文化とコミュニケーションの関係を論じる異文化間コミュニケーション研究にも神経科学の知見を取り入れることで，これまで議論されてき

た理論や現象を新たな視点でとらえ直すことが可能になるだろう。そうした作業の一環として，本章では，まず伝統的な文化定義を概観し，次に神経科学の知見を取り入れた文化定義として，文化を長期記憶ととらえる文化心理学の文化定義を概観する。

1.1　伝統的な文化定義：文化を「静的」にとらえる

伝統的な文化定義では，文化は世代間で受け継がれ，学習され，共有される静的で固定化した存在とみなし，人は文化に「属し」，主に教育や躾を通じ，その影響を受動的かつ自動的に受けるかのようにとらえられてきた。このように「文化には変化しない『本質』があるととらえ，その『本質』が，そのカテゴリーに属する人々の『役割』や『属性』を決定する」（石井ほか，2013，p. 13）と静的に文化をとらえる「文化本質主義」に基づく研究は批判されるようになった（石井ほか，2013）。異文化間コミュニケーション学でも，こうした前提のもと研究が進められてきた経緯がある。そうした研究では，「文化」が何かは深く論じられないことも多く，いわば自明視され，その文化に「属する」人のコミュニケーション行動だけが検証される傾向がみられた。これはコミュニケーション行動の相違と，その根底にある文化的な価値観，考え方の解明を試みるアプローチである。しかし，これらの研究においては，人々のコミュニケーション行動に文化的影響があると自明視され，その相違は明らかにされても，影響要因としての「文化」が果たして何であり，どう私達のコミュニケーション行動に影響するかという点には踏み込まれないことが多く，文化はいわば空気のような漠然とした存在としてとらえられていた。

1.2　近年の文化定義：文化を「動的」にとらえる

近年，目覚ましい発展を続ける脳神経科学研究の影響を受け，異文化間コミュニケーション学においても，2000年前後から伝統的な文化定義から文化を動的にとらえ，人々の相互作用の中でダイナミックに変容する存在と考える定義（西川，1995；川上，1999；丸山，2009）へ移行しつつある。そうした中，文化をスキーマ（西田，2000），「記憶として刻まれる一連の情報システム」（久米・遠山，2001，p. 112），記憶の神経回路（西田，2016），共有される文化長期記憶（佐々木，2016）ととらえる定義が提唱されている。

また文化心理学では，文化は人間と環境のダイナミックな相互作用の中で，人間の心のあり方の中に形成され，変容すると考えられている（増田・山岸，2010）。そうした定義に基づく研究では，感情経験も文化間で異なり，人の心に文化として形成されると論じられている（詳細は第5章参照）。このように脳神経科学の知見が文化の定義にも影響し，記憶，心が文化であると考えられるようになってきた。

例えば，日本の天候，地形は米作農業が発達しやすい環境を作る。米作農業では灌漑水路の共同使用，また多くの労力を補うための協同作業が必然であったため，協調性重視という価値観が共有されやすかったと考えられている。協調性重視の価値観がコアな文化的価値観となった環境で，他者との関係性に目を向けやすい認知傾向が育まれ，その関係性の中で自己を認識する相互協調的自己観という自己認知傾向も発達したと推測されている。こうして自己に関するある種の認知傾向が形成されると，それがコミュニケーションの取り方にも影響する可能性が高い。なぜなら，コミュニケーションとは他者との関係性を構築する手段であるため，そもそも自己を他者との関係性においてどう認知するかにより，他者との関係性を築く方法は異なると考えられるためである。

2. 長期記憶とその形成

文化は記憶，心であるという定義についてさらに概観するため，本節では記憶，また文化の知識を形成する長期記憶について，小野（2014），中沢（2011）に基づき論じる。

2.1 長期記憶

記憶は，保持時間により感覚記憶，短期記憶，長期記憶に分けられる。感覚記憶は最も保持期間が短く，各感覚器官で瞬間的に保持されるのみで意識されず，注意を向けられた情報だけが短期記憶として保持される。短期記憶は保持期間が数十秒程度の記憶で，一度に保持される情報量に限界がある。例えば，4～5桁の番号を教えられ，少しの間，覚えているが，すぐに忘れるという経験はないだろうか。それが短期記憶で，長期記憶に移行する前の初期段階の記憶だといわれる。短期記憶は脳の海馬体[1]などで一時保存されるが，それが固定化[2]され大脳皮質[3]に移され，長期間または一生保持されるのが長期記憶である（小野，2014）。

長期記憶には，意識的に想起され言葉で説明できる宣言的記憶（または陳述記憶）と，無意識に想起され言葉で説明できない非宣言的記憶（または非陳述記憶）がある。宣言的記憶には，出来事に関するエピソード記憶と，客観的事実・知識を指す意味記憶がある。エピソード記憶とは，いつ，どこで，誰が，何がどうしたという，いわゆる想い出の記憶である。意味記憶は言語，知覚できる対象の意味（または概念）の記憶で，意識的に思い出し，語ることができる記憶である（小野，2014）。

1　大脳の側頭葉にある記憶の保存に重要な役割を果たす部位を指す。外界から感覚器官を通して取り入れられた情報は，海馬で記憶として固定化された後，大脳皮質へ移行され，長時間または一生保持される（中沢，2011）。

2　大脳辺縁系にある記憶の貯蔵，固定化に重要な役割を果たす部位。想い出の記憶や，知識の記憶（例：日本の首都は東京である）という宣言的記憶の統合中枢として中心的な役割を果たす（小野，2014）。

3　脳の外側にある皮質。新皮質ともいう（小野，2014）。

一方，非宣言的記憶には技能に関わる手続き記憶や，知覚，習慣[4]，情動に関する記憶があり，無意識に獲得，想起される（小野，2014；中沢，2011）。これらの非宣言的記憶は私達が記憶として意識しない記憶である。例えば，手続き記憶は自転車の乗り方やピアノの弾き方といった技能に関する記憶で，自転車の乗り方はいったん子どもの頃に習得すれば，大人になっても乗れる経験からもわかるように，自分では意識しないが保持されている長期記憶の一つである。知覚に関する非宣言的記

情報
↓
感覚記憶―各感覚器官で瞬間的に保持され，意識されなければ消失。
↓　　　　意識下の記憶もある。
短期記憶―長期記憶に移行される前の１～30 秒程度の記憶。
↓　　　　海馬体で保持される。
長期記憶―大脳皮質で長期間または一生保持される記憶。

＜宣言的記憶（陳述記憶）＞意識的に想起され言葉で説明できる記憶
　―**エピソード記憶**：出来事や想い出に関する記憶
　―**意味記憶**：言語，知覚できる対象の意味（概念）の記憶

＜非宣言的記憶（非陳述記憶）＞無意識に想起され言葉で説明できない記憶
　―**手続き記憶**：技能に関する記憶　（例）自転車の乗り方
　―**知覚の記憶**：知覚に関する記憶　（例）大きな音への慣れ
　―**習慣の記憶**：習慣に関する記憶　（例）食前に手を洗う
　―**情動の記憶**：情動に関する記憶　（例）喜びの情動

図２－１　記憶の種類（中沢，2011 を参考）

4　例えば，食前に手を洗うといった習慣に関する記憶。

憶の例として，いわゆる「慣れ」が挙げられる。大きな音を聞かされると最初はうるさく感じるが，ずっと聞かされているうちに慣れてしまい，最初ほどはうるさく感じなくなるといった経験があるだろう。あれは，聴覚からの刺激情報が学習され，それに対する反応が弱くなるためである。情動も同様に非宣言的記憶であり，学習され記憶される。

2.2 文化長期記憶

長期記憶は，繰り返しの経験によりニューロンと呼ばれる脳神経細胞同士が結合し，神経回路を形成することで固定化される。また，長期記憶が想起される際は，そうした神経回路が活性化される。特定の行動をとるため，それに必要な特定の長期記憶が繰り返し活性化されることは，特定の神経回路が強化されることを意味する。このようにして形成される長期記憶が全て文化長期記憶（佐々木，2016）だということではない。特定の文化環境において，他の文化メンバーと共通体験を繰り返すことにより，類似する長期記憶が共有されるのが文化長期記憶だと考える。次の第3節で紹介する神経文化相互作用モデル（Kitayama & Uskul, 2011）は，文化がどう形成され社会に浸透するかを説明する理論的モデルだが，ここでは文化長期記憶の形成を，「文化的に形づけられた脳の（神経回路の）活性化パターン」[5]（Kitayama & Uskul, 2011, p. 424）と表現している。

3. 神経文化相互作用モデル

本節では，文化を長期記憶または神経回路とみなし，個人がそれを獲得し，社会で共有される過程を示す一つの理論的な考え方として，神経文化相互作用モデル（neuro-culture interaction model）（Kitayama & Uskul, 2011）を紹介する。文化を長期記憶または神経回路とみなすこと

5 原文では，“culturally shaped activation patterns of the brain”（Kitayama & Uskul, 2011, p. 424）。

で，それがコミュニケーションにどう関連するかについて，より理解を深められると考える。このモデルでは，文化的にパターン化された神経回路が脳に形成され，最終的に生物学的に適応する過程までが提示され，文化が遺伝子レベルにも影響する可能性も示唆する。

神経文化相互作用モデルによれば，人は長年，自分の置かれた環境にいる他者と継続的に関わりながら，善悪の区別，礼儀作法など社会の規律を学習する。この「社会化」の過程において，脳は文化体験を蓄積する不可欠な場になる。すなわち，子どもは親をはじめとする周りの大人達と関わりながら，とる行動について一貫したフィードバック（反応）を受けた場合，それが報酬となり，特定の行動が強化される。例えば，赤ちゃんが母親に笑いかけると，母親はすぐに笑い返す。この母親の肯定的なフィードバックが赤ちゃんにとっての報酬となり，その行動を奨励するため，その行動に必要な脳の神経回路が強化される（Kitayama & Salvador, 2017, p. 844）。これを長年繰り返すことにより，様々な価値観，慣行が学習される。こうして学習される価値観や慣行は非常に多岐に渡るが，そこに共通する要素が主要な価値観や慣行を生み出し，それらを網羅する文化が脳に組み込まれていく[6]（Kitayama & Salvador, 2017）。このモデルは，（1）文化的価値観・慣行の生成と採用に関する実証的証拠，（2）文化的価値観・慣行が繰り返し実践される結果としての神経回路の変容を示す実証的証拠により，その信憑性が裏付けられる。それらの研究結果も併せて紹介する。

神経文化相互作用モデルは，文化的慣行や行動がどのように獲得されるかを7段階で説明する。①第1段階：文化的価値観と慣行が生成，浸透され，採用される。②第2段階：文化的価値観を達成するための文化的慣行が個人によって選択される。③第3段階：選択された文化的慣行は，個人の動機付けにより積極的に繰り返し実践される。④第4段階：

6　「脳に組み込まれる」というのは筆者の訳だが，原語は “embrained” である（Kitayama & Usukul, 2011）。一般的な語ではないが，「脳の中に構築される」，「脳内化される」とも訳せるだろう。

文化的慣行が繰り返し実践されることにより神経回路が変化し，そうした慣行が実践されるための神経回路が生成される。⑤第5段階：そうした文化的慣行が，文化的にパターン化された自然な行動へ移行する。⑥第6段階：文化的にパターン化された行動を自発的にとることが，地域コミュニティにおける文化メンバーとしてのアイデンティティの確立や，文化メンバーとしての正当な評価につながる。⑦第7段階：それが生物的適応へつながる。以下，Kitayama & Uskul（2011）に基づき，各段階について説明する。各段階の事例として，米国の「独立と個人主義（independence and individualism）」の価値観がどのように発生し，社会に浸透したかを中心にみていく。

Kitayama et al.（2010）によれば，米国，特にヨーロッパ系米国人（白人系米国人）文化に浸透し共有される「独立と個人主義」の価値観は，文化的に共有される心理的傾向とも関連し，社会的関係において他者中心的（other-centric）ではなく，自己中心的（egocentric）になる傾向があるという。西ヨーロッパの人々と比較しても，ヨーロッパ系米国人はそうした傾向がさらに強く，ヨーロッパ系米国人は，「ヒトという種を非常に代表していない」（Henrich, 2010, p. 41, 筆者訳）とすら論じられている。文化神経相互作用モデルを用いて，こうした価値観が米国社会でどう発生，浸透していったかみていく。

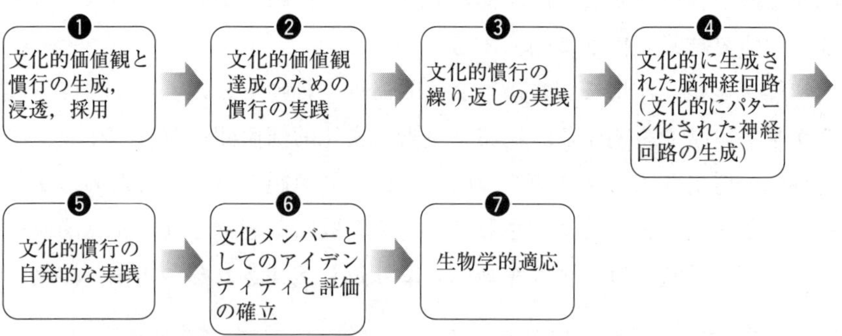

図 2－2　神経文化相互作用モデル（Kitayama & Uskul, 2011 を参照）

①　第1段階：文化的価値観と慣行の生成，浸透，採用

特定の価値観と慣行は，気候や地形といった地理的特徴など多様な集団的次元の要因により生成され，特定のコミュティ集団に浸透し，取り入れられていく。これらが文化的価値観（cultural values）と文化的慣行（cultural ethos）（Kitayama et al., 2010, p. 560）である。このように気候や地理的特徴の観点から定義される環境は生態学的環境と呼ばれる。生態学的環境は動植物に影響し，それが食料入手に影響する。それにより小集団で分散するか，または大きな単位で密集するかという人口統計学的分布，または居住形態が形成され，例えば遊牧的生活が主流となるか，定住型生活になるかが決定される。このように生態学的環境は，政治，経済，教育といった文化的システム，そして心理的プロセスに大きく影響すると考えられている（Kitayama & Uskul, 2011）。

文化システムの中で実践される文化的慣行とは，文化的にスクリプトとして決められた物事を成し遂げる方法を指す（Kitayama et al., 2010）。スクリプトは台本の意味だが，この場合のスクリプトは，2.1節で説明した長期記憶の内，宣言的記憶として貯蔵された知識の総体に関連する。スクリプトは，その内，物事を遂行するのに必要な手続きや順序に関する知識の総体を指すが，これは文化的に獲得されると考えられる（西田，2000）[7]。特定文化のメンバーは，このように「スクリプト化された行動（scripted action）」（Kitayama et al., 2010, p. 562）をとる。それが文化的慣行であり，そこにはコミュニティ集団に根強く保持されるコアな文

7　日常の繰り返しの経験から得る体験的な知識の総体，または「行動図式」（中沢，2011，p. 136）を「スキーマ」と呼び，ヒトの行動はそこから成り立つと考えられている。記憶を受け入れる行動図式であるスキーマが脳にあれば，記憶が速く脳に固定化され，また想起（記憶を呼び起こすこと）することができる（中沢，2011）。スキーマにはいくつかの種類があり，スクリプトは，その内，物事を遂行するのに必要な手続きや順序に関する知識の総体で，手続きスキーマと呼ばれる。有名な例として，レストランに行った際にどういう順序で行動するか，まず席につき，メニューをもらい注文し，飲食した後，代金を支払うといった順序に関する手続きスキーマは，「レストランスクリプト」と呼ばれる（西田，2000）。

化的価値観が反映される。例えば，米国の学校では子ども達に「ショー&テル（Show and Tell）」という，物を見せながらスピーチさせるパブリックスピーキングの実践が盛んだが，これは自己表現を重視する価値観が教育に反映されており，これも「独立と個人主義」を具現化させるための実践である（Kitayama et al., 2010, p. 560）。

こうした文化的価値観が形成された米国の生態学的環境について Kitayama et al.（2010）では次のように説明されている。18 世紀初頭の西部開拓時代の米国は人口密度が極めて低く，社会的流動性が高く，重要な社会制度とインフラが欠如し，寒い冬と乾燥した気候を特徴とする過酷な環境にあった。したがって，入植者は過酷な状況に直面し，生き残りをかけ，潜在的な敵に対抗するため自ら物事を決定しなければならず，自立に関する強い心理的傾向を発達させたと考えられる。こうした厳しい自然環境と，希少な資源や低い人口密度，高い人口移動率という条件が重なる場合，安定した社会的関係を形成するのは非常に困難なため，相互の協調性を育むのは困難になりやすい。

この第 1 段階の文化的価値観や慣行の採用について，他の文化集団の慣行を取り入れようとする理由に，その慣行を取り入れることにより，自文化のグループ内で社会的ステータスを得られること，また模倣のしやすさがある（Kitayama & Usukul, 2011）。人々が生態学的環境に慣れ，生存を脅かされる危険性が低い場合，権力と名声のための社会競争でより高い地位を求める余裕ができ，高い地位を持つ文化集団の慣行を模倣するようになる。米国の歴史に照らすと，大規模な経済的成功を収め，連邦政府に公式に承認された西部開拓者の独立精神に則（のっと）った文化的慣行を，米国東部の人々は熱心に模倣し，取り入れた（Kitayama et al., 2010）。他の文化圏の慣行に強い敬意をもち動機付けられる場合，それは容易に模倣され採用される傾向がある。

他の例として，人々は人気ミュージシャンや俳優といったいわゆる「スター」の名声，富に憧れ，彼らのファッションや音楽を模倣し，それが文化の一側面として浸透していく。ある文化圏メンバーが富，ステータス，権力を理由に他の文化圏メンバーに強い敬意，または憧憬の念（「自分もそうなりたい」という強い思い）を抱く場合，行動パターンの模倣も，無意識的，自動的に起こることがある。脳内のミラーニューロン[8]の存在を示す脳神経科学的エビデンスにより，模倣がヒトだけでなくヒト以外の霊長類の社会性の基盤であることがわかっており，模倣が文化の浸透に重要な役割を果たすと考えられている（Kitayama et al., 2010）。

②　第2段階：文化的価値観達成のための慣行の実践

次に文化集団のメンバーは，コアな文化的価値観を達成するため実践可能な文化的慣行を選択し，それを独自の方法で積極的に実践する（Kitayama et al., 2011）。独立性がコアな文化的価値観である米国文化では，自己主張や強力なリーダーシップの重要性といった独立性の文化的価値観を達成するため，個人は教育システムにおいてその実践を動機づけられ，その機会が与えられる。文化集団の各メンバーが徐々に自己アイデンティティを形成するにつれ，個人は実践可能な文化的慣行の中から，自己アイデンティティに最も適したものを選択し実践する。例えば，ある個人は「他者とは違う」という独自性に関する自己アイデンティティが強いかもしれない。その場合，その人は独自性の達成のため，必要な文化的慣行を積極的に実践するだろう。それは，独特な服装や髪型による実践かもしれないし，他者とは異なるユニークな考えの提案による実践かもしれないし，仕事を独特の方法で達成することによる実践かもしれない。このように，自己のアイデンティティを達成しながら，文化的価値観に基づく形で文化的慣行は実践される。

8　他者が運動するのを見聞きした時，あたかも自分が運動しているかのように活動する脳の運動前野にある神経細胞のこと。このミラーニューロンの存在は，運動前野が認知機能に関係し，視覚などの感覚情報に基づき運動に関与することを示す（永雄，2011）。ミラーニューロンが他者の行動の模倣に関係すると考えられている。

③　第3段階：文化的慣行の繰り返しの実践

個人は文化集団のよきメンバーになるため，望ましいと思われる文化的慣行を，各自が特有の方法で繰り返し実践するようになる。各自の好みや自己アイデンティティに合う形で，その実践方法を生み出し，文化集団において正当化できる形で実践するには，最初かなりの努力を必要とするかもしれない。しかし，何度も繰り返すうち，その実践は個人の心理的プロセスに永続的な変化を引き起こし，ごく自然に行えるようになる（第5段階）(Kitayama et al., 2011)。例えば，米国文化の独立性の文化的価値観を達成する実践に自己表現，自己主張があるが，子ども達も最初からこれがうまくできる訳ではない。親は日常生活の中で，常に子ども達にほしい物を「選択」させ，「主張」させる。朝ごはんはオムレツ，目玉焼き，スクランブルのどれがよいか，飲み物は何がほしいか，お菓子は何がほしいのか，小さな子ども達に常に「選択」させ，自分のほしい物をはっきり「主張」させる。幼稚園や小学校の低学年から，クラスメートの前で「ショー&テル」のスピーチを繰り返すことで，人前で自分の言葉で自分のことを話す行為を繰り返し実践する。こうした実践を繰り返すうち，子ども達にとり「自分のことを話す」，「自分の主張をする」実践はごく日常的な当たり前のこととなっていく。こうして，人々は自分の文化集団においてコアとなる文化的価値観を実践することにより，周りから高く評価されることを目指し，また「良識あるメンバー」としてのアイデンティティの確立を目指す。

④　第4段階：文化的慣行の繰り返しの実践による文化的にパターン化された神経回路の生成

このように，文化的慣行を繰り返し実践することにより脳の神経回路が変化し，そうした慣行が実践されやすくなるよう文化的にパターン化された神経回路が生成される。文化的慣行が意図的かつ繰り返し実践される場合，脳神経回路にも永続的な変化を引き起こす可能性が高い。この脳神経回路の変化の結果，その文化的慣行の実践が習慣的かつ自動的になる。これは，その文化的慣行の獲得を意味し，その後，その慣行は当然視されるようになる（Kitayama et al., 2011）。ここでいう文化的にパターン化された神経回路とは，1.2 節でみた繰り返しの共通体験から獲得される共有される文化長期記憶（佐々木，2016）を指す。

文化心理学における多くの文化比較研究は，文化的に形成される神経回路が異なる心理プロセス（認知や感情など）を構築する傾向を示す。例えば，日本人と米国人が視覚から入った情報を認知する方法が異なることを証明した研究がある（Masuda & Nisbett, 2001）。水面下で魚やカエルなどの生物が動くアニメ映像を見た後，何を見たかを説明する時，日本人は背景的または周辺的な情報に言及する傾向があり，また，「カエルが海藻によじ登っている」という風に周辺にある物との関係性に注目しながら，生物の行動に言及する頻度が米国人より多かった。次に，前に見た同じ映像の背景の絵だけ変え，同様の記憶力テストを行ったところ，日本人の正解率が下がった。一方，米国人は映像について説明する際，背景や周辺情報に言及することが日本人より少なく，主要と思われる存在だけに注目し，「魚が 3 匹いる」などと言及する傾向が強かった。したがって背景の絵を変えて記憶力テストをしても，その変化に影響されにくい（気づきにくい）ため，日本人よりテストの正解率が高かった。これらの実験結果は，日本人が物を見る時に背景や周辺情報といっしょに相対的に物を見る傾向，すなわち「総体的認知スタイル」が強い傾向を示す。一方，米国人は物を見る時に背景情報には注目せず，そこにある最も顕著な存在に注目する傾向が強いことを示す。同じ映像を見せられても，両者の物の見方（認知スタイル）が異なるのは，各自が特徴的な物の見方を繰り返し経験し，そのように物を見る認知スタイルの神経回路が獲得されているためだと考えられる。これは，文化的に形成された神経回路の実証例である。

こうした日本人の総体的認知スタイルは，日本語の文脈依存度の高いコミュニケーションスタイルとも関連すると考えられている。それについて，北山（2012）は次の例を挙げている。日本語のコミュニケーションでは，「コーヒーどうですか」と尋ねると，相手が「ありがとうございます」と答えることがある。この場合，相手は結局コーヒーがほしいのか，ほしくないのか判断が難しい。この言葉を，「いただきます，ありがとうございます」と解釈すればコーヒーがほしいことになるが，「結構です，ありがとうございます」と解釈すればコーヒーはいらないことになる。このように解釈により意味が異なる。この場合，文脈的な背景情報として相手の表情や，「ありがとう」の言い方（声のトーンや抑揚）といった非言語情報にも注意し，総体的に相手のメッセージを判断する必要がある。日本語が第一言語の人であれば，非言語情報にも注目する，文脈に依存したコミュニケーションを日々繰り返し実践しているため，さほど難しく感じず相手のメッセージを正しく解釈できるだろう。北山（2012）は，日本語のコミュニケーションは話す内容を最低限にするか，なるべく曖昧にして，それでいて話しの意図は伝わる「職人芸」（p. 26）のようだと指摘する。一方，先の実験結果でみたように，米国人は文脈のような背景情報には注目せず，最も顕著な存在に注目する認知傾向がある。したがって，彼らのコミュニケーションスタイルは，非言語といった文脈的な背景情報にあまり注目せずとも理解できるよう，必要な事を言語で明確に示す傾向がある。これについて北山（2012）は，英語では言語の内容から直接推測できることがほとんどで，「明示的な表現こそがコミュニケーションと人間関係両方の前提となっている」（p. 26）と指摘する。英語のコミュニケーションでは，もし言ったことに曖昧さがあれば，それは「語り手の不手際」（北山，2012，p. 26）と認識される。

⑤　第5段階：文化的にパターン化された行動の自発的な実践

文化的慣行を繰り返し自発的に実践することにより，文化的にパターン化された行動を自然にとれるようになる。しかし，個人の行動が常に文化的にパターン化された神経回路によって決定される訳ではなく，行動は非常に柔軟であり，状況的な規範や関連する事情に細かく規制される。だが，特定の状況である行動が必要な場合，文化的に配線された脳の神経回路が活性化され，文化的にスクリプト化された慣行が自動的に実践される（Kitayama et al., 2011）。例えば，米国文化のメンバーが独立性の文化的価値観を達成するため，常に自己主張をする訳ではない。結婚生活において愛するパートナーが精神的に参っている場合，時として自己の主張を抑え，相手の言い分を優先することもあるだろう。美味しいケーキが残り一つになった時，同席した子どもがそれをほしがれば譲るだろう。しかし，独自性を重んじる米国文化においては，結婚生活の大半で自然に主張し合い議論するであろうし，ケーキが十分ある場合は，大人も「食べたい」と明確に主張するであろう。

⑥　第6段階：文化的慣行を実践することによる文化メンバーのアイデンティティと地域コミュニティにおける評価の確立

文化的にパターン化された行動を自然にとることが，文化メンバーの暮らすコミュニティにおけるアイデンティティの確立や，「良識ある」文化メンバーとしての正当な評価につながる。すなわち，文化的慣行の実践は自発的であるため，それは自己の内面から動機づけられた行動だと認識される。それが文化メンバーとしての個人アイデンティティの確立につながり，また地域コミュニティから「適切な行動がとれる人」と判断され，高い評価に結びつく（Kitayama et al., 2011）。

例えば，米国社会には寄付文化が根付いている。寄付白書 2017（2017）

によれば，2016 年の米国における個人寄付総額は 30 兆 6,664 億円だが，これは日本における個人寄付の総額 7,756 億円の約 40 倍にあたる。日本の寄付総額の低さは，寄付者の割合の低さと，一人当たりの寄付金額の低さが原因で（寄付白書 2017，2017），個人の寄付行動に日米で明らかに相違がある。米国の寄付の大部分は個人（87%）によるもので，寄付金の配分先は宗教団体が 31% で最も多く，次が教育機関 15.5%，社会福祉団体 12.4%，財団 10.6% である（金，2015）。米国では寄付に対する税制優遇措置があり，税控除制度による寄付増加の可能性が検証されている（寄付白書 2017，2017）。一方，日本では寄付金について確定申告を行った人は全体の 14.3% で，全体の 8 割以上の寄付者は金銭的見返りを求めず，純粋に「善意」として寄付を行ったととらえられる（寄付白書 2015，2015）。米国の多くの個人寄付者が積極的に寄付を行うのは税控除制度のためだけではなく，その根底には達成されるべき文化的価値観がある。米国民の約 7 割を占めるキリスト教的慈善の価値観があるだろう。寄付行動の背景要因として，宗教は欧米で大きなテーマとして取り上げられており，信仰や礼拝への参加が寄付行動に影響しているとする研究が多い（寄付白書 2017，2017）。また，先より論じている独立性の価値観があるだろう。米国内の学校，図書館，博物館，美術館などの教育または芸術施設や福祉など，さまざまな社会的支援が個人の寄付によって支えられている。すなわち，自分達の社会は自分達で作り上げるという独立独歩の価値観がそこにうかがえる。一方，日本でも「人々の役に立ちたい」と思う人は多く，社会貢献意識は高いが，これが自発的な寄付行動やボランティア活動に結びついておらず，自分が行動することで，社会が良い方向に変わるという有効性感覚が希薄で，「自分の問題は自己責任で」という自己責任意識の強い人ほど寄付意欲が低いことが指摘されている（坂本，2022，p. 9.）。個々人が社会のためにいかに積極的に行動するかという，独立独歩の価値観の相違が日米間に顕著にみられる。このように，米国では宗教的価値観，また社会を自分達で作り上げるという独立独歩の価値観に基づき，個人による寄付活動が文化的慣行として実践されており，そうした実践を続けることで米国文化コミュニティの良識あるメンバーと認められることを期待する。寄付活動のような向社会的行動にはイメージをよくしたいという動機付けが一因としてあり，他人に好かれ，高く評価されたいという願望がある（Ariely et al., 2009）。したがって，寄付活動などの向社会的行動によりコミュニティから高く評価されることにより，米国人としての文化的アイデンティティが強まり，文化メンバーとしての自覚が高まると考えられる。

⑦　第7段階：生物学的適応

文化的慣行が要求される状況で，それを自然に実践できる能力は，自己アイデンティティの確立と，望ましい文化メンバーとしての評価に結びつく可能性について第6段階でみた通りだが，それは最終的に生物学的適応に至ると考えられている。これまで，遺伝的差異と文化的差異を結びつけて議論することは，社会科学においてタブーとされた（Kitayama et al., 2011）。しかし，この神経文化相互作用モデルでは，遺伝的プロセスが文化的慣行に関与する可能性が指摘されている。すなわち，行動，脳，文化，遺伝子は相互に関連すると考えられている。第一に，遺伝子の発現は文化的環境を含む環境に依存する。第二に，遺伝子自体が，文化的条件を含む比較的長期にわたる環境条件に依存する。つまり，個人は特定の状況で必要とされる文化的慣行を自発的に実践し，その実践に成功することで特定文化コミュニティの望ましいメンバーとして評価されるが，それにより生物学的適応が達成されると考えられている。すなわち，文化メンバーの文化的慣行の実践を助ける遺伝子は，長期的には積極的に選択される可能性がある（Kitayama et al., 2011）。

例えば，遺伝子の突然変異が起こる頻度は，地域の生態的，文化的条件に多大な影響を受ける。文化的慣行の実践に関連する遺伝子の突然変異の多くが文化地域単位で起こり，その頻度は文化地域間で異なることがわかっている。例えば，DRD4[9]のL対立遺伝子は，リスクを負う行動，衝動性，多動などの特性と関連が見出されているが，この遺伝子は，ヨーロッパ人，特にヨーロッパ系アメリカ人でよくみられ，日本人や中国人などの東アジア人にはあまりみられない。それはこの遺伝子が，かつて移動社会において適応に値したため，長期的に選択されたと推測される。すなわち，この遺伝子は新しい刺激の多い，厳しい環境への適応に利点を持っていたため，移動社会で暮らしていた人々が多く持つようになったと考えられている（Chen et al., 1999）。

このように神経文化相互作用モデルでは，特定環境で暮らす人々がその地理的条件に影響され，どのような価値観を形成し，それが社会に浸透し，獲得され，それに基づく特定の行為が実践される。その繰り返しにより脳の神経回路が文化的に配線されることが明瞭に示され，最終的に文化の生物学的適応についても言及されている。このモデルによれば，特定の環境で育つと，私達の脳神経回路，すなわち脳自体が文化的に形作られ，それが認知や感情といった心理的プロセスに大きく影響する。

4. まとめ

本章では，神経回路が文化的にパターン化されると説明する神経文化相互作用モデルを紹介し，特定の文化的価値観が地理的条件に関連し確立され，その価値観に基づく文化的慣行が実践されながら文化が作られていく過程をみた。米国文化では，その厳しい地理的特徴から強い「独立と個人主義」という価値観が生まれ，それが模倣され，社会に浸透し，

9　脳内にある神経伝達物質の一つであるドーパミンの受容体に関する遺伝子。

その価値観を実現するため，幼い頃から自己を主張することを奨励され，言葉に重きを置き明瞭に話し，寄付行動により社会を自分達の手で作り上げる独立独歩の実践を繰り返し，それが自然に行われる文化的慣行になることを考察した。また，そうした文化的慣行の実践により，地域コミュニティから高評価を得ることで文化的アイデンティティを獲得することを確認した。

神経文化相互作用モデルの第1段階を参考に，新しい文化が取り入れられ，浸透した例について話し合ってみよう。

邦文引用文献

石井敏・久米昭元・長谷川典子・桜木俊行・石黒武人（2013）『はじめて学ぶ異文化コミュニケーション―多文化共生と平和構築に向けて』有斐閣選書。

ウィルソン，E.O.（2002）『知の挑戦　～科学的知性と文化的知性の統合～』（山下篤子訳）角川21世紀叢書。

小野武年（2014）『情動と記憶：しくみとはたらき』中山書店。

川上郁雄（1999）「『日本事情』教育における文化の問題」，21世紀の日本人事情，1，pp. 16-26。

北山忍（2012）「文化脳神経科学というアプローチ：日本人の文脈依存性に注目して」京都大学こころの未来研究センター『こころの未来 9』pp. 26-29。

日本ファンドレイジング協会（編）（2017）『寄付白書 2017』。

日本ファンドレイジング協会（編）（2015）『寄付白書 2015』。

金明中（2015）「アメリカにおける寄付や寄付年金の現状　―どうしてアメリカ人は巨額の寄付をするのか？―」ニッセイ基礎研究所。

久米昭元・遠山淳（2001）「第8章　異文化接触中心の理論」石井敏・久米昭元・遠山淳（編著）『異文化間コミュニケーションの理論　新しいパラダイムを求め

て』(pp. 111-139)，有斐閣ブックス。

坂本治也（2022）「なぜ日本人は寄付をしないのか」(pp. 1-10)，日本寄付財団。

佐々木由美（2016）「文化は脳にあり『文化スキーマ理論』文化定義の再考を中心に」国際行動学会編『国際行動学研究』第 11 巻，pp. 59-81。

中沢一俊（2011）「第 4 章　記憶」甘利俊一（監修）・田中啓治（編）『認識と行動の脳科学』(pp. 123-201）東京大学出版会。

永雄総一（2011）「第 3 章　運動の制御」甘利俊一（監修）・田中啓治（編）『認識と行動の脳科学』(pp. 79-122）東京大学出版会。

西川長夫（1995）『地球時代の文化＝民族理論』新曜社。

西田ひろ子（2000）『人間行動原理に基づいた異文化間コミュニケーション』創元社。

西田ひろ子（2016）『中国，ベトナム進出日系企業における異文化間コミュニケーション考察』風間書房。

増田貴彦・山岸俊男（2010）『文化心理学　心がつくる文化，文化がつくる心』上，培風館。

丸山真純（2009）「『文化』『コミュニケーション』『異文化間コミュニケーション』の語られ方」伊佐雅子監修『多文化社会と異文化間コミュニケーション』(pp. 187-210）三修社。

ルドゥー，J.（2012）森憲作（監修）谷垣暁美（訳）『シナプスが人格をつくる　脳細胞から自己の総体へ』みすず書房。

英文引用文献

Ariely, D., Bracha, A., & Meier, S. (2009). Doing Good or Doing Well? Image Motivation and Monetary Incentives in Behaving Prosocially. *American Economic Review*, 99(1): 544-555.

Chen, C., Burton, M., Greenberger, E., & Dmitrieva, J. (1999). Population migration and the variation of dopamine D4 receptor (DRD4) allele frequencies around the globe. *Evolution and Human Behavior*, 20: 309-324.

Kitayama, S., Conway, L. G., Pietromonaco, P. R., Park, H., & Plaut, V. C. (2010). Ethos of Independence Across Regions in the United States. *The Production-*

Adoption Model of Cultural Change. *American Psychologist*, 65(6), 559-574. DOI：10.1037/a0020277

Kitayama, S., & Uskul, A. K. (2011). Culture, mind, and the brain：Current evidence and future directions. *Annual Review of Psychology*, 62, 419-449.

Kitayama, S., & Salvador, E. C. (2017). Culture embrained：Going beyond the nature-nurture dichotomy. *Perspectives on Psychological Science*, Vol. 12(5), 841-854.

Masuda, T., & Nisbett, R. E. (2001). Attending holistically vs. analytically：Comparing the context sensitivity of Japanese and Americans. *Journal of Personality and Social Psychology*, 81, 922-934.

Norasakkunkit, V., Kitayama, S., & Uchida, Y. (2012). Social anxiety and holistic cognition：self-focused social anxiety in the US and other-focused social anxiety in Japan. *Journal of Cross-cultural Psychology*, 43(5)：742-757.

3 認知とコミュニケーション

佐々木由美

《目標＆ポイント》 本章では，前章でみた神経文化相互作用モデルに基づき，認知や感情といった心理的プロセスが私達のコミュニケーションにどう影響するかについて，日本文化と米国文化の認知とコミュニケーションスタイルを対比的にみながら考える。
《キーワード》 文化，自己認知，コミュニケーション，セルフコンパッション

1．文化的認知のコミュニケーション行動への影響

本章では，前章でみた神経文化相互作用モデルを裏付ける文化心理学，文化神経科学の研究知見を概観しながら，文化的に神経回路が配線された脳の認知，感情，価値構造を含む心理的プロセスが，私達のコミュニケーション行動に与える影響を考察する。

1.1 文化的自己の認知傾向とコミュニケーション

文化心理学の研究において，自己と他者の認知に文化的な偏りがあることが明らかにされている（e. g., 唐澤，2001）。それによれば，欧米文化圏では自己の肯定的情報に注目し，自己を肯定的に評価する自己高揚の傾向がある。一方，東アジア文化圏では自己の否定的情報に注目し，自己を否定的に評価する自己批判傾向があり（e. g., Heine et al., 2001），逆に他者を肯定的に評価する他者高揚傾向が報告されている（e. g., 唐澤，2001）。このような欧米文化圏における自己高揚的認知傾向，また，

東アジア文化圏における自己批判的認知傾向という自己評価に関する文化的認知の偏りが，脳の情報処理の初期段階においても確認されている(唐澤・上窪，2018)。

異なる文化圏におけるこのような自己認知傾向の偏りが，コミュニケーション行動にどう影響するのだろうか。まず，日本文化で自己の否定的情報に注目する認知傾向は，反省文化やコミュニケーションにおける謙遜，また自己を卑下するスタイルによく表れている。子ども達は親や教員から頻繁に「反省」を促され，「自分の何が悪かったか」という否定的情報に注目し考えさせられる。それは日本で生まれ育った人達にとっては当たり前の実践かもしれないが，この実践は決して普遍的ではなく，日本を含む東アジア文化圏特有の傾向であることが前述の研究報告からわかる。この実践が繰り返されると，子ども達は親や教員に叱られるたび，まず「自分が悪かった」と「反省」するようになる。第2章でみた通り，それを繰り返すうち長期記憶として獲得される。すなわち，脳の神経回路がそれを実践しやすくなるよう配線され，何かあるたびに自然と反省できる，いわば「反省の熟練者」の脳が構築される。日本文化のコミュニケーションでは，何か問題が起こると，その当事者はたとえ自分に非がない場合でも「自分も悪かった」，「自分にも落ち度があった」と自然に述べ，また，そのように自責の弁を述べることが暗黙裡に期待される。相手が「～してしまい申し訳ありませんでした」と謝罪すると，「いえ，こちらこそうっかりしていてすみません」という具合に，非がないと思われる側も自分の落ち度を探して謝罪することが，人間関係の潤滑油になると考えられている。日常的な問題が起きた際（重大犯罪などではなく），もし謝罪された側がそれをせず，ただ謝罪を受け入れるという態度をとった場合，頑なに見え何となく収まりの悪い雰囲気になるだろう。

また，自己の肯定的情報には注目せず，他者の肯定的情報に注目する認知傾向は，まさに謙遜，自己卑下のコミュニケーションスタイルを作り上げる。自分に得意なこと，能力に秀でた点があっても，他者とのコミュニケーションにおいては，自己や身内のそうした肯定的情報に言及するのは避け，他者の肯定的情報に注目し相手を褒める。これは，日本社会でよくとられるコミュニケーションである。会話相手の子どもを「○○ちゃんはお勉強ができていいですね」と褒めた上で，「うちの子は勉強しなくて困りますよ」と自分の子どもを貶めるスタイルは，日本の親同士の会話では珍しくない。子どもの頃，人前で親にこんな風に言われ傷ついたことがある人は少なくないだろう。自己や身内の否定的情報に注目し，相手の肯定的情報に注目して褒めることが，日本社会では相手を「立てる」という礼儀（ポライトネス）につながる実践だと考えられている。これも，日本においては人間関係の潤滑油になるコミュニケーションととらえられる傾向がある。

1.2　欧米文化圏の自己認知傾向とコミュニケーションスタイル

一方，欧米文化圏で自己の肯定的情報に注目する認知傾向は，自己の優れた能力について雄弁に語ったり，身内の優れた点について語る米国のコミュニケーションスタイルを作り上げる。子ども達は親や教員から自分の得意なこと，優れた能力について話すことを奨励され，「自分はどのように優れた能力を持つ人間か」に注目し，考えるよう促される。これとはほぼ真逆な「反省」を日々要求される日本人から見れば，自己の優れた能力について滔々と語るなど，「自慢」に聞こえるかもしれないし，恥ずかしさすら覚えるかもしれない。しかし，米国で生まれ育ち，幼い頃からこれを奨励された人達にはごく当たり前の日常的な実践である。しかし，もちろんこの認知傾向が普遍的でないことも，前述の研究報告からわかる。この実践が繰り返されると，子ども達はまず「自分は何が得意で，どのような点で優れているか」という肯定的情報に注目するようになる。それを繰り返すうち，脳の神経回路がその実践をしやすくなるように配線され，いわば「自己について優れた点を見つけ，それについて語る熟練者」の脳が構築され，ごく自然にそれができるようになる。米国文化のコミュニケーションでは，他者の前で自己や身内の優れた点について語ることが期待され，日本のように自己を否定するような発言は非日常的とみなされるか，謙遜は言葉通り鵜呑みにされ，同情の対象にすらなりかねない。客観的な能力の高さに関わらず，「私は数学が得意です」，「ドイツ語を話せます」という具合に，自己の能力をアピールする事が自然であり標準的で，それをせず自己を否定的に語ることは不自然に聞こえてしまう。家族のことも「夫は素晴らしい人で，尊敬しています」，「妻はとても聡明で美しい」などと褒めるのが自然であり，日本式に謙遜して身内のことを貶すような発言をすれば，そんな風に家族を悪く言うとはと驚かれ，人格を疑われかねない。当然ながら親は「あなたは素晴らしい能力があり，誇りに思う」と子どもを褒め励まし，他人の前でも同様に，「うちの子はとても賢く，素晴らしい」と率直に褒める。米国文化では，大人同士でも互いをよく褒め合い，他者のよい面にも注目する傾向がある（増田・山岸，2010）。自己についても他者についても肯定的側面に注目し，褒めるという実践が，人間関係の潤滑油になっていると言えるだろう。

謝罪に関して言えば，米国では自己に非がないと思う場合，謝罪の言葉を口にしないのが社会規範としてある。日本のように自己にほぼ非がないと認識しつつも人間関係の潤滑油として謝罪することは，むしろ不誠実（dishonest）と認識される場合がある。米国文化では非を認めて謝罪する場合も，「自分がなぜこういう失敗をしたか」について説明することが期待される。日本的な見方をすれば，これは言い訳がましく聞こえるかもしれないが，米国文化では，むしろこうすることが重要だと考えられている（Barnlund & Yoshioka, 1990）。これも，自己を肯定的にとらえる認知傾向のため，相手に「自分は本来，こんな失敗をする人間ではない。今日はたまたま運が悪く，こんなことになってしまった」と伝えたい，また相手もそうする事を当然視する傾向があるためではないだろうか。

このように自己と他者への認知傾向の文化的相違は，コミュニケーションスタイルに大きく影響すると考えられる。

2. 自己認知と関連する自尊感情

2.1 自尊感情とは

こうした自己認知は，自尊感情[1]との関連が指摘される（榊原ほか，2017）。国際比較調査の結果から，日本人は自尊感情が低いことが明らかになっており，日本の教育関係者や政府が真剣にその対応を探求するほど，深刻な問題ととらえられている（榊原ほか，2017）。榊原ほか（2017）によれば，自尊感情とは，「自分の存在が社会の中で意義があると感じる」「個人の内的な心理状態」（p. 39）を指し，「経験や時間によって変動しにくい概して安定的な心理的構成概念」（Brown et al., 2001）と説明される。また，日本の心理学，教育学の事典を調査した田島・奥住（2013）によれば，「自分自身を肯定的に評価する気持ち」（p. 21）と定義される。

自尊感情が高い状態とは，「自分が価値のある人と感じありのままの自分を尊敬できる」状態であり，「日常生活における問題を処理する能力のある人間として，そして幸福に値する人間としての自己を体験する能力」（田島・奥住，2013，p. 22）とされる。自尊感情の高さは向社会

1　英語では self-esteem，self-worth と訳される（榊原ほか，2017）。一方，田島・奥住（2013）によれば，多くの心理学または教育学の事典で「自尊感情」は，「自己価値」，「自己尊重」，「自己評価」と同義とされ，英語の self-esteem の訳とされる。

的行動（社会的に望ましい行動）につながりやすく，自尊感情の高い子どもは「主張的」，「自立的」，「創造的」（田島・奥住，2013，p. 22）で，積極的に経験を重ねることができるため満足感を得やすく，自身の長所短所とも受け入れることができるため，自身を大切に思うことができ，また他者にも受容的になれる（田島・奥住，2013，p. 22）。一方，自尊感情が低いと「自分を過小評価するため，自己の価値を見いだせなかったり，自己嫌悪に陥ったり，劣等感を抱きやすい」と指摘される（田島・奥住，2013，p. 22）。

2.2　自尊感情の文化間の相違

小中学生の自尊感情の国際比較調査で，日本の子どもの自尊感情が，ドイツ，オランダと比べて顕著に低いことが明らかになった（古荘，2009）。日本，タイ，ベトナムの5‐6歳児を対象とした自尊感情の3カ国比較調査では，ベトナムの子どもが最も自尊感情が高く，日本の子どもはその次で，タイの子どもが最も低いことが明らかになった（榊原ほか，2017）。また，世界53カ国の成人を対象とした自尊感情の調査では，日本人の自尊感情が最も低いという研究報告（Schmitt & Allik, 2005）があり，総体的に子どもも成人も日本人の自尊感情の低さが懸念される。

自尊感情ではないが，類似概念である自己肯定感[2]についても，2013年に内閣府（2014）が日本を含む7カ国（日本，韓国，米国，英国，ドイツ，フランス，スウェーデン）の子どもと若者（13～29歳）を対象に実施した意識調査で，日本の若者は6カ国中，「自分に満足している」，また「自分には長所がある」と感じる人が最も少なく，自己肯定感が最も低いとみなされている[3]。意欲について，「うまくいくかわからない事にも意欲的に取り組む」と回答した人が最も少なく，ここ1週間で「つ

2　自己肯定感（self-competence，self-confidence）は自尊感情と同義で使われるが，これは「環境や経験によって変動する心理状態」（榊原ほか，2017，p. 39）とされる。
3　この内閣府（2014）の調査では，自己満足感，自分に長所があるかの2項目で自己肯定感をみている。

まらない，やる気が出ないと感じた」，また感情面でも「悲しい，憂鬱と感じた」と回答した人が最も多かった。一方，米国の結果は日本とほぼ真逆で，6カ国中，「自分に満足している」，また「自分には長所がある」と感じる人が最も多く，「うまくいくかわからない事にも意欲的に取り組む」と回答した人と，「ここ1週間の心の状態として『つまらない，やる気が出ない』，『悲しい，憂鬱』と感じたことがあった」と回答した人が，イギリス，ドイツ，フランスに次いで最も少なかった。先の「問題を処理する能力のある人間としての自己を体験する能力」という自尊感情の定義に照らすと，自尊感情や自己肯定感の低さは，自己を肯定的にとらえられないだけでなく，「問題に取り組む意欲や，やる気」といった動機付け，「悲しい，憂鬱」といった感情面にも影響することが示唆される。

前節で日米文化の自己認知，他者認知の相違が，コミュニケーションスタイルにどう影響するかを考察したが，自尊感情の文化的相違を示す上の国際比較研究の結果をみると，榊原ほか（2017）が指摘するように，自己認知と自尊感情の関連が示唆される。米国では，自己の肯定的側面に注目する認知傾向と，自身の得意なことや優れた能力に言及したり，親が他者の面前でも子どもの肯定的側面に注目し褒めるコミュニケーションを実践することにより，そうした自己認知傾向を促進する可能性が高い。このように，自己認知の傾向が自尊感情または自己肯定感に影響するならば，前節で論じた日本の文化的コミュニケーションスタイルの実践は，決して望ましいとは言えないだろう。謙遜という日本文化の美徳とされるコアな文化的価値観に基づき，自己の否定的側面に言及し，他者の肯定的側面に注目し褒めることが，礼儀正しい振舞だとされている（ポライトネス）。それが繰り返し日常のコミュニケーションで実践されることで，自己の否定的側面に注目する神経回路が強化され，さらにそうした認知傾向も強化され，それが自尊感情，または自己肯定感の低下につながるとすれば，たとえ長年，文化的に育まれたコミュニケーションスタイルだとしても，今後，見直される必要があるだろう。特に，親が他者への礼儀を実践するために，他者の前で自身の子どもの否定的な側面に言及する「謙遜」のコミュニケーションスタイルは，子どもの自尊心を傷つけ，自尊感情を低くする可能性があり，今後，十分に調査される必要がある。

3．セルフコンパッション（SC）育成の重要性

3.1　セルフコンパッションとは

セルフコンパッション（Self-Compassion 以下，SC）という感情概念は，「苦しみや失敗の経験に直面したときに，自分に対する思いやりの気持ちを持ち，否定的経験を人間として共通のものとして認識し，苦痛に満ちた考えや感情をバランスが取れた状態にしておくという感情的にポジティブな自己態度」（Neff，2003；貴志・庄司，2022，p. 116）と定義され，欧米圏で研究が盛んだが，近年，日本でも注目されている。SC は，「自分への優しさ（self-kindness）」，「共通の人間性（common humanity）」，「マインドフルネス（mindfulness）」の 3 要素からなる感情概念である（Neff，2003；貴志・庄司，2022，p. 116）。「自分への優しさ」とは，「自己批判をせずに，自分自身に愛情を注ぐ情緒的な反応」を指し，「共通の人間性」とは，「辛いことは自分の身にのみ生じると思わず，誰しもが不完全な側面を持っていると，他者との共通性を意識するという認知的な理解」を指し，「マインドフルネス」は，「否定的感情に流されず，そのような感情や直面している苦難がどのようなものであるかを客観的に捉える」ことを指す（Neff，2003；貴志・庄司，2022，p. 116）。

3.2 セルフコンパッションの文化間の相違

日本は，先進国7カ国（G7：日，米，加，英，仏，独，伊）の中で最も自殺死亡率の高い国であり，世界的に自殺死亡率の高い20カ国の中でも9番目に高い国であることが，世界保健機関（WHO）の2018年資料で明らかにされている[4]（厚生労働省，2021）。

近年の日本社会における深刻な問題の一つが，子どもの自殺者の増加である。文部科学省は，この状況に対処するため自殺予防教育を推進しているが，SCは，その自殺予防教育プログラムのうち，助けを求める態度の育成につながる概念と考えられている（貴志・庄司，2022）。すなわち，日本社会におけるSCという感情概念の認知，浸透，理解，獲得は急務であるが，前節までに論じてきた日本文化の自己批判的な認知傾向は，ここでも立ちはだかる。日本文化では，自己批判的な態度，すなわち自己の否定的側面に注目し，反省したり，謙遜や自己卑下的なコミュニケーションをとることが美徳とされ，肯定的にとらえられる傾向がある。Neff（2003）は，先に挙げたSCの3つの構成要素のうち，「自分への優しさ」の対立要素として，「自己批判（self-judgment）」を挙げている。批判的自己認知傾向の強い日本人にとって，「自分への優しさ」が構成要素であるSCという感情概念の理解，また獲得は容易でない可能性がある。実際，日本で育った人が「自分に優しくする」という感覚を実感することはできるだろうか。「自分に優しくする」というと，日本では「自分を甘やかす」ことと誤解されやすいかもしれない。実際，SCのように自己に優しく関わることは，否定的にとらえられる傾向がある（宮川・谷口，2016）。「自分への優しさ」という要素から，SCは，自己愛（narcissism），わがまま（self-indulgence），自己満足（complacency），自己憐憫（self-pity）などの概念と混同されやすい（Neff，2003）。しかし，有光（2014）によると，調査の結果，SCと自己愛に関連はみられ

4　アジア圏の国では韓国が最も自殺死亡率の高い国で，日本はそれに次ぐ。

ないという。感情は各文化圏で「構成」されると主張する心理学的構成主義（e. g., Barrett, 2017）によれば，感情は，その感情を表す言葉が文化圏に存在し，それを繰り返し体験し，その感情概念が獲得されていなければ，実感として感じることはできないという。日本文化においてSCは感情概念が獲得されていないため，認識しにくく実感しにくい感情かもしれない。

自己批判的認知が浸透している日本文化では，自己の成功については外的要因（他者）に帰属すると語られ，自己の失敗については内的要因（自己）に帰属すると自己卑下的に語られる傾向が報告されている（Muramoto, 2003）。オリンピックでメダルを取った日本人アスリートや，試合に勝った日本の選手は，インタビューでほぼ必ずといってよいほど「（試合に勝てたのは）コーチをはじめ，これまで支えて下さった皆様のおかげです」と，自分の成功が自分以外の要因にあると言及する。もし，そのように言わない場合，日本では「傲慢」と解釈されやすく，恐らくあまり好感を持たれないであろう。一方で，自分が失敗した場合，それは自分に原因がある，自分に非があると「反省」することが期待される。

実際にSCの度合を測定すると，日本のSC得点は，タイ，米国，台湾よりも低いという報告がある（有光，2014）。その理由として，日本文化において，自己批判は自己改善につながるという肯定的解釈が，文化的要因としてあることが指摘されている。SCに基づき自己と優しく関わることが日本文化では否定的にとらえられる理由として，貴志・庄司（2022）は，「①失敗を自己に帰属する自己卑下傾向があることや，それが社会において文化的に推奨されていること，②〔自己批判が〕自己向上のプロセスの一部（成長につながるという認識）と捉えられていること，③自己卑下的に振る舞うことで，他者からの援助を得られ，肯定的な自己像を維持することに繋がる（〔　〕内筆者）」（p. 119）と述べている。

しかしながら，自己批判的な生き方が永久に続いた場合，その苦痛から逃げるため人生そのものから逃げ出す者も現れ，極端な場合，自殺に追い込まれる傾向があることは多くの研究から明らかになっている（Neff，2003；貴志・庄司，2022，p. 120）。Neff（2003）は，「この衝撃的な暴力行為は『厳しい自己批判』という私たちに馴染みのある内なる暴力の外的な表出なのである」（貴志・庄司，2022，p. 120）と述べ，「過度な『自己批判』に陥らないための対処法としての SC」（貴志・庄司，2022，p. 120）の必要性が提起されている。

本節で概観した批判的な自己認知の傾向と，自己の否定的側面に注目する「反省」のコミュニケーションや，謙遜また自己卑下のコミュニケーションは，日本文化で長らく美徳と考えられ，その価値観に基づき確立されてきたが，こうした自己批判的な認知傾向は，高い自殺死亡率との関連も疑われる。SC という，それとは対極にある自己への優しさという感情概念の導入，浸透が真剣に検討されることが急務であろう。

4. まとめ

本章では，日本文化に「自己への厳しさが自己の向上につながる」という価値観があり，それが日本人の批判的な自己認知やコミュニケーションスタイルを形成することを，対極にある米国文化の高揚的な自己認知やコミュニケーションスタイルに対比させながら考察した。これは日本文化で確立された価値観であり，それに基づき浸透した認知傾向とコミュニケーションスタイルではあるが，その批判的な自己認知傾向が深刻な問題の一因になっている可能性に触れ，自己批判とは対極にあるセルフコンパッションという感情概念の早急な導入を提起した。

自分の長所，褒められるべき点を書き出し，それについて話してみよう。その際，どのように感じたかについても書き出し，なぜそのように感じたか考えてみよう。

邦文引用文献

有光興記（2014）「セルフ・コンパッション尺度　日本語版の作成と信頼性，妥当性の検討」心理学研究 85，pp. 50-59。

唐澤真弓（2001）「日本人における自他の認識　自己批判バイアスと他者高揚バイアス」心理学研究 72(3)，pp. 195-203。

唐澤真弓・上窪綾（2018）「文化と自己認識―文化神経科学からのアプローチ」科学研究費助成事業　研究成果報告書，基礎研究 C（一般），課題番号 26380855。

貴志光加里・庄司一子（2022）「セルフ・コンパッションに関する研究の動向と展望」共生教育学研究 9，pp. 115-126。

厚生労働省（2021）『令和 3 年版自殺対策白書』第 1 章 10 節「国際的に見た自殺の状況と外国人の自殺の状況」(pp. 34-36)。

榊原洋一，村松志野，松本聡子，瀬尾知子，眞榮城和美，Tran Diep Tuan，Kaewta Nopmaneejumruslers，菅原ますみ（2017）「アジアにおける子どもの自尊感情の国際比較」チャイルドサイエンス 14，pp. 39-43。

田島賢侍・奥住秀之（2013）「子どもの自尊感情・自己肯定感等についての定義及び尺度に関する文献検討：肢体不自由児を対象とした予備的調査も含めて」東京学芸大学紀要 64(2)，pp. 19-30。

内閣府（2014）「特集　今を生きる若者の意識～国際比較からみえてくるもの～」『平成 26 年度版　子ども・若者白書（概要版）』

古荘純一（2009）『日本の子どもの自尊感情はなぜ低いのか』光文社新書。

宮川裕基・谷口淳一（2016）「セルフコンパッション研究のこれまでの知見と今後の課題―困難な事態における苦痛の緩和と自己向上志向性に注目して―」帝塚山大学心理学部紀要 5，pp. 79-88。

英文引用文献

Barnlund, D. C., & Yoshioka, M. (1990). Apologies: Japanese and American styles. *International Journal of Intercultural Relations*, 14, 193-206.

Brown, J. D., Dutton, K. A., & Cook, K. E. (2001). From The top down: Self-esteem and self-evaluation, *Cognition and Emotion*, 15: 615-631.

Heine, S. J., Kitayama, S., Lehman, D. R., Takata, T., Ide, E. , Leung, C., & Matsumoto, H. (2001). Divergent consequences of success and failure in Japan and North America: An investigation of self-improving motivations and malleable selves. *Journal of Personality and Social Psychology*, 81(4), 599-615.
doi: 10.1017/S0140525X0999152X

Muramoto, Y. (2003). An Indirect self-enhancement in relationship among Japanese. *Journal of Cross-cultural Psychology*, 34, 552-566.

Neff, K. D. (2003). The development and validation of a scale to measure self-compassion, *Self and Identity*, 2, 223-250.

Schmitt, D. P., & Allik, J. (2005). Simultaneous administration of the Rosenberg Self-Esteem Scale in 53 nations: exploring the universal and culture-specific features of global self-esteem. *J Pers Soc Psychol*. 89: 623-642.

4 非言語メッセージとコミュニケーション

桝本智子

《目標＆ポイント》 コミュニケーションにおいて，私たちはことば以外のメッセージから多様な情報を読み取っている。私たちの感情に影響し，意識的・無意識的に相手を判断する非言語メッセージにはどのようなものがあるのかを説明していく。そして，自分自身が持っている非言語コミュニケーションの判断基準を考えていく。
《キーワード》 対人距離，顔の表情，周辺言語，時間・リズム

1．ことば以外が伝えるメッセージ

私たちは日々の生活において五感を通して情報を得ている。ことばを聞く，話す，読むというように論理的思考につながるものもあれば，相手の顔の表情，相手との距離，空間の広さ・狭さ，そして，においからも感情に結びつく情報を得ている。人の印象も五感を通じて判断している。笑顔なのか真剣な表情なのか，腕を組んで話しているのか，伏し目がちにつぶやいているのか，服装や髪型など，瞬時の内に様々なメッセージを受け取り，そして解釈している。実際に会話をしていなくても，ことば以外の要因が相手を判断する材料となっている。

例えば，コンビニエンスストアに行った時，ある商品があるかどうかを店員に尋ねたとする。店員が視線を合わせず，アクセントの強い日本語で「その商品はありません。」と語尾にストレスを置いて大きな声で返答した時，なんだか相手が怒っているのか，面倒だから商品がないと

言っているのか，という印象を受け，こちらも腹立だしい気持ちになってしまう。その言い方や顔の表情によって，「商品がない」という回答の受け止め方は大きく変わる。また，その時の自分の状態が急いでいるのか，その日の機嫌が良いか悪いか，にもよる。このようにコミュニケーションにおいて，ことば自体で伝えるメッセージは全体の1割から3割程度で，ことば以外から受け取るメッセージは7割から9割と大半を占めることが指摘されている（Merabian & Wiener, 1967；Birdwhistell, 1970）。これは言語のメッセージが顔の表情や声の調子と一致しない場合や判断に迷った場合，非言語メッセージの情報を自分の判断基準とするということである。先ほどの例で言うと，ただ単に「その商品がない」ということを明確に伝えようとしたのかもしれないが，強い口調や視線を落とした表情から受け取るメッセージから，「面倒だから対応したくないのか」と考え，態度が悪い店員だという結論を出し，相手に対して怒りや軽蔑の感情を抱くことになる。

このように非言語メッセージがコミュニケーションに与える影響は大きい。五感で受け止めるメッセージは特に「なんとなく感じが良い，悪い」という，論理的な説明ができない理由であったり，自分の判断が常識と考えているために，自身の解釈が相手の意図していることと違うことに気づかないことが多い。会話をしていなくても相手がその場に存在していること自体から何らかのメッセージを受け取り，同時に相手もこちらの存在に影響を受け何かを感じている。コミュニケーションの基本モデル（「第1章」参照）にあるように，ことば以上に瞬時に相手からメッセージを受け取り，自分も相手にメッセージを送り，お互いの心理や行動に影響をしている。では，ことば以外に伝わる非言語メッセージにはどのようなものがあるのかをまず見ていこう。

研究領域としては，ジェスチャーや姿勢を含む身体動作（キネシクス），顔の表情，そして，発話に関連する周辺言語（パラ言語）に大きく分かれている。さらに細かな項目に分けると次のような分野がある：1）ジェスチャー・エンブレム（表象的動作），2）対人距離・空間，3）身体接触，4）姿勢・歩き方，5）顔の表情，6）視線，7）周辺言語，8）体型，9）化粧，10）服装・髪型，11）時間，12）匂い，13）味覚（食べ物の象徴的な意味を含む），14）環境（コンドン，1980）。他にも分類の仕方は研究者によって違いはあるが，細分化された研究分野は非言語メッセージの重要性を伝えている。

非言語コミュニケーションというとジェスチャーが最初に浮かぶかもしれない。ジェスチャーの中でもエンブレムはことばが通じない時，ことばの代わりとして使用されるものなので便利なものでもある。ただ，日本社会で使用されているエンブレムが万国共通であるということでもない。運送会社でアルバイトをしていた中国出身のアルバイト店員が，マネージャーからすぐにいくつかの商品を持ってくるように言われた時，よく聞こえなかったので聞き返すと，マネージャーは指で数字を表した。するとアルバイト店員はその場でもたもたとしている。マネージャーは苛立ったように同じジェスチャーを繰り返すと，店員は商品を持ってきたが，マネージャーが伝えた数とは違っていた。マネージャーは伝えた数の商品を持ってこない店員に怒っていたが，店員は困惑するばかりだった。これは単に中国と日本での数の数え方のジェスチャーが違うことが誤解を招いている。また，上司の話を聞くときに腕を胸の前で組むことはどのようなメッセージを伝えているのだろうか。日本社会では目上の人の話を聞く時，足を崩していたり，腕を組んでいたりすると「聞く態度がなっていない」と考えられるであろう。腕を組むというのは，相手への反抗心を表すものであったり，自分の身を守る時，考え事をする時にする動きだと一般的には考えられている。上司と話をしている時に考え込んで無意識に腕を組んでいたとしても，上司は「不遜な態度」と考えるかもしれない。しかし，文化が違えば腕を組むことは上司や年配の人への敬意を表していることもある。

ジェスチャーや食べ方などに関することは違いが明確で，あらかじめ調べることができる分野でもある。しかし，自分では社会の常識であり，意識をしない非言語メッセージも多くある。この章では多文化社会で誤解を招きやすい非言語コミュニケーションのメッセージを理解するために対人距離・空間，時間とリズム，顔の表情・視線，そして，周辺言語について説明をしていく。

2．空間のメッセージ

2.1　対人距離

感染症拡大により「ソーシャル・ディスタンス」ということばが広まり，それほど気にしていなかった人との距離に人々は注意を払うようになった。予防のために2メートルの間を取ることが推奨されたが，厳密にこの距離を取ると相手と話すには大きな声で話さないと聞こえないような距離である。仲が良い友人やもっと相手のことを知りたいと思う人の場合は，この距離は心理的に遠いと感じた人もいたのではないだろうか。人と人との快適な距離とはどれくらいなのだろうか。また，快適に感じる距離や相手による適切な距離というのは皆同じなのだろうか。

対人空間について研究をした文化人類学者のエドワード・T・ホールは，社会において適切な空間が相手や状況により変化することを4つのカテゴリー（密接距離，個体距離，社会距離，公的距離）を用いて紹介をしている（Hall, 1966）。密接距離は0 cm～45 cmで，肌が触れ相手の体温が感じられる距離からお互いの体にすぐに触れることができる，親密な会話を行うことができる距離である。個体距離は手を伸ばせば相手に触れることができる距離で，顔の表情もよくわかる約 45 cm〜120 cm の距離である。社会距離はフォーマルな挨拶やビジネスの話し合いでの場での距離で，約 120 cm〜365 cm である。公的距離は約 365 cm 以上の距離を一般的に取ることを観察結果から報告している[1]。

日本社会ではホールの各カテゴリーにおいて，さらに距離を取ることや，相手との関係性により分類も増えることがわかっている（大坊，1998）。

この対人距離（パーソナルスペース）は物理的に固定されているテリトリーとは通常区別される。人との快適な距離とは，自分の周囲に張り巡らしているバブルのようなものと例えられる。すなわち，自分が移動すると，そのバブル（空間）も移動する，いわゆる自分が持ち歩いているテリトリーともいえる。自分の周囲に張り巡らしているこの丸いバブルは視線がある前方に長く，後方は短い楕円形のような形をしている（大坊，1998）。前方や左右の空間は社会的な意味を持つ空間で，背後は社会とのつながりを持たない空間と考えられている。しかし，夜道を歩く時には背後に敏感になることもあるだろうし，暴力的な囚人の場合パーソナルスペースをより広く，後ろにも距離を取ることが観察されている（渋谷，1990）。

距離は個人的な差も関連するが文化的な環境が与える影響が大きい。アメリカやヨーロッパは日本での対人距離よりも全体的に近いように考えがちであるが，それぞれの地域や文化的な背景によりかなり違いがある。南米や中東は日本社会と比べるとかなり対人距離が近い。ヨーロッパでもラテン系の南ヨーロッパは対人距離が近く，北ヨーロッパやイギリスでは日本と同じくらいの対人距離の感覚を持つと考えられている。

1　ホールはアメリカ中西部都市で白人中流階級の男女を対象とした研究を実施している。各カテゴリーの距離に近接相と遠方相を設けている。密接距離（近接相：0〜15 cm，遠方相：15 cm〜45 cm），個体距離（近接相：45 cm〜76 cm，遠方相：76 cm〜120 cm），社会距離（近接相：120 cm〜210 cm，遠方相：210 cm〜365 cm），公的距離（近接相：365 cm〜762 cm，遠方相：762 cm 以上）

また，対人距離は性別や年齢，地位，身体的特徴，その他の要因でも違いが出てくる。障害者が道を尋ねる時の相手がどのような距離を取るのかを実験観察したところ，通常よりもかなり遠い位置で会話が始まることがわかった。会話が続くに従い，次第に距離は短くなっていくことがわかっている（渋谷，1990）。

幼児から次第に社会での適切な対人距離を周囲の大人を見ながら習得していき，成人になると社会における適切な対人距離を取るようになる。年齢を経るに従い，また，社会的な地位が高くなる頃に対人距離を長く取るようになると考えられているが，体力的に衰える老齢期には対人距離は短くなる。対人距離は社会における権力や地位の違いの捉え方により，最適と考える距離に違いがでる。権力を持つものほど，自分の対人距離に敏感で相手との距離を取り，地位が低いものは地位が高い相手に対して距離を取ろうとする。権力格差が大きい社会であれば，その距離がさらに明確にでる（パターソン，2013）。部屋の家具の配置でも権力や地位を示すことがある。重役室の奥まったところにある大きな机や会議室での座席位置を見るとスペースが広いほど相手との地位の違いを感じさせる。また，上下関係の認識が強い社会では水平の距離の取り方もメッセージとなる。例えば，階段の上にいるときに下から上がってくる先輩に気がついた運動部の学生は同じレベルまで降りてきてから挨拶をすることが習慣づいていたりする。片方が着席し，もう片方が立っているときは状況により臨機応変に対応が求められる。上司に呼ばれて上司の机の側で話を聞くときは立ったままであるが，自分が座っているときに目上の人が話をしにきた時は席から立ち上がって話をする，ということで調整をしている。

空間の取り方はカウンセリングの場面でも，文化の違いにより椅子や机の配置の工夫が必要であるといわれている。例えば，カウンセリングの場面ではヨーロッパ系の人々はカウンセラーと患者の間に机を置いて空間を取りながら対面で実施するのが一般的だが，イヌイットの人々とのカウンセリングは横並びに座るほうが個人的な話をするのには適している（Sue & Sue, 1990）。精神症の患者の行動の研究結果から，精神症患者は特有のパーソナルスペースを持ち，症状の改善により変化することが明らかにされている。相手との距離が近づいたり，視線を合わせることができる位置に移動したりすることが報告されている（渋谷, 1990）。

2.2　空間の捉え方とプライバシー

空間の捉え方も文化により違いがでる。リモートワークが広まってきたことで，世界中でオフィス空間の見直しがされているが，日本企業ではスペースの縮小などはあっても基本的な部分は変わっていないところが多い。部署ごとにいくつかの机を向かい合わせた「シマ」があり，上司の席は全体を見渡せる同じフロアに置かれているケースが多い。相手の気配が感じられ，目が合うことも度々あるような配置である。このような空間に慣れている人にとっては，周囲の音や人々の動きなど気にならないであろう。しかし，会社に出勤しても個人の部屋やパーティションで区切られたほぼ個室のようなスペースでの仕事に慣れていた北米から来た研修生は，このオープンスペースに適応するのが異文化適応の中で最も難しいと感じていることがわかった（Masumoto, 2000）。研修生を最も悩ませたのは，人の気配を常に感じ，どこを向いても誰かの視線があり，プライバシーがなく，いつも見られているようで仕事に集中できなくなることであった。この環境での仕事に慣れるには平均して半年ほどかかっている。しばらくすると上司や先輩も周囲にいることで相手の様子を見計らって気軽に質問ができたり，周囲の話から情報を得ることもできるという利点を認識することができたという。仕事をする上で，それぞれのオフィスの空間と人との距離の取り方に特徴があり，自分の空間の取り方とは違う環境に置かれると慣れるのには時間がかかり，仕事にも影響がでるであろう。

私たちが持つパーソナルスペースの侵害は不快感や驚きをもたらすが，大きく関連するのがプライバシーである。個人のスペースを周囲から隔離するのか，共同スペースで仕事や生活をするのかは，プライバシーの認識の仕方が違う。対人距離が短い地中海沿岸の地域では，「プライバシー」の対訳がなくヨーロッパ北部や北米などの地域で考えられる概念がない（インセル・リンドグレーン，1987）。日本語でもプライバシーという言葉は元来なく，外来語として取り入れられている。言葉がないということでプライバシーの認識が全くないというのではなく，捉え方に違いがあると考えることができる。今でこそプライバシーに関する法律もあり，ある一定の共通概念として日常生活に定着しているが，伝統的な住居空間やオフィス空間を見ると集団として内と外の境界の方が個々人の他者との境界の認識よりも強いと言える。ただ，同じプライバシーの概念がもともとの言語にないギリシャや他の地中海沿岸の地域は，対人距離は近く，日本のそれとは違いがある。

自分の空間を保つために人はさまざまな手段を使う。図書館で周囲の席が空いているにもかかわらず自分の近くに人が座った時にどのような反応があるのかを調べた実験では，自分の隣に本や荷物を置いてバリケードのようにするという反応が見られた（Felipe & Sommer, 1966）。オフィスのドアを閉める，部屋のドアを閉めるというのも自分の空間を作る。欧米圏でホームスティをした学生が，日本の自宅にいるようにいつも自分の部屋のドアを閉めていると，ホストファミリーからは家族と関わりたくない，と思われたそうだ。ドアの開け閉め一つでも相手へのメッセージを送っている。

3. 触れ合いのメッセージ

触覚は人間の五感の中でも最も早くに発達すると言われている。乳児期の接触の重要性は医学的にも認識されており，アメリカの大学病院では医学生やボランティアが家族からの接触が少ない乳児を抱く機会が設けられているところもある。接触はことばを介してコミュニケーションを取ることができない乳児にとって最も基本的なコミュニケーション方法となっている。成長するに従い，ことばがコミュニケーションの大部分を占めるようになると，子どもも誰をどのような時に触れるのが適切なのか社会の規範を身につけるようになる。

人間の基本的なコミュニケーションの取り方として始まる接触も文化による違いがあり，本能的な部分に関連するだけに感情にも大きな影響を与える。日本社会であれば，ビジネスにおける初対面の挨拶はお辞儀で始まり名刺交換をするというのが一般的だが，握手をするのが挨拶の基本とされている社会ではその握り方により相手への印象も変わってくる。握手に慣れていない日本人の場合，遠慮がちな握り方をしていると握手を挨拶の基本と考えている人々からは握り方が弱すぎ，無気力な印象（“dead fish”）を与えてしまう。また，逆に相手の手を強く握り引き寄せるような握手は，相手をコントロールしようとする強引な印象を与える（プロズナハン，1991）。

抱擁（ハグ）をするのも多くの文化で見られる親しい人への挨拶であるが，どの程度の仲であればハグをするのか慣れていないと判断が難しい。日本からの女子留学生がホストファミリーに初めて会った時に，ホストマザーのみならずホストファーザーからも歓迎のハグを受けて戸惑ったというのはよく聞く。逆に，日本に来ている南米や欧米圏の留学生は友達やホストファミリーとの微妙な距離と接触の無さに不安や寂しさを感じるという。アジア圏からの女子留学生は仲良くなった女子学生と腕を組んで歩こうとしたら，驚いた顔をされたことがショックだったという。相手との関係性は無意識な触れ合いの形として表れる。

コミュニケーション学者のバーンランド（Barnlund, 1975）は日本人とアメリカ人大学生に10代半ばに，父親，母親，同性・異性の友人とどの程度接触があったのかを調査している。その結果，全体的に日本人はアメリカ人学生よりも接触行動が5割程度少ないという結果が報告されている。また，アメリカ人学生は異性の親しい友人と触れ合う度合いが多く，逆に，日本人学生は同性同士で体を触れ合うことには抵抗が少ないことが分析されている。また，バーンランドは日本社会の接触規範として成長過程で親密さや愛情を体で表現することが幼児期以後は急激に減ることを挙げている。そして，接触の度合を他人に対する自己開示の度合と関連付けている（1975）。

家族や親しい友人とハグや，親しい友達と腕を組むことを習慣としている人々にとっては，日本社会での接触規範は心理的な距離を感じるかもしれない。その一方で，職場の同性同士で「太った」とか「痩せた」とか冗談を言える仲であれば，体に触れたりすることもある。親しい人との挨拶としてのハグや握手に慣れている文化圏の人々でも，職場での接触や身体に関するコメントをプライバシーの侵害と捉え不快に感じる場合もある。誰と，どの程度，どのような状況で触れ合うのか，は頭で理解する以前に感覚として培われている。

4. 表情と視線が伝えるメッセージ

4.1 表情から読み取れること

言葉を交わすことがなくても会釈一つでその場が和むことがある。初対面であれば近づきやすさは顔の表情で決まることも多いだろう。親しい人であれば，ちょっとした表情の変化で笑顔であっても実際はそうでないと推測することもある。私たちは顔の表情からさまざまな情報を得ている。そもそも，顔の表情というのは万国共通，つまり，人間として生得的なものなのだろうか，それとも習得的なものなのであろうか。ダーウィンは人間は顔の表情を身体と同様に進化させてきたと考えた。それ以後の研究者も，聴覚と視覚の障がいを持って生まれた人の観察結果から，周囲から視覚的に学ぶことがなくても基本的な感情表現は同じであることを確認した（Knapp & Hall, 2002）。世界のさまざまな地域で認識される表情を調査した心理学者のエクマンらは，幸福，悲しみ，怒り，驚き，嫌悪，恐怖の感情は普遍的な基本的表情であるとした。しかし，ミードやベイトソンをはじめとする文化人類学者は表情や身振りは社会的に習得されるものであると主張していた。成長過程で周囲の環境から習得していくものなので，文化により感情による表情の表出の仕方も異なると考えられた。苦しい時や悲しい時に笑顔を見せるような場合もあることから，六つの基本的表情は共通であるが，その表出ルールに文化差があるという見解となっている（エクマン，2006）。表出ルールは表情を出す状況や度合いが文化により決められているものである。どのようなコンテクストでどのような表情をするのが適切かを習得していくのである。エクマンとフリーセンは日本人とアメリカ人に戦闘シーンの映画を見せてその表情の変化を観察した。一人で見ていた時は両者とも苦痛に顔を歪めるような表情を見せていたが，他の人と一緒に見たところアメリカ人は一人で見た時と同様の表情を示したが，日本人は微笑んでいるような表情が観察された。しかし，詳細に分析するとその表情は不快さを誤魔化すような笑顔だったことがわかった。このことから日本人の表出ルールは周囲の目があるかどうかで変化することが報告されている（大坊，1998）。外国出身の語学教師が授業中に日本人学生に質問の答えを聞いたところ，何か微笑んでいるようなのだがなかなか答えないので困ったという話をよく聞く。当惑の表情をする時にも笑顔のような曖昧な表情をすることがあるが，そのような微妙な表出に慣れていない場合は，相手を馬鹿にして笑っているのか，嬉しくて笑っているのか，など間違った解釈につながる場合もある。表出ルールは意識的，無意識的に習得しているだけに，相手の表情を自分の表出ルールで判断していることに気がつかない場合が多い。

4.2 視線が送るメッセージ

顔の表情の中でも視線はよりメッセージを伝えている。「相手の目を見れば本当のことを言っているかどうかわかる」というように，視線は相手を理解する上でも重要である。しかし，視線行動は文化差が大きくでる。日本社会でも若い世代は「人の話を聞く時は目を見なさい」や「相手の目を見て話しなさい」と言われて育っているが，相手の目を見つめて話をするのに慣れていない世代もある。また，知り合い程度の異性に対してはあまり目を見つめない，年配の人の話を聞く時や自分が話す時は適度に目を逸らすなど，相手により変わる。比較的目を見つめることに慣れている若い世代の学生でも，ずっと視線を合わせる外国人教師がいると緊張を強いられる，という声もよく聞く。ヨーロッパ系アメリカ人は相手の話を聞く時の方が，自分が話す時よりも相手を見ることがわかっている。一方，アフリカ系アメリカ人は相手の話を聞く時よりも，自分が話す時の方が相手を見る。このような違いが，ヨーロッパ系アメリカ人が教師で，アフリカ系アメリカ人が生徒の場合，生徒が嘘をついている，自信がない，人の話を聞いていない，など否定的な判断を下すことがある（Sue & Sue, 1990）。アジア出身の人々も相手が目上の場合は目を凝視しないことが敬意を表すことから，視線行動の違う文化の人々との交流では誤解を招くことがある。相手を直接凝視する，または，目の周りの周辺凝視をするのか，どのような時に，どの程度の長さ見つめるのか，によっても視線行動の意味は文化により変わってくる。

5. 話し方と沈黙のメッセージ

5.1 周辺言語とは

知り合いと挨拶をする時，声の調子によって相手の調子を推察できるものである。発話におけることばとして意味をなさない部分が伝えるメッセージを周辺言語といい，非言語メッセージ全体の4割近くを占める（Merabian & Wiener, 1967）。周辺言語の研究分野の先駆者であるジョージ・トレーガーは，声の大きさ，高低，抑揚，笑い声，ため息，発話と発話の間の繋ぎの音や沈黙などがさまざまな情報を伝え，コミュニケーション全体に大きな影響を与えるとしている（Leeds-Hurwitz, 1990）。

職業によっても挨拶の声のトーンやアクセントに違いがでている。同じ「ありがとうございました」もデパート，ホテル，スーパーマーケット，魚市場，など場所により発話の仕方も違ってくる。今日ではあまり見かけないが，デパートのエレベーターに添乗する女性社員はワントーン高い声でアナウンスをするように研修を受けていたという。まだ性別により職業が明確に分かれていた頃の社会では，「より女性らしさ」を期待されるということが声の高さに表れた。女性アナウンサーの場合，アシスタント的な役割の時代からメインキャスターのポジションに移ることにより，次第に声のトーンが低くなっている。英国で初の女性首相となったサッチャー氏は男性社会である議会で説得力を出すために，それまで一議員としての発話の仕方とは全く違うほど声を低く力強く話す訓練を受けていた（Adams, 2014）。社会における役割の期待から，そして，時代によっても理想とされる「声」は変化していく。

また，言語によってもそのアクセントやピッチ，声の大きさの違いから印象が大きく変わる。自分の言語の発声の仕方に基づいて相手を判断をすると，誤解をすることになる。日本語はほとんど抑揚がないが，中国語はピッチにより意味が違い，明確な発話が喧嘩腰になっているのかと誤解することがある。逆に，中国語話者は日本語話者の平坦な抑揚がない発話から，嬉しいのかそうでないのか感情を掴み取れないことが多い。

日本語が母国語でない人々と共生する社会においては，周辺言語の解釈の仕方は特に気をつけなければならない。日本語を話していてもアクセントがあることから，外国人と決めつけたり，相手が理解していないと決めつけたりすることで差別にもつながる。職務質問をした時にアクセントのある日本語で話したりしたことで，パスポート不携帯で逮捕されたが，よく事情を確認すると日本国籍であったということもある。日系ブラジル人の少年グループと地元の日本人少年グループの抗争に巻き込まれ，追いかけられた関係のない日系ブラジル人の少年たちは，逃走の途中で，決してしゃべるな，とお互いに言い合っていたという。見た目では「日本人」と違いはないが，話をするとアクセントがあるので日系ブラジル人であることがわかってしまうためである（西野，1999）。

5.2　沈黙，間が語ること

コミュニケーション学者のブルーノ（Bruneau, 1990）は，沈黙は「ことばの不在でコミュニケーションの不在ではない」と述べている。会話の間であったり，相手への尊敬を表すためであったり，考えている時間であったり，何も言わないことで相手への抗議，また，反対に思いやりを伝えていることもある。グレアム（1985）は，ビジネスの会議においてアメリカ人，日本人とブラジル人の視線や接触，会話の間の取り方や発話の重なりを分析している。アメリカ人の場合は一人目の発言者が言い終わると同時に次の発言者が間髪いれずに発話を始める，というパターンが見られ，日本人の会議の場合は，一人目の発言者が発言を終えると間をおいて次の発言者が発言を始める，というように発言者と発言者の間に沈黙があることが確認されている。そして，ブラジル人同士の会議の場面では，発言者と発言者が同時に発言をし，オーバーラップしている部分が多く見られた（Graham, 1985）。

これが，文化背景の違う人々が参加する会議であれば，相手を「しゃべりすぎ」，「人の話を聞かない」，逆に「意見が無い」，「参加しようとしない」など誤った解釈につながり，お互いにフラストレーションを抱くことになるかもしれない。

6. 時間とリズムが伝えるメッセージ

6.1　時間と文化

日本社会では，「5 分前行動」や「15 分前行動」という時間に関する表現がある。待ち合わせの場所にどのくらい前に行くのか，相手が目上の人の場合は 15 分ぐらい先に着いて待っておく，など相手によっても自分の到着時間を適宜変えるのは時間のマナーの一つとして捉えられている。集合時間にいつも遅れる人は「時間を守らない」や「だらしがない」と考えがちだが，時間に正確に行動する，という考え方がそもそもない文化も多い。時間をゴムが伸び縮みするように捉える地域は時計のように正確ではなく幅がある時間の考え方をする。

住人の半分が外国人となった団地で，夏の夜に子どもたちが外の公園で遊ぶ声がうるさい，という苦情があった。一般的な日本社会の常識で考えると日が暮れると子どもは外で遊ばないので，これは非常識な行動だと言える。しかし，よく考えてみると夏の暑い部屋にいるよりは外にいる方が涼しいし，敷地内の公園は自宅の延長のようなもの，と考えているとしたら子どもたちにとっても安全な場所という解釈もできる（大島，2019）。

文化人類学者のエドワード・T・ホールはアメリカ南西部でさまざまな文化背景を持った人々との共同作業を通じて，文化による時間の捉え方の違いが仕事のやり方や対人関係にも影響をすることを紹介している。時間に関連することは常識と考える傾向があるが，それゆえに時間の概念が多様であることを認識するのは重要である。

ホールはテクニカル，フォーマル，インフォーマルタイムという言葉を使い，時間の概念について説明している（Hall, 1959）。テクニカルタイムは科学的な時の概念であるので，1年365日や1日24時間など地球上では共通に使用されているものである。フォーマルタイムは，それぞれの文化や社会において慣習的に用いられているものである。例えば，宗教により週末の休みが木曜日や金曜日であったりする。クリスマスが重要な祝日である場合もあれば，新年の方が重要である場合もある。伝統的に家族と祝う習慣がある重要な祝日に働かなければならなかったり，人によっては通常と同じ平日だと思っていたら，全ての店が閉まっていて不便な思いをすることもある。また，教育期間の長さ，新学期や新年度の始まりなども社会によって違う。フォーマルタイムはその社会に長く住んでいる人にとっては当たり前のことであるが，違う環境から来た人にとっては自分の慣れ親しんだフォーマルタイムを共有できないことに寂しさや不便を感じるかもしれない。

インフォーマルタイムはコンテクストにより発言者の意図や受け取り方も変わるような，あいまいな時間である（Hall, 1959）。「ちょっと後で」，「少し待って」，「すぐに来てください」など，相手との関係性やその場の状況により捉え方が変わるものである。上司が言う「すぐに書類をだして」の「すぐに」と部下が考える「すぐに」に違いがあるとお互いにフラストレーションを抱くことになる。

さらにホールは，文化の時間の捉え方をモノクロニックタイムとポリクロニックタイムという概念を用いて説明している。モノクロニックタイムに属する文化圏では，時計通りの時間に一つのことをこなしていくような時の捉え方をしている。ビジネスであれば一つのことがらや人に対して予定を入れていくようにスケジュールをこなしていく。ポリクロニックタイムは「複数の時間」という文字通りに，ある予定が入っていたとしても旧知の友人が訪ねてきた時にはその関係性の方を重視し，複数のイベントが同時に起こっているような状態である。

このような時間の捉え方の違う文化の人々が一緒に何かをしようとするとお互いにストレスを感じるかもしれない。仕事仲間が約束をしたランチミーティングに遅れてきた上に，隣のテーブルにいた顔見知りと思われる人を同じ席に誘い，どこか気まずい思いをしながらテーブルについている場面では何が起こっているだろうか。限られた時間に相手と一対一で話そうと期待していた人は苛立つかもしれない。一方で，知り合いが隣の席で一人で食事をしていたので誘うのは自然なことと考える相手は，なぜ仕事仲間が苛立っているのか見当もつかないかもしれない。せっかく誘った相手を無視して仕事の話を始める仕事仲間を冷たい人だと思うかもしれない。これは，モノクロニックとポリクロニックの時間の捉え方の違いがでてくる例である。日本の現代社会を見るとモノクロニックが定着しているようだが，伝統的にはポリクロニックだと言われている。開放的なオフィス空間で大勢の人と空間と時間を共有していることはポリクロニックだということができる。ホールはこの時間概念は空間の感覚とも密接な関係があると考えている。

6.2 社会におけるリズムとシンクロニー

生活のリズム，対人関係のリズムなど，なんとなく「いい感じ」と感じるのは相手とのリズムが合っているということが根底にあることが多い。同調動作と呼ばれるリズムは相手との会話の間合いや体の動きが同調する時におこるものである。例えば，仲が良い友達と話をしている時，お互いに興味があり話に熱中していると，同じように体を前傾していたり，飲み物を口元にもっていくタイミングが「シンクロ」していることが見られる。

発話とジェスチャーの動きの自己同調動作について研究したウィリアム・コンドンは，会話をしている人同士の間でも動作が同調することを発見した（Condon, 1980）。この動作の同調が起こる状態であれば相手との話にお互いに集中しているとも言える。周辺言語の一部ではあるが，日本語で話をする場合，相槌を打つが，他の言語では日本語ほど相槌を打つことはない。タイミングのよい適度な相槌は相手との会話のリズムを作り，話しやすい環境を作り出す。対人関係におけるシンクロニーは相手といることの心地よさや物事がスムースにすすんでいることを示している（Hall, 1983）。

日常生活のリズムはどうだろうか。混雑する駅でICカードを意識することもなくタッチして改札を通過する中でエラーが出て止まってしまった時，後ろに続く人々はどんな対応をするだろうか。戸惑う人，苛立つ人，ペースを乱されながら素早く動こうとする人，一度順調なリズムが崩れるとその原因となった人を責めるような眼差しが感じられる。AC Japanの「寛容ラップ」というテレビコマーシャルでコンビニエンスストアーのレジで年配の女性が小銭がなかなか出せず，支払いに手間取り，周囲に気をつかっていると，次に待っている若い男性が足を踏み鳴らしいらいらしているような演出がされている。それを感じた女性がさらに焦って時間がかかるという場面がある。カードやスマートフォンでのタッチ決済が広まっている今では支払いのペースを崩しているともいえる。次の場面で，年配の女性の後ろに待っていた男性がラップ調で焦らなくていい，自分のペースで，と歌い出し，それを受けて，年配の女性も若い男性を見た目で判断してしまっていたとラップ調で返している。同じ系列の CM で 10 年以上前にも，年配の女性が「もたつく権利よろしくね」というのが放映されていた。世の中のペースがデジタルツールの普及で速くなっていく中，皆が同じペースで動けるとは限らない。当たり前のように使っているものを全ての人が使っているとも限らない。日本に到着して間もない観光客が駅の券売機や改札で立ち止まっているのもよく目にする。便利になる分，その便利さに慣れていない人がいることを想像する余裕が必要になってくる。

7. まとめ

ことば以外でも五感で感じるすべてのものはメッセージを送り，私たちはそれを受け取っている。文化の習慣や価値観のように，意識的に学習するものもあれば，無意識に体得しているものも多い。日常生活では意識しないことも多いだけに，自分が間違った解釈をしていることや相手に意図しないメッセージを送っていることに気がつかない。自分の非言語コミュニケーションの判断基準がどのようなものなのかを意識し，相手の非言語メッセージの解釈の幅を広げていくことが文化背景の違う人々との共生には必要になっていく。

考えてみよう

1）対人関係においてどのような非言語メッセージを受け取っているのか，また，自分で意識して発しているのかを考えてみよう。

2）非言語行動に基づいて他の人の行動や性格を判断したことはないか考えてみよう。どのような基準をもって，そのように判断をしたのか，分析してみよう。

邦文引用文献

インセル，P.M.・リンドグレーン，M.C.（1987）『混み合いの心理学』（辻正三・渋谷昌三・渋谷園枝訳）創元社。

エクマン，P.（2006）『顔は口ほどに嘘をつく』（菅靖彦訳）河出書房新社。

大島隆（2019）『芝園団地に住んでいます』明石書店。

大坊郁夫（2006）『しぐさのコミュニケーション：ひとは親しみをどう伝えあうか』サイエンス社。

コンドン，J.（1980）『異文化間コミュニケーション』（近藤千恵訳）サイマル出版会。

渋谷昌三（1990）『人と人との快適距離：パーソナル・スペースとは何か』日本放送出版協会。

パターソン，M.L.（2013）『ことばにできない想いを伝える：非言語コミュニケーションの心理学』（大坊郁夫監訳）誠信書房。

プロズナハン，L.（1991）『しぐさの比較文化』（岡田妙，斎藤紀代子訳）大修館書店。

モリス，D.（1991）『マンウォッチング』（藤田統訳）上巻　小学館ライブラリー。

英文引用文献

Adams, S. (2014). How to convey power with your voice. *Forbes*. Nov. 25, 2014 https://www.forbes.com/sites/susanadams/2014/11/25/how-to-convey-power-with-your-voice/#31b410f382e7

Birdwhistell, R. (1970). *Kinesics and context*. Philadelphia: University of Pennsylvania Press.

Condon, W. S. (1980). The relation of interaction synchrony to cognitive and emotional processes. In M. R. Key (Ed.), *The relationship of verbal and nonverbal communication*. The Hague : Mouton.

DeVito, J. A. (1989). *The nonverbal communication workbook*. Prospect Heights, IL : Waveland Press, Inc.

Felipe, N. J., & Sommer, R. (1966). Invasions of personal space. *Social Problems, 14* (2), 206-214.

Graham, J. (1985) The influence of culture on business negotiations. *Journal of International Business Studies*. 16. 81-96.

Goffman, E. (1959). *The presentation of self in everyday life*. New York : Anchor Books.

Hall, E. T. (1959). *The silent language*. New York : Doubleday.

Hall E. T. (1966). *The hidden dimension*. New York : Doubleday.

Hall, E. T. (1983). *The dance of life*. New York : Doubleday.

Leeds-Hurwitz, W. (1990). Notes in the history of intercultural communication : The Foreign Service institute and the mandate for intercultural training. *Quarterly Journal of Speech*. 76, 3, 262-281.

Mehrabian, A., & M. Wiener (1967). Inference of attitudes from nonverbal communication in two channels. *Journal of Personality and Social Psychology*, 6, 109-114.

Sue, D. W., & Sue, D. (1990). *Counseling the culturally different : Theory & practice*. New York : John Wiley & Son.

5 言語メッセージとコミュニケーション

大橋理枝

《目標＆ポイント》 言語の本質的な性質について述べ，言語を用いたメッセージを使うコミュニケーションについて論じると共に，言語が現実認識を作り上げるものであることを論じる。
《キーワード》 恣意性，生産性，超越性，文化的伝承性，学習性，言語決定論，言語相対論，高／低コンテキストコミュニケーション

1．言語という表現形

第１章で，コミュニケーションのためには考えや感情を何らかの形で表現しなければならないことをみたが，言語は考えや感情を表現する手段の一つである。しかし，言語は考えや感情をそのまま表現できるものではなく，象徴的に表現するものであるということも第１章で述べた。この点について，ここで改めて考えてみよう。

例えば自宅の部屋の中で，足が８本あって触角がなく，体が２節に分かれている小さな生き物を見かけたとしよう。瞬時に心拍数が上がり，冷や汗が出て，叫びたい衝動に駆られ，その場から逃げたいと感じつつも，体が動かないかもしれない。日本語話者であれば，この時の状態を「こわい」と表現するかもしれないが，それはこのような生理的・心理的状態を「こわい」という言葉で表現したということである（もしかしたら似たような生理的・心理的状態を別の言葉で――例えば「大嫌い」という言葉で――表現することもできるかもしれない）。

なぜこの場面で「こわい」という表現を使うのか。それは日本語という言語体系の中ではこのような生理的・心理的状態に「こわい」というラベルが付されていることを日本語話者が学んでおり，日本語という言語体系を共有するのであれば「こわい」というラベルでどのような生理的・心理的状態を指すのかをお互いに了解していると考えているからである。そして，他人に対してこのエピソードを伝えるときには「こわかった」という言葉で自分の生理的・心理的状態を表現するし，それで相手も自分がどのような生理的・心理的状態だったかを把握できると信じるのである。

このように，言葉というものは何らかの対象に対するラベル，又は記号として機能する。全ての言葉は記号として，象徴的に対象を指し示す。第１章で述べた「コミュニケーションの象徴性」というのは，言語であろうと非言語であろうとコミュニケーションの際に用いられる表現形はいずれも対象を象徴的に差し示す記号である，ということを述べたものである。

ここで注意したいのは，「こわい」という言葉のどこにも「瞬時に心拍数が上がり，冷や汗が出て，叫びたい衝動に駆られ，その場から逃げたいと感じつつも，体が動かない」という生理的・心理的状態を表現すべき必然的な理由はない，という点である。「こ」にも「わ」にも「い」にも，心拍数の上昇や冷や汗が出ることを表す要素は存在しない。つまり，日本語という言語体系の中で，このような生理的・心理的状態に付す記号として「こわい」という言葉を使うことが決められているだけであり，ある対象を指示する言葉とその指示対象との間に必然的な関連はない。このことを言語の恣意性という。

更に，「こわい」という語で表現される生理的・心理的状態は厳密に言えば人によって異なる。「瞬時に心拍数が上がり，冷や汗が出て」という辺りは多くの人が感じるかもしれないが，「叫びたい衝動に駆られ」る人もいるだろうし，そんな衝動は感じない人もいるかもしれない。「その場から逃げたいと感じ」る人は多いかもしれないが，「体が動かない」とは感じない人もいるだろう。更にはその時に火照りを感じる人も血の気が引く人も寒気を感じる人もいるだろう。このように考えると，「こわい」という言葉で表現している対象は，日本語という言語体系を共有している人同士の間である程度は同じだが，100% 一致することはあり得ない。これはどんな言語のどんな言葉でも同様である。

このことは言語コミュニケーションにおいて重大な意味を持つ。第1章で提示した多文化共生の対人コミュニケーションのモデルの中で，人物Ａがもつ考えや感情を楕円形のメッセージという形で表現し，そのメッセージが人物Ｂに届いて四角の枠組みで解読され，解釈・判断されることを示したが，どんな言葉でもそれが表している対象が二人の人の間で完全に一致することはない。即ちこのことは人物Ａが行った表現と人物Ｂが行った解読及び解釈・判断との間に完全な一致はあり得ないということを意味する。第1章では「人物Ａが楕円形のメッセージとして表現した考えや気持ちと，人物Ｂが四角の枠組みで行った解読や解釈とがある程度合致すれば，それは『誤解の少ないコミュニケーション』となるし，合致しなければ『誤解のあるコミュニケーション』となる」と述べたが，「誤解の含まれないコミュニケーション」はあり得ない。言語というものが記号として機能し，象徴的に考えや感情を表現するものである以上，二人の人の間の記号化と記号解釈とは必然的に一致しないのである。

それでも人間はコミュニケーションを行う際に言語を使う。そしてある程度の範囲内でお互いに理解し合えていると感じられることが多い。これは人間の言語使用能力のすばらしさに他ならない。完全な一致が得られなくても，さほど大きくズレない範囲で一致していれば，お互いに「通じ合う」ことができるのは，人間が言語の使い方をそのように学んでいるからである。

同時に思い出して頂きたいのは，人間が言語を用いて考えや感情を表現する際にも，そのように表現されたメッセージを解読して解釈・判断する際にも，コンテキストの影響を受けるということである。第１章では「定例ミーティング」ということばで表現された対象について，関係者の間でコンテキストが共有されていればこそ，そのミーティングが何についてのもので，通常何時から始まるものなのかはお互いに分かっていることを述べた。同時に個人個人のコンテキストが異なるために，そのメッセージを受け取った際の反応が異なることもみた。多文化共生のコミュニケーションを考える際には，メッセージの発信者と受信者の間で共有されていないコンテキストの存在によって，特定の言葉が指す対象の把握にズレが生じる可能性が高まるということを常に意識しておく必要がある。例えば「クモ」という言葉で表現される生き物は同じでも，思い浮かべるクモの種類が異なれば「気持ち悪いから殺したい」「神の使い[1]だから殺したらいけない」「毒を持っているかもしれないから殺すべき」など，様々な「解釈・判断」があり得るだろう。

2. 言語の性質

言語には様々な「部品」があり，それらが組み合わさって成り立っている。文は語が集まって成立する。語は語幹・接頭辞・接尾辞・形態素などに分けられたりする[2]。そして言語は「部品」を入れ替えることで

1　横田（2021）を参照

2　語幹はある語の中心的な意味を担う部分，接頭辞は語幹より前に付く部分，接尾辞は語幹より後に付く部分である。例えば「お話しした」という語においては「話し」の部分が語幹，「お」の部分が接頭辞，「した」の部分が接尾辞になる。形態素は意味を持つ「部品」としてそれ以上細かく分けることのできないものを指す。例えば「〜だった」は「だっ」と「た」に分けることはできず，「だった」で一まとまりの意味（この場合は過去を表す意味）を担う。このまとまりが形態素である。

無限に様々なことが表現できる。現在・未来・過去のことのみならず，空想・嘘・夢なども表現できるのである。この言語の性質のことを「生産性」という（末田・福田，2011）。

また，音声を通して伝えられる言語は空間を共有していない相手に対してもメッセージを伝えることができる表現形となる（電話での会話はその最も端的な例であろう）。文字で記された言語は時間・空間を共に超えてメッセージを伝えることができる表現形であるといえる（メール文などを考えると分かりやすい）。このように，言語は必ずしも時間や空間を共有していない相手に対しても有効な表現形であるといえる。この，時間と空間を超えることができるという言語の性質を「超越性」という（末田・福田，2011）。

更に，あらゆる言語はその言語を使っている人々が作り上げている文化のなかで使われている。そして，人間は生まれつき言語を身につけているわけではなく[3]，必ず周りの人とのやり取りを通して言語を学んでいく。従って言語を学ぶ際には必ず特定の文化の一部として特定の言語を学ぶことになる（文化的な背景の全くない自然言語は存在しない）し，全ての言語はある特定の文化の一部として存在する。言語は文化の一部として存在するものであり，文化の一部として継承されていくものであるということを言語の「文化的伝承性」といい（末田・福田，2011），言語は生まれつき身につけているものではなく，周りとのやり取りを通して学んでいくものであるということを言語の「学習性」という（末田・福田，2011）。これらも言語の本質として重要な点である。

3　言語生得説では人間は生まれつき言語を話す能力を有しているとするが，ここで問題にしているのは言語能力が生得的であるかどうかということではなく，言語が使えるようになるためには周りとのやり取りが必要であるという点である。言語能力が生得的であるか否かについてはここでは立ち入らないが，「子供は言語を教えられて理解し，使い始める」（田部，2003，p. 141）とする環境説と「自然発生的に理解し使い始める」（田部，2003，p. 141）とする生得説とは長年議論の的になってきた。

3．言語，文化，思考

私たちは身の回りにあるものや自分の中にある考えや感情を言語で表現することによって整理している。異なるもの同士は別の語を用いて整理され，同じものは同じ語の下に置く。「クモ」と「ゴキブリ」はどちらも同じような反応を引き起こす対象かもしれないが，両者は生き物として異なるので別の語で表現される。即ち，ある対象を指し示す語が異なるのであれば，それらは別のものであると認識されているといえるし，同じ語で指し示されている対象は同じものであると認識されているといえる（但し個体差を表現する語が加わる可能性はある――例えば「大きなクモ」と「小さなクモ」は，同じクモという生物として認識された上での違いを示すために「大きな／小さな」という語が付されている）。

日本では珍しくない魚の中に *Seriola quinqueradiata* という学名を持つ魚がある。この学名を持つ魚は，関東地方では「ワカシ」「イナダ」「ワラサ」「ブリ」と呼ばれるのに対し，大阪地方では「ツバス」「ハマチ」「メジロ」「ブリ」と呼ばれるが[4]，他の地方では更に他の名称で呼ばれることもあるようだ[5]。同じ学名の下に置かれる魚だということは生物学的には同じものだということだが，異なる名称で呼ばれているということは日本語圏ではそれらを別の魚だと認識しているということを示す。一方，『新英和大辞典』によれば，「ブリ」は英語で yellowtail というが，この語はブリの他にも「イサキ（silver perch）」，「アジ（rainbow runner）」，「ピンフィッシュ（pinfish）」，「ヒラマサ（yellowtail kingfish）」，「フエダイ（yellowtail snapper）」，「マコガレイ（yellowtail founder）」，「メヌケ（yellowtail rockfish）」などをも指すという。ヒラマサ，フエダイ，マコガレイ，メヌケについては正式名称を前半部分だけで略したと

4　https://kotobank.jp/word/%E9%B0%A4-621200 の『精選版　日本国語大辞典』及び『デジタル大辞泉』「鰤」の記述による（2023 年 2 月 8 日参照）

5　https://kotobank.jp/word/%E5%87%BA%E4%B8%96%E9%AD%9A-528960 の『日本大百科全書（ニッポニカ）』「出世魚」の記述による（2023 年 2 月 8 日参照）

考えることもできるが，イサキやアジなど全く別の魚であると認識されているものを同じ名称で呼ぶということは，英語圏ではこれらの魚を必ずしも明確に区別していないことを示している。

そうだとすれば，日本語話者と英語話者とでは身の回りの整理の仕方が異なるのだろうか。即ち，私たちの世界の認識の仕方は言語によって異なるのだろうか？

この問いには2通りの答え方がある。1つはこの問いに対して是と答える立場であり，言語が異なれば世界の認識の仕方が異なるとする立場である。この立場は言語決定論の立場，若しくはサピア・ウォーフの強い仮説と呼ばれる（井上，2003；南，2013）。もう1つの立場はこの問いに対して是とは答えず，言語による身の回りの世界の整理の仕方は文化の影響を受けると考える。言語相対論，若しくはサピア・ウォーフの弱い仮説と呼ばれるこの考え方（井上，2003；南，2013）では，日本語圏で *Seriola quinqueradiata* を大きさに応じて様々な名称で区別したのは魚食文化である日本に於いてそれらを区別することに意味があったからであり，魚を食べない英語圏ではこれらの魚を明確に区別する必要がなかったから区別しなかったのだということになる。

この論争は既に100年近く続いており，様々な立場から様々な研究結果が出されてきた。桜木（2013）は「言語構造が思考様式を決定するという『言語決定論』を唱える学者も当初存在したが，言語を介さない思考の存在が心理学における実験研究で確認されるようになると，言語決定論の立場は否定された」（p. 111）と述べる一方，「これまで行われてきた実証研究の結果を概観すると，言語相対論を支持する結果はそれほど多くなく，その内容も少なくとも現時点においては概して末梢的といわざるをえない」（p. 113）と述べてもいる。ドイッチャー（2012）や Boroditsky（2017）は名詞の文法的な性がその名詞の指示対象の捉え方に影響を与えている例[6]や，絶対方位で位置関係を把握している言語の話者が常に方位を認識している例[7]などを挙げて，言語決定論の考え方に対する論拠としている。

ここで言語決定論と言語相対論を取り上げたのは，先に述べた「言語の文化伝承性」の中にあった，言語が文化の一部であるということを具体的に検証するためである。言語が異なれば同じ対象に対しても捉え方が異なるかもしれない。また文化が異なれば同じ対象に対する言語的把握の仕方も異なる。このことは全てコンテキストの一部としてコミュニケーションに影響を与える。多文化共生のコミュニケーションを考える際には，このことを念頭に置いておく必要があるだろう。

4. 高／低コンテキスト

第1章の冒頭で取り上げた「今日の定例ミーティングは30分後倒しになります。」という連絡を，ここでもう一度検討しよう。この連絡が当事者の間で共有されているコンテキストがあって初めて理解できるものであることは第1章でも確認した。このようにコンテキストに依存した形で行われるコミュニケーションの仕方を「高コンテキストコミュニケーション」という。一方，例えば「今日の運営ミーティングは，リーダーが理事会に出席しなければならないため，いつもより30分後遅い15時30分から開始します。」という文章であれば，当事者でなくても内容が分かるだろう。このようにコンテキストへの依存度が低いコミュ

6　ドイツ語では女性名詞，スペイン語では男性名詞である「橋」ということばの属性を問われた際に，ドイツ語話者は「美しい，優雅，脆弱，穏やか，可愛い，ほっそりしている」などを選ぶ傾向が見られ，スペイン語話者は「大きい，危険，長い，強い，頑丈，そそり立つ」などを選ぶ傾向があったという。

7　位置関係を東西南北で把握し，「右」「左」という語が存在しない言語の話者は自分がどこにいても東西南北を把握しているという。この例は桜木（2013）でも言及されている。ドイッチャー（2012）はこの例に加えて方位の代わりに「山側」「海側」で位置関係を表現する言語の話者は常に山や海に対する自分の相対的な位置を把握しているという例も挙げている。

ニケーションの仕方を「低コンテキストコミュニケーション」という。

高コンテキストコミュニケーションと低コンテキストコミュニケーションは類型ではなく，コンテキストへの依存は程度の問題である。先程低コンテキストコミュニケーションの例に挙げた「今日の運営ミーティングは，リーダーが理事会に出席しなければならないため，いつもより30分後遅い15時30分から開始します。」という言い方でも，メッセージ発信者の意図が全て言明されているわけではない（例えば「〜のでその時間に来てください」という部分は言明されていないが，メッセージ発信者の意図には含まれているであろう）。私たちはメッセージを発信する際に自分の意図の全てを言語化してメッセージ化して発信しているわけではないし，だからこそ受信する側がメッセージを解読するだけでなく，解釈する必要が生じる。それでも，コンテキストにより多く依存した形で表現されたメッセージ（即ちコンテキストを共有していなければメッセージ発信者の意図が解釈しにくいメッセージ）と，比較的コンテキストに依存しない形で表現されたメッセージ（即ちコンテキストを共有していなくてもメッセージ発信者の意図がある程度解釈できるメッセージ）とがあると言うことはできる。

更に，社会・文化全体として見た時に，高コンテキストコミュニケーションが多く行われる文化と低コンテキストコミュニケーションが多く行われる社会・文化があるといわれており，前者のことを高コンテキスト文化，後者のことを低コンテキスト文化と呼ぶ。日本は典型的な高コンテキスト文化だとされており，ドイツ系スイスは低コンテキスト文化の最たるものだとされている（桜木，2013；末田・福田，2011；Hall, 1976）。

多文化共生の対人コミュニケーションを考える際には，メッセージを発信する際にどこまで相手と共有しているコンテキストに依存した形でメッセージを表現しているかという点が文化背景によって異なるという点に留意する必要がある。と同時に，メッセージを送信する側と受信する側とが本当にコンテキストを共有しているのか，という点にも注意が必要である。高コンテキスト文化だとされている日本ではメッセージを受信する側が推測してくれることを多く期待して，メッセージ発信者が自分の意図を言語化した形でメッセージに表現しない傾向がある。しかし，言語化されていない内容を推測するためにはコンテキストの共有が必要であると同時に，意識的にそのようにメッセージを解釈する必要がある。この「メッセージ発信者が言語化していない意図を推測しなければいけない」という意識は，文化の一部として言語を学ぶ中で教わっていくものである。言語のもつ本質である文化的伝承性の影響はメッセージの受け取り方という面にも関わっているのである。

5．現実把握と言葉

先にも述べた通り，言語は身の回りの世界を整理する記号である。そして，私たちの認識は言語と全く独立に存在しているわけではない。即ち，私たちの認識と身の回りの世界とは言語を介して結びついているといえる。そうだとすると，私たちが身の回りの現実の認識の仕方は言語にどの程度影響を受けるのだろうか。

200 ml まで入るグラスに 100 ml の液体が入っている状態を「半分入っている」と表現するか「半分空である」と表現するかで状態の捉え方が異なるというのは，言葉の使い方で見え方が変わることを示す際によく出される例である。何か通常とは異なる状況に直面した時に，それをピンチと考えるかチャンスと考えるかによってその状況が異なって見えて来るというのもよく挙げられる例だろう。更に考えれば，何らかの期日が決まっている場合にそれまでの時間を「あと○日ある」と捉えるか「あと○日しかない」と捉えるかで，気の持ちようが変わるだけでなく，同じ○日の間に何ができると考えるかも変わって来るのではないだろうか。そのことを考えると，言語を通した現実に対する認識は私達の思考に影響を与えるだけでなく，私たちの行動にも影響を与える。

同様のことが多くの人たちの間で共有されたらどうなるか。「これは未曽有の危機である」という認識が共有される場合と，「これは前代未聞のチャンスである」という認識が共有される場合とでは，人々の間で共有されている現実に対する認識が異なって来るだろう。共有された現実認識はコンテキストの一部として共有されるといっていい。つまり，同じ現実認識を共有している人同士の間ではそれが「当たり前」のことと捉えられるのに対し，異なった現実認識を持っている人たちとの間では「当たり前」が異なるということになる。

2020 年辺りから「リスキリング」という言葉に出会うようになった。原語は reskilling だそうだ[8]が，英和辞典でこの語を引くと「(特に失業者に対する) 技能再教育」(研究社英和大辞典「reskilling」) や「(失業者向けの) 職業再教育」(ジーニアス英和大辞典「reskilling」) と載っている。一方「リスキリング」は失業者向けの再教育という意味で使われているのではなく，「新しい職業に就くために，あるいは，今の職業

表 5－1 「スキルアップ」「リカレント教育」「リスキリング」の違い

スキルアップ	現在の職務をさらにより高度にすること。例えば，経理部勤務者がより高度な経理スキルを身につけることなど。
リカレント教育	学校での勉強，仕事，大学院修学，仕事，などの反復を指す。個人の関心が原点となっているため，個人がお金を出して自分の好きな時間に学ぶ。必ずしも職業に直結しなくても構わない。
リスキリング	今後なくなっていく可能性のある産業から，成長産業へと労働者を移動させる。個々に関心のある分野のスキルを高めるのではなく，企業が生き残っていくために事業戦略として成長産業のスキルを身につけることが本来の目的。

(https://www.nhk.or.jp/gendai/comment/0020/topic057.html 掲載のクローズアップ現代取材班による記事より筆者作成)

8　NHK NEWS WEB（2022. 10. 28）(2023 年 2 月 10 日参照)

で必要とされるスキルの大幅な変化に適応するために，必要なスキルを獲得する／させること」という意味[9]で使われており，「スキルアップ」や「リカレント教育」とは異なるとされる[10]。クローズアップ現代取材班（2023）は三者の違いを表5-1のように説明する。

上記から，「リスキリング」という概念の背景には以前からあった「成長産業」に加えて「今後なくなっていく可能性のある産業」というものが存在する，という認識があることが分かる。このような捉え方は「スキルアップ」や「リカレント教育」には含まれていなかったという意味で，「リスキリング」は新しい概念であると考えられ，「リスキリング」という言葉が日本語の言語体系に導入されることで，それまでにはなかったスキルを身につける方法が認識されたといえよう。このように，言語には対象に名称＝ラベル＝記号を与えることによってその対象の存在を認識させるという機能がある。だからこそ，新しい概念には新しい言葉が必要となるし，新しい言葉で表現することによってその概念の存在が明確化されるのである。

言葉一つ（例えば「リスキリング」）をとっても，その背景には現実に対する認識の仕方（「今後なくなっていく可能性のある産業」というものが存在するという認識）や，それまでに存在が認識されていたものとは異なる概念（「スキルアップ」や「リカレント教育」とは異なる概念であること）が存在するのである。言語メッセージは送信者が現実をどのように認識しているかを表現したものだが，このことは言語が現実認識を作り上げていくという機能を果たすことでもある。

9　経済産業省の「第2回デジタル時代の人材政策に関する検討会」（2021年2月26日開催）における石原直子氏（リクルートワークス研究所）による発表資料から https://www.meti.go.jp/shingikai/mono_info_service/digital_jinzai/pdf/002_02_02.pdf（2023年2月10日参照）

10　https://www.nhk.or.jp/gendai/comment/0020/topic057.html（2023年2月10日参照）

6. まとめ

本章では言語という表現形を用いてコミュニケーションを行う際に考慮すべき様々な側面を取り上げて論じた。言語の本質，コンテキストへの依存度，及び言語が現実の把握に影響を与えるという点は，普段のコミュニケーションの中で必ずしも意識するものではないかもしれないが，多文化共生というコンテキストの中では時々立ち止まって考えてみる必要がある事柄であろう。

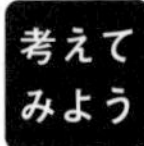

自分の身の回りのコミュニケーションで，高コンテキストコミュニケーションであると考えられるやり取りと低コンテキストコミュニケーションであると考えられるやり取りをそれぞれ例示してみよう。

邦文引用文献

石原直子（2021）「リスキリングとは―DX 時代の人材戦略と世界の潮流―」経済産業省ウェブサイト。
https://www.meti.go.jp/shingikai/mono_info_service/digital_jinzai/pdf/002_02_02.pdf（2023 年 2 月 10 日参照）

井上京子（2003）「言語相対論」小池生夫（編集主幹）『応用言語学事典』Ⅲ3,1（pp. 244-245）研究社。

NHK NEWS WEB（2022.10.28）「リスキリングって何？」NHK ウェブサイト。
https://www3.nhk.or.jp/news/html/20221028/k10013873241000.html（2023 年 2 月 10 日参照）

クローズアップ現代取材班（2023.2.8）「“リスキリング”とは　～これからの日本に必要な“リスキリング”のカタチ～」NHK ウェブサイト。

https://www.nhk.or.jp/gendai/comment/0020/topic057.html（2023年2月10日参照）

桜木俊行（2013）「言語コミュニケーション」石井敏・久米昭元・長谷川典子・桜木俊行・石黒武人『はじめて学ぶ異文化コミュニケーション：多文化共生と平和構築に向けて』第5章（pp. 109-132）有斐閣。

末田清子・福田浩子（2011）『コミュニケーション学：その展望と視点　増補版』松柏社。

田部滋（2003）「言語生得論」小池生夫（編集主幹）『応用言語学事典』Ⅱ2, 6（pp. 141-142）研究社。

ドイッチャー，G.（2012）『言語が違えば，世界も違って見えるわけ』椋田直子（訳）インターシフト。

南雅彦（2013）「サピア・ウォーフ仮説（言語相対論）」石井敏・久米昭元（編集代表）『異文化コミュニケーション事典』（p. 272）春風社。

横田南嶺（2021）「くもに教わる」『臨済宗円覚寺派大本山円覚寺　管長のページ』https://www.engakuji.or.jp/blog/33850/（2023年2月7日参照）。

英文引用文献

Boroditsky, Lera（2017）“How language shapes the way we think”. https://www.ted.com/talks/lera_boroditsky_how_language_shapes_the_way_we_think（2023年2月8日参照）

Hall, E. T.（1976）*Beyond culture*. Anchor Books.

6　言語習得とコミュニケーション

大橋理枝

《目標＆ポイント》 母語と第二言語を習得する過程を概観すると共に，コミュニケーション学の立場からバイリンガリズムに関して着目すべき点を挙げる。
《キーワード》 母語，意味，第二言語，バイリンガル，共有基底能力

1．「母語」の習得

第５章で言語は生まれつき持っているものではなく学習されるものであると述べたが，人は言語という表現手段をどのようにして学ぶのだろうか。この本題に入る前に若干の用語の整理をしておきたい。富山(2003)は第一言語を「一般的には子供が最初に習得する言語」(p. 117)であるとし，「母語」を「文字通り母親から学んだ言語，家庭内で習得された言語という意味で使用されることもあるが，習得の環境に関わりなく，最初に習得したという意味で第一言語と同義に使用されることが多い」(p. 117) とする。子どもが言語を学ぶのは母親からだけではない(父親からも学ぶ) し，両親が異なる言語で子育てをした場合には子どもが「同時バイリンガル」──「２つの言語を生後から同時に習得し始める，すなわち１つ目の言語の習得を開始すると同時に２つ目の言語の習得も開始する」(山本，2014a，p. 8) 状態──になる場合もあることを考えると，最初に学んだ言語を「母語」と呼ぶのは厳密には相応しくない。しかしながら，家庭内で使われる言語と社会で使われる言語が異

なる場合には子どもが最も使いやすい言語が最初に学んだ言語とは限らなくなる。そこで，本稿では「子どもが最初に学んだ言語」を指す言葉として「母語」を採用し，本人にとって最も使いやすい言語を指す言葉として「主言語」を使うことにする。そして，本人が使うことができる「主言語」以外の言語をまとめて「第二言語」と称す（実際には3番目以降に学習する言語も便宜上「第二言語」に含める）。

ライトバウン・スパダ（2014）によれば，子どもが乳幼児期に発する言葉は全世界的に似通っている。山本（2014b）はこの過程を下記のように示している。

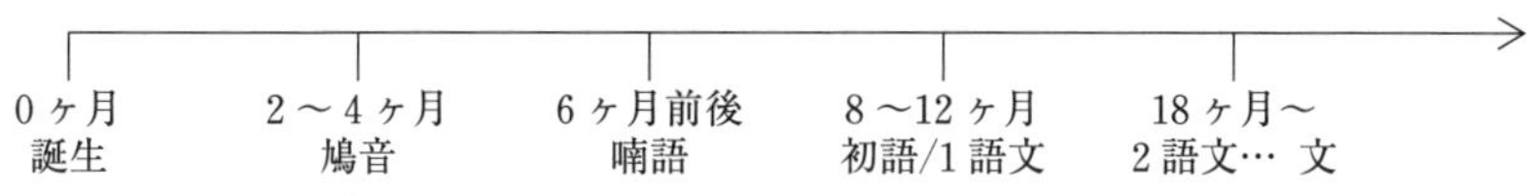

図6-1　母語の習得過程（山本，2014b，p. 22より作成）

正常な発達を遂げているとされる子どもは，生後2か月から4か月あたりで鳩音（きゅうおん）と呼ばれる声を出し始める。この声は「クー」（正高，2003a，p. 119）や「クックッ」（山本，2014b，p. 22）と表現されることが多く，鳩が鳴く声に似ているところからこの名がある。次の段階では「マママ，ブブブ，ダダダ」（山本，2014b，p. 22）のような，語ではないものの語のような音である喃語（なんご）が出現する。この段階がしばらく続いた後，1歳の誕生日辺りで大人にも単語として聞こえるような語が発話されるようになるが，この段階では一つの語が様々な意味に使われる（「マンマ」という発語が「お母さん」の意味でも「お腹が空いた」の意味でも使われるなど）ため，一語が単なる単語ではなく文の機能も果たすことから「1語文」や「1語発話」と呼ばれる（山本，2014b）。ライトバウン・スパダ（2014）によれば，「2歳になるまでにほとんどの子どもが少なくとも50の単語を安定して使えるようになり」（p. 7），「語と語を組み合わせて簡単な文を作」（p. 7）るようになるという。

喃語がみられるようになってから1，2ヶ月後にはそれぞれの音節で子音の要素が現れるようになるが，これを基準喃語と称する（正高，2003b）。正高（2003b）によれば，「基準喃語を詳細に分析してみると，乳児が成育する環境で使用されている言語の影響が反映していることが，明らかとなってきている」（p. 121）という。従ってこの喃語の段階で周りからどのような働きかけが行われるかは，子どもの言語発達にとって重要な要素であるといえる。基準喃語が出現する前の段階の喃語を過渡期喃語という（正高，2003b）が，先天的に耳が聞こえない乳児においては鳩音と過渡期喃語は観察されるものの，基準喃語は観察されず，代わりに手話の前段階のような手の動きが観察されるようになるという（正高，2003b）。また，母語が2言語（即ち母語がバイリンガルの乳児）の言語習得過程も母語が1言語の乳児の言語習得過程とほぼ同じである（山本，2014b）といわれている。このことを考えると，乳児が言語をその記号的本質も含めて学び始めるのは，生後数か月の段階からではないかと思われる。

2．意味の理解

横山（2017）は「泣声しか発することができない生まれたての赤ん坊が，三語文以上の文らしいことばを発話するようになるまで概ね3年程度かかるが，この間，両親など周囲の大人が子どもに向けて話しかける care-taker speech が有効な刺激となっている」（p. 38）として子どもが母語を獲得する際に周囲の養育者からの働きかけが大切であることを述べている。幼児が母語を獲得する際に，周りの大人たちが周囲のものを指さしてその名前を教える場面などは容易に想像できるが，ある言葉（＝ラベル又は記号）が何を指示しているかを教える際の指示対象は，具体物としては全て個々に異なっているであろう（例えば，ある子どもが「いぬ」という語を学ぶ際に，その語が指示する対象の具体物は子どもごとに異なるだろう—ある子どもは自分の家で飼っているペットのトイプードルを指示対象として「いぬ」という語を学ぶかもしれないし，別の子どもは隣の家のおじさんが散歩に連れ出しているゴールデンレトリバーを指示対象として「いぬ」という語を学ぶかもしれない）。更に，その具体的な対象と子ども本人の関わり方も全て個別であろう（自分の家でペットとして飼っているトイプードルを指示対象として学んだ子どもは「いぬ」を「小さくてかわいいもの」として把握するかもしれないし，隣の家のおじさんが散歩に連れ出しているゴールデンレトリバーを指示対象として学んだ子どもは「いぬ」を「大きな毛むくじゃらのもの」として把握するかもしれない）。ある言葉と，それが指示する対象との結びつきが把握されるということは，すなわちその言葉の意味が把握されるということだが，先に挙げた例を踏まえると「いぬ」という語の意味は厳密に言えば人によって異なるということになる。この点については第5章でも述べた。

勿論，トイプードルとゴールデンレトリバーには共通する点も多く（尾のある四足動物であり，嗅覚や聴覚が鋭く，体毛に覆われている，など），その部分は「いぬ」という記号で共有できる部分である。一方，先に見た通り，「いぬ」という言葉の意味として各個人が把握している具体的な内容は異なる。言葉の意味にはこのように他者と共有できる内容と各個人によって異なる内容とがあるといえる。そして，前者を外延的意味，後者を内包的意味という[1]（末田・福田，2011；徳井，2013）。内包的意味は各個人の経験によって異なると同時に，コンテキストによっても異なる（犬をペットとして飼ったことがある人同士はその経験が共通のコンテキストとなるだろうし，そのコンテキストは犬を飼ったことがない人

1　同じ概念を桜木（2013）は「明示的意味／暗示的意味」としている。

とは共有されないだろう）。このことからも，人物Ａが自分の考えや感情を表現するために選択した言葉が人物Ｂによって解読，解釈・判断される際に完全な一致はあり得ないということが窺える。

3．第二言語の習得

第１章でも見た通り，2022年末の時点で日本に住んでいる外国人が307万人以上[2]いるからには，日本における多文化共生のコミュニケーションを考える際に，家庭内で使われている言語と家庭外で使われている言語が異なるというコンテキストを持っている人が相当数いるはずである（このことは第10章〜第12章との関連で重要な意味をもつ）。家庭内で日本語とは異なる言語を母語として習得した後に日本語を学ぶ場合のように，「1つの言語の習得が始まった後に，もう1つの言語の習得が開始される，2つの言語の習得開始に時間差があるバイリンガル」（山本，2014a，p. 8）を「継続バイリンガル[3]」と呼ぶ。

複数の言語を操れる人の脳内でそれらの言語がどのように位置づけられているかを考える際に2通りの考え方がある。片方の考え方は，それぞれの言語が脳内で一定の部分を占めるという考え方であり，これを「分離基底能力モデル」と呼ぶ（中島，2021）。もう片方には，脳内には言

2　出入国在留管理庁（2023）（2023年9月4日参照）。ここでいう「外国人」とは在留外国人を指している。

3　「バイリンガル」という言葉は一個人の中で2言語を併用している場合も社会の中で2言語が併用されている場合も指し得るが，「1つの言語コミュニティーで2言語が使われている場合」（難波，2014，p. 208）を「ダイグロシア」と称して区別する。ダイグロシアがある社会では「上位に置かれた言語変種」と「下位に置かれた言語変種」が存在し，両者は「全く違う場面や状況で使われ，異なる機能を果たし，それを使う話者も，両者を明らかに違うものと考えている」（田中，2015，p. 20）という。前者を「上位言語」，後者を「下位言語」と称す（田中，2015）が，日本では標準語が上位言語，方言が下位言語となっているといえる。また，日本語とその他の言語の関係では，日本語が上位言語，その他の言語が下位言語となっているといえるだろう。なお，言語変種とは地域・文体・年齢などによって様々に異なる言語の別種を指す。

語に関する共通部分があり，各言語はその共通部分にある知識を表出する手段の差に過ぎないとする考え方があり，これは「共有基底能力モデル」と呼ばれている（中島，2021）。中島（2021）は「分離説を支持する調査研究はこれまでほとんどないのに対して，共有説を支持する研究は圧倒的に多」（p. 33）いと述べる。カミンズ（2021b）はこのような共有基底能力を基盤とする複数の言語は相互依存の関係にあり，「児童・生徒が母語の認知面，教科学習言語面を継続して伸ばしつつ，その上に認知的な道具として第二言語を加えていく，というバイリンガリズムの一つの形態」（p. 96）と定義される「加算的バイリンガリズム[4]」の重要性を述べている。

この「共有基底能力」を基盤とする「加算的バイリンガリズム」が実現している場合は，母語習得の過程で言語の本質（恣意性，超越性，生産性など）は理解されていると考えられる。一方，語彙，統語，発音などは全て母語とは異なるため，改めて学ぶ必要が生じる。特に第二言語で学校の勉強を行わなければならない場合について，ライトバウン・スパダ（2014）は「子ども同士（また，よく知っている大人とのインフォーマルな場面）で使う言語と学校の授業で使う言語の両方を学ぶ必要」（p. 35）があることを指摘している。

中島（2021）は，最初にこの2つの分野をBICS（Basic Interpersonal Communication Skills：日常言語能力）とCALP（Cognitive Academic Language Proficiency：認知学習言語能力）に分類したカミンズが，その後この区別を「認知力が必要な度合い」と「場面依存の程度」によって表した4象限のモデルとして修正した後に，更にこれらを「会話の流

4　山本（2014a）はこのような状態にある人のことを「付加バイリンガル」と称し，「ある言語を母語とするモノリンガルが2つ目の言語を習得する過程で，母語を喪失し，2つ目の言語のモノリンガルになるケース，すなわち母語と2つ目の言語との入れ替えを経験する者」（p. 13）である「減殺バイリンガル」と対比させている。なお，「バイリンガル」は複数言語を使う人を指し，「バイリンガリズム」は複数言語を使う人の状態を指す。「モノリンガル」は単一言語のみを使う人を指す語である。

暢度」「弁別的言語能力」「教科学習言語能力」の3区分に整理したことを述べている。従来のBICSは「会話の流暢度」に引き継がれており，従来のCALPが「弁別的言語能力」と「教科学習言語能力」とに分けられたのである（中島，2021）。

「会話の流暢度」とは「日頃慣れ親しんでいる日常的な状況で1対1の対話をする力」（カミンズ，2021b，p. 92）を指す。使われる頻度の高い語彙や簡単な構造の文が中心で，母語話者児童の場合は2～8歳ぐらいまでの間に習得されるものであり，第二言語として学習する際にも学校や家庭でその言語を使用する機会が豊富にあれば1～2年で身につけることができると考えられる言語能力である（中島，2021）。それに対して「弁別的言語能力」は文字や基本文型など「一般的なルールを一度習得すれば他のケースへの応用が可能になる規則性のある言語面（音声，文法，スペリングを含む）」（カミンズ，2021b，p. 92）を指す。中島（2021）はこの言語能力について，スキルによって習得に要する時間が違うものの，母語話者と同程度の速さで習得が可能なものもあるとして，日本語のひらがなやカタカナの習得を例に挙げる。更にカミンズ（2021b）は「使用頻度の低い語彙に関する知識や徐々に複雑になっていく文章を解釈したり書いたりする力を含む言語面」（p. 93）を「教科学習言語能力」と定義し，「これまでの多くの研究によって，言語的マイノリティがその社会の主流派の言語の学年相応の教科学習能力を獲得するのに，少なくとも5年は必要（それよりもかなり長くかかることもよくある）と言われて」（pp. 93-94）いるとする。

このことは第12章で詳述される外国につながる子どもたちが関わる多文化共生のコミュニケーションに於いて非常に重要な要点となる。端的に言えば，学校生活の中で友達と遊べるだけの日本語を身に着けたからといって教科学習についていけるだけの日本語力があるとは限らないということである。これは外国につながる子どもたちが共有しているコンテキストだと考えられるが，このコンテキストが日本の教員と共有されていない場合が少なくない（そしてこの状況が理解されていない教育現場では，外国につながる子どもたちに学習障害があると考えられたり，勉強に対する熱意が足りないと見做されたりするという誤解も生じている）。相手のコンテキストを知ることが多文化共生の実現に有効である例といえるだろう。

4．日本での非日本語母語話者

第10章から第12章で述べられているようなコンテキストを持っている人や，手話を母語とする人にとっては，減殺バイリンガル（注4参照）にならない限り，付加バイリンガルとして日本の社会の中で生きて行く可能性が高いといえる。その際，「2つ目の言語を習得する者の母語が，その社会の中でどのような位置づけにあるか，すなわち社会的，経済的，政治的観点から高い価値を有すると評価されている言語であるか」（山本，2014a，p. 14）という観点から「主流派バイリンガル」と「少数派バイリンガル」に区別することが可能である。「主流派バイリンガル」は「当該社会で，威信性[5]が高いと見なされる言語を母語とし，それ以外の言語を2つ目の言語として習得するバイリンガル」（山本，2014a，p. 14），「少数派バイリンガル」は「社会的な位置づけとして少数派言語と見なされる言語を母語とし，2つ目の言語として主流派言語（あるいはそれ以外の言語）を習得するバイリンガル」（山本，2014a，pp. 14-15）である。主流派バイリンガルであっても少数派バイリンガルであっても，カミンズ（2021a）が「母語の（教育上の）役割の発達について分かっていること」（p. 64）として挙げている次の点を考えておきたい。

---

5 「ある言語に与えられる社会的評価」（山本，2014c，p. 90）を指す。「威信性の高い言語」というのは即ち高位言語であるともいえる。

1．バイリンガリズムは言語の発達にも教育上の発達にもプラスの影響がある
2．母語の熟達度で第二言語の伸びが予測できる
3．学校の中での母語伸張は，母語の力だけでなく学校言語の力も伸ばす
4．学校でマイノリティ言語を使って学んでも学校言語の学力にマイナスにはならない
5．子どもの母語はもろく，就学初期に失われやすい
6．子どもの母語を否定することは，すなわち子ども自身を否定することになる

（カミンズ，2021a，pp. 65-69 より）

坂本（2021）が「残念なことに，日本では外国にルーツを持つ人たちに日本語習得を推奨する動きはあるものの，母語習得・保持に関しては等閑視されたままだ」（p. 6）と指摘している通り，母語が標準日本語でない人がきちんと母語を継承し続けることができる環境が整っているとは言い難いのではないだろうか。そしてそのことは標準日本語以外の言語を母語とする人に対して，日本社会ではその母語を尊重しないというメッセージとなる可能性がある。何語でコミュニケーションを行うかということは，単なる「何語で話すと通じやすいか」という便宜的な問題に留まらず，何語を使うことが奨励／期待されているかという圧力にもなるということは，多文化共生のコミュニケーションを考える際に考えておくべき要点の一つである。

出入国在留管理庁が無作為抽出した 18 歳以上の中長期在留者及び「特別永住者」計 10,000 名に対して 2020 年に行った調査[6]（回答率 17.1%）では，回答者の 22.9% が「日本人と同程度に会話できる」，32.8% が

6　出入国在留管理庁（2021）（2023 年 2 月 12 日参照）

「仕事や学業に差し支えない程度に会話できる」，32.4% が「日常生活に困らない程度に会話できる」と回答しており，「日本語での会話はほとんどできない」と回答している人は 12.0% に留まっている（図 6 - 2，図 6 - 3）。

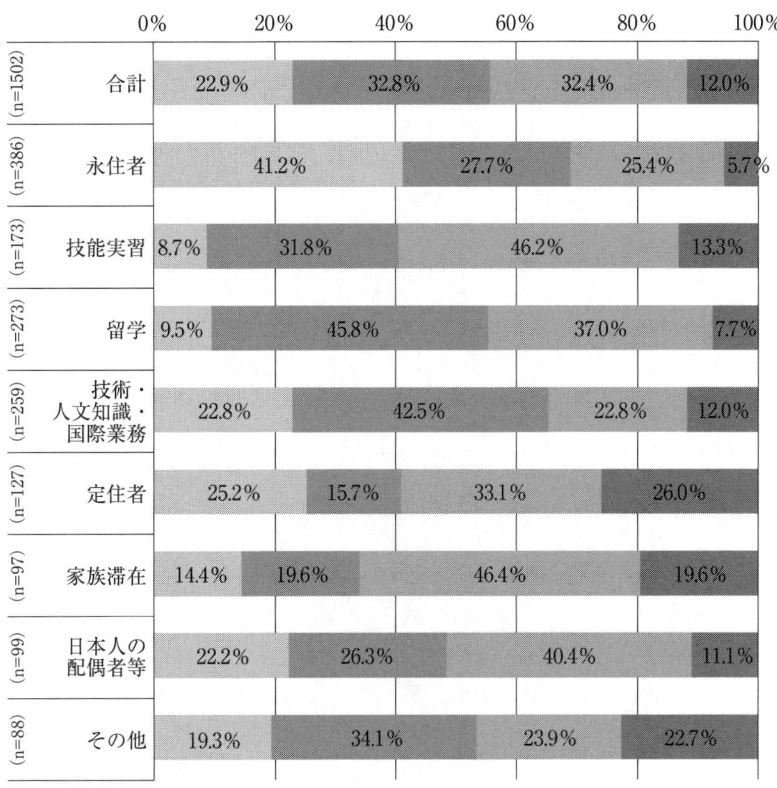

図 6 - 2　【在留資格別】日本語能力（話す・聞く）（単一回答）（出入国在留管理庁，2021，p. 79 図表 55 より転載）

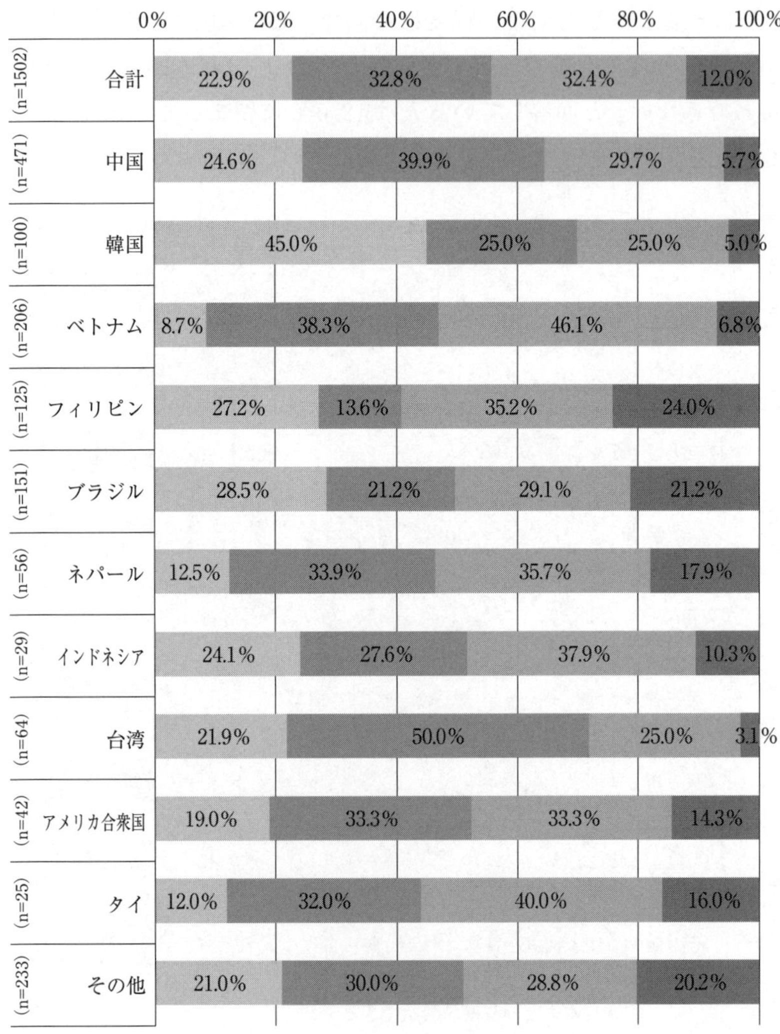

図 6－3 【国籍・地域別】日本語能力（話す・聞く）（単一回答）（出入国在留管理庁，2021，p. 78 図表 54 より転載）

その一方で，同じ調査の中で日本人と「友人として付き合っている（付き合っていた）」と回答した人は半数に満たず（43.9%），「一緒に働いている（働いていた）」と回答した人が最も多かった（75.2%）。「日本人とあいさつ程度の付き合いはある（あった）」と答えた人は約1/4（28.8%）であり，「日本人の知人はいないし，付き合ったこともない」と回答した人も3.6%いた（図６‐４）。出入国在留管理庁はこの結果を「回答者の多くが何らかの形で日本人との付き合いがあると回答している。その中でも，特に職場での付き合いが多くなっていることがうかがわれる。」（p.241）とまとめているが，坂本・杉村（2021）の次の指摘も併せて考える必要があるだろう。

> マイノリティ[7]にとっては，居住社会において生計をたて，コミュニティと「共生」していくための重要な手段もまた言語であり，それは母語ではなく，居住社会の言語であるという構図がある。[中略] 日本社会においても，マイノリティが日本語を学ぶ際の視点と，日本語教育を実施するマジョリティ側の視点は必ずしも一致しているわけではない。（坂本・杉村，2021，pp.63-64）

多文化共生のコミュニケーションを考える際には，非日本語母語話者に対して日本語でコミュニケーションをすること自体のメッセージについても考える必要がある。第１章で論じた「コミュニケーションは必ず内容と共に当事者の関係を表す」という点をもう一度思い出しておきたい。

7　日本は国境内で日本語が使えない地域はないという，世界の中でも珍しい国である。その日本で日本語が使えないということは言語使用の面ではマイノリティに属することを意味する。逆に，日本で日本語が使える人は言語使用の面ではマジョリティに属することになる。

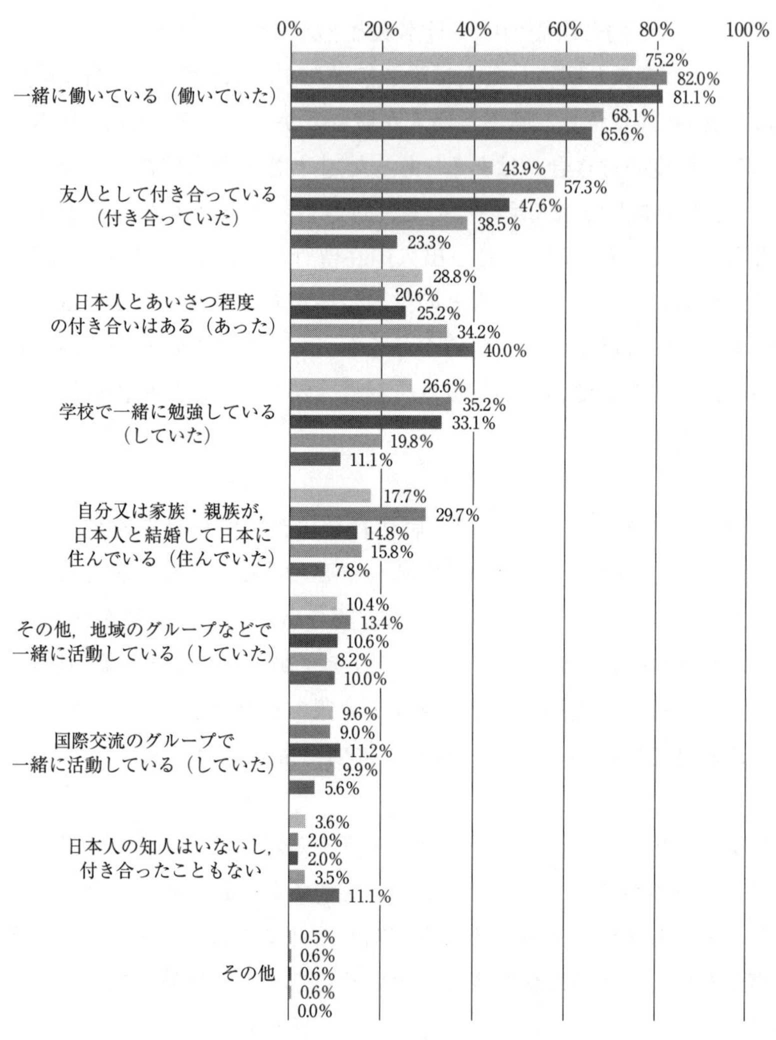

図 6-4 【日本語能力別】日本人との付き合いの有無（複数回答）（出入国在留管理庁，2021，p. 243 図表 178 より転載）

5. まとめ

本章では言語を身につけるということとコミュニケーションとの接点に関わる点について論じた。言語という表現形を使う際の本質的な限界として，意味を 100% 共有することはできないという点や，何語でコミュニケーションするかという点そのものが両者の関係を反映しているということなどは，意識的に考えて置く必要がある点であろう。

「外延的意味」と「内包的意味」の違いが明らかになるような例を挙げ，人によって「内包的意味」がどのように異なるかを調べてみよう。

邦文引用文献

カミンズ，J.（2021a）「バイリンガル児の母語：なぜ教育上重要か」ジム カミンズ『言語マイノリティを支える教育【新装版】』（中島和子著訳）第 1 章（pp. 61-70）明石書店。

カミンズ，J.（2021b）「マイノリティ言語児童・生徒の学力を支える言語心理学的，社会学的基礎」ジム カミンズ『言語マイノリティを支える教育【新装版】』（中島和子著訳）第 3 章（pp. 85-115）明石書店。

坂本光代（2021）「はじめに：多様化社会に向けての現状と課題」坂本光代編『多様性を再考する：マジョリティに向けた多文化教育』（pp. 1-9）上智大学出版。

坂本光代・杉村美紀（2021）「真の多文化共生を目指して：望まれる言語教育と教育政策」坂本光代編『多様性を再考する：マジョリティに向けた多文化教育』第 3 章（pp. 55-70）上智大学出版。

桜木俊行（2013）「言語コミュニケーション」石井敏・久米昭元・長谷川典子・桜木俊行・石黒武人『はじめて学ぶ異文化コミュニケーション：多文化共生と平和構築に向けて』第 5 章（pp. 109-132）有斐閣。

出入国在留管理庁（2021）「令和 2 年度　在留外国人に対する基礎調査報告書」https://www.moj.go.jp/isa/content/001341984.pdf（2023 年 2 月 12 日参照）

出入国在留管理庁（2023）「令和 4 年末現在における在留外国人数について」https://www.moj.go.jp/isa/publications/press/13_00033.html（2023 年 9 月 4 日参照）。

末田清子・福田浩子（2011）『コミュニケーション学：その展望と視点　増補版』松柏社。

田中春美（2015）「ダイグロシア」田中春美・田中幸子（編著）『よくわかる社会言語学』第 2 部第 3 章（pp. 20-21）ミネルヴァ書房。

徳井厚子（2013）「内包的意味と外延的意味」石井敏・久米昭元（編集代表）『異文化コミュニケーション事典』（p. 271）春風社。

富山真知子（2003）「第 1 言語と母語」小池生夫（編集主幹）『応用言語学事典』II. 1. 1（p. 117）研究社。

中島和子（2021）「カミンズ教育理論と日本の年少者言語教育」ジム カミンズ『言語マイノリティを支える教育【新装版】』（中島和子著訳）序章（pp. 13-59）明石書店。

難波和彦（2014）「社会の中のバイリンガリズム」山本雅代（編著）『バイリンガリズム入門』第 14 章（pp. 207-218）大修館書店。

正高信男（2003a）「クーイング」小池生夫（編集主幹）『応用言語学事典』II. 2. 1（pp. 119-120）研究社。

正高信男（2003b）「喃語」小池生夫（編集主幹）『応用言語学事典』II. 2. 1（pp. 120-121）研究社。

山本雅代（2014a）「バイリンガリズム・バイリンガルとは」山本雅代（編著）『バイリンガリズム入門』第 1 章（pp. 3-17）大修館書店。

山本雅代（2014b）「バイリンガルの言語習得」山本雅代（編著）『バイリンガリズム入門』第 2 章（pp. 21-34）大修館書店。

山本雅代（2014c）「異言語間家族の言語選択・使用」山本雅代（編著）『バイリンガリズム入門』第 6 章（pp. 81-94）大修館書店。

横山紀子（2017）「言語を獲得するということ」『学苑』No. 924，pp. 38-41。

ライトバウン，P.・スパダ，N.（2014）『言語はどのように学ばれるか：外国語学習・教育に生かす第二言語習得論』（白井恭弘・岡田雅子訳）岩波書店。

7 感情とコミュニケーション

佐々木由美

《目標＆ポイント》 本章では感情と文化の関連，それがコミュニケーションに与える影響について考える。そのため，心理学における感情研究の主要理論の一つである心理学的構成主義を概観し，感情と文化，コミュニケーションとの関連を考察する。
《キーワード》 感情，文化，コミュニケーション，心理学的構成主義

1．感情とは何か

感情とコミュニケーションは，どのように関連しているだろう。日頃の経験を少し振り返ってみよう。嬉しい出来事があって幸せな気分の時には，誰かと話す時も自然に笑顔になるかもしれない。また，いつもより優しい話し方になるかもしれない。反対に嫌な事があった時，道で知り合いとすれ違っても，声をかけたくないかもしれない。もし声をかけられても，笑顔で挨拶できないかもしれない。このように，感情は私達のコミュニケーションに影響を与えると考えられる。

では，感情とは何だろう？　私達は「感情」という言葉を日常的にも使う。「感情表現が豊かだね」など良い意味で用いることもあるが，「感情に任せて言ってしまった」とか，「感情的にならない方がいいよ」など，あまり好ましくない状況について用いることも多い。それは恐らく，「感情」を否定的にとらえる側面があるためだろう。例えば，「感情的になると，理性が働かなくなる」とか，「論理的な思考を邪魔される」と

いうように，感情が非知的，或いは非合理的なものと考えられる傾向があるためではないだろうか。しかし，それは「俗説」（lay theories）であり，感情を研究する神経科学の分野では，感情がなければ理性は働かないという主張がある。神経科学者の小野（2014）は，感情と理性は脳内の各システムが担うのではなく，どちらも認知，記憶などと同様に「脳内のすべてのシステムが協調して作動する精神機能」（p. 33）だと述べている。すなわち，人間的理性は感情の誘導力がなければ発達しない。また初期の発達形成期に人間的理性の基礎と考えられる推論方法を獲得後も，その実践には感情を体験する能力に依存すると述べている。すなわち，感情は理性の邪魔者ではなく，よくも悪くも理性に関連する（小野，2014）。

神経科学や心理学では，感情と情動という二つの概念が使われることがあるが，研究者間で感情と情動に統一見解がみられないため[1]（大平，2010；荘厳，2019），本章では「感情」を使用する。感情心理学者の大平（2010）に倣い，「感情」を「自分自身を含めてあらゆる対象について，それが良いものか悪いものかを評価したときに人間に生じる状態の総体」（p. 5）と定義する。

2. 感情とコミュニケーション

先にみた通り感情は人間的理性とも関連があり，コミュニケーション

1　研究者間で統一見解がない理由として，現段階では情動や感情が伴う「こころ」を生み出す「情報処理過程をリアルタイムで解析すること」ができず，できたとしても「個人に生じた人の主観でしかないもの」を明確に定義できないためである（荘厳，2019，p. 2）。「感情」は英語で“affect”で，「思考や認知の在り方に影響を与え」，「文化を含む個人の生育史と関わる」（荘厳，2019，pp. 2-3）と定義される。「情動」は英語で“emotion”で，これは「動機づけの過程」と考えられ，「その発生メカニズムはヒトや動物に共通」する「適応機能」（荘厳，2019，pp. 2-3）と考えられ，「意識された知覚内容を行動に現すための動因（drive）としての機能」（荘厳，2019，pp. 2-3）と定義される。しかし，これらの定義も統一見解ではないため，本章ではこの点に踏み込まない。

に影響する要因となり得る。本節では，日本人の感情とコミュニケーションの関連について論じる。

2.1 日本人の不安感情とコミュニケーション

最初に，日本人学生を対象とした不安感情とコミュニケーションに関する研究を概観する。

日本人学生の対人不安，対人恐怖の感情と文化的自己観（Markus & Kitayama, 1991）の関連を示す研究がある。文化的自己観モデルには，相互独立的自己観（independent self-construal；以下，独立的自己観）と相互協調的自己観（interdependent self-construal；以下，協調的自己観）があり，他者との関連で自己をどうとらえるかを示す。独立的自己観が優勢な個人は，自己を他者から独立した存在としてとらえており，個人としての独自性を意識する傾向や自尊心が強く，ゆえに自己を主張する傾向も強いと考えられている。一方，協調的自己観が優勢な個人は，自己を他者との関係性の中でとらえるため，他者との調和や協調を重視し，ゆえに自己の主張を抑える傾向があるとされる。この理論モデルが提唱された当初，それらは文化的相違を示す指標であると論じられたが，近年では個人間の相違を示す指標ととらえられる傾向がある[2]。

この自己観とアサーション（assertion，自己主張），また対人恐怖[3]との関連を示す研究がある（三田村，2013)。「対人恐怖」は，「相手に迷惑をかけるのではないか，不快にさせるのではないか」と他者を気遣う「他者配慮の懸念」（三田村，2013，p. 4）が強調される日本的特性が

2　独立的自己観，協調的自己観は個人の中で共存し得るが，どちらか一方が優勢になると考えられている。また，個人の発達過程において，どちらが優勢になるかが変容するという研究報告もあり，文化の相違を示す概念というより，個人間の相違を示す概念ととらえられている（高田，2002)。1990年代以降，文化的自己観は，その定義や測定尺度に批判が出たが（一言，2019)，その後も文化心理学，文化神経科学の多くの研究で，個人間の相違を測定する概念として採用されている。

3　対人恐怖は，社会心理学における対人不安やシャイネス（shyness）の類似概念である（三田村，2013)。

含まれるため，日本では精神的疾患ではなく一般的心性とみなされる。

また，アサーションとは「自他を尊重した素直な自己主張」(三田村，2013，p. 3) を指し，その特徴として「発言が直接的・明示的であること」(三田村，2013，p. 4) が挙げられる。三田村の研究では，「飲み会の誘いを断りたい場面」，「貸したお金を返してほしい場面」，「アルバイトのシフトを交代して欲しい場面」という三場面において，どのような自己主張をするか会話完成テストを実施し，回答者の回答のアサーションの強さと，文化的自己観と対人恐怖の関連を調べている。その結果，アサーションの傾向が強い個人ほど，他者との協調性を重視する協調的自己観が弱く，また他者に負担をかけることを懸念する対人恐怖の傾向が小さいことがわかった。また，対人恐怖の強い個人ほど文字数が長くなる傾向がみられた。人は丁寧に自己主張する時ほど，より間接的で冗長な自己主張を行う傾向があるため，対人恐怖傾向が強い個人は，長い間接的な表現を用い，丁寧に自己主張するといえる。この研究は，対人関係への不安や恐怖の感情が，個人のコミュニケーションの取り方に影響することを示唆する。

対人不安がコミュニケーションに影響する可能性を示す研究を，もう一つ紹介する。西村 (2005) は，対人不安傾向の高い人のコミュニケーション時の状態不安[4]が，対面の会話とネットを介した文字テキストによる会話で異なるかを検討している。その結果，対人不安傾向の高い人は，自己を特定されにくい匿名でのネットを介したテキストによる会話でも，対人不安傾向の低い人より状態不安が高いことを示し，これは不安傾向の強い人が，他者との関係性を否定的に認識するためだと報告している。このことから，コミュニケーションにおける不安感情は，そのコミュニケーションの状況や相手の認識方法にも影響すると考えられる。

4　状態不安尺度 (State-Anxiety Scale) により測定される，その場での一時的な不安の高さを指し (Spielberger, 1966)，状況により変化する。

最後に，日本人大学生の初対面の相手と友人との対面会話の状態不安を調査した筆者の研究を紹介する。本研究の参加者は全員日本語を第一言語とする学生だが，2年以上の海外滞在経験で欧米圏の現地校やインターナショナルスクールで英語での就学経験（就学期間の平均5.9年）のある帰国生と，そうした経験のない学生（以下，非帰国生）の会話前後での状態不安を比較した。その結果，初対面の会話直前の状態不安は，特性不安[5]が高い場合もそうでない場合も，帰国生で顕著に低かった。これは，帰国生が初対面の相手との会話を心理的ストレスの発生事象と認識しない傾向を示唆する。例えば，公共の乗物やエレベーターの中で見知らぬ人と話す行為を，「当たり前の日常」と認識する欧米の社会環境で生活し，そうした体験を繰り返す内，未知の相手との会話を日常的な行為と認知する傾向を獲得した可能性がある。また，友人との会話での状態不安についても，帰国生と非帰国生で異なる傾向がみられた。すなわち，非帰国生の場合，協調的自己観の優勢さが状態不安の低さと関連するが，帰国生の場合，独立的自己観の優勢さが状態不安の低さと関連する。すなわち帰国生は，日本以外の社会で友人との会話を独立性の強い実践と認識する経験を繰り返し，それに伴う感情概念を獲得したため，独立的自己観が優勢な場合，不安を感じにくいと考えられる。例えば，自身に関する話題を選び，会話を自主的に進める事が状態不安の減少に繋がる可能性がある。一方，非帰国生は，日本社会で集団の和を優先する会話経験を繰り返すことで，友人との会話を協調性の強い実践と認識し，それに伴う感情概念を獲得したため，協調的自己観が優勢な場合，不安を感じにくいと考えられる。例えば，相手が興味を持つ話題を選び，協力しながら話すことが状態不安の軽減につながる可能性がある（佐々木，2023）。

以上の研究が示すように，感情とコミュニケーションは関連傾向が見

5　特性不安尺度（Trait-Anxiety Scale）により測定される，個人が特性として持つ不安の高さを指し（Spielberger, 1966），状況で変化しない。

られ，個人の特性としての感情がコミュニケーションに影響を及ぼす場合と，会話場面をどう認識するかという，コミュニケーションの認知が感情に影響する場合があると考えられる。

2.2　日本人の甘え感情とコミュニケーション

次に，日本文化で特に「認知精度が極めて高い」感情概念（hypercognized emotion）（Levy, 1984；武藤，2015，p. 270）とされる「甘え」（土居，2007）とコミュニケーションの関連を論じる。

Levy（1984）はタヒチでのフィールドワーク調査で，タヒチ語には「悲しい」（sad）に該当する言葉がなく，その代わり，“*péa péa*”という「病気で（sick），疲れている（fatigued），または困っている（troubled）」状態を統合して表す語彙が存在することを発見した。そうした研究に基づき，Levy は特定文化において「認知精度が極めて高い」（hypercognized）感情概念と「認知精度が極めて低い」（hypocognized）感情概念があると主張し，それらは各々の文化的価値観や社会構造と密接に関連すると考えられる。認知精度が極めて高い感情概念とは，特定文化でそれを表す語彙が存在し，人々の中で強く内面化され，意識的・無意識的に頻繁に認知される。

日本文化の「甘え」という感情概念は，認知精度が極めて高い感情といえる。土居（2007）は著書『「甘え」の構造』の中で，米国滞在中のエピソードを紹介している。ある米国人宅で「お腹は空いているか？　アイスクリームを食べるか？」と聞かれ，初対面だったので日本式に遠慮して「空いていない」と答えた。再度，アイスクリームを勧めてもらえると思ったが，そうならず，本当はお腹が空いていたので悔やんだという。こうした米国での数々の経験から，土居は自身の「甘え」の感情と，米国人は甘えに気づきにくい傾向があると感じられたという。そして，その根拠として米語に「甘え」に該当する概念がないためだと主張している[6]。土居は，甘えを「本来，乳幼児の母親に対する感情として起きる」（p. 29）普遍的感情としているが，日本社会ではその感情が成人同士の間でも感知され，米国社会では感知されにくいと述べている。土居の主張に基づけば，甘えは米国社会において認知精度が極めて低い感情と言える。土居は米国における他の体験事例として，米国人の家に行くと日本のように「お客様扱い」してもらえず，“Help yourself.”と言われ，自分で飲み物などを冷蔵庫に取りに行かねばならないことを紹介している。これについても，「お客様扱いされ，飲み物などを出してもらえる」という日本的な甘えがあり，米国人にはそれが感知されにくいと述べている。米国文化で甘えの感情の認知精度が極めて低い理由として，独立的自己観の優勢傾向が挙げられるだろう。米国文化では，個

6　Niiya ら（2006）は，日本人と米国人を対象に「甘え」が感知されるかを調査している。「甘え」に基づき日本人が不適切な依頼をするシナリオを作成し，両者がそのシナリオを「甘え」と判断するか，またそれに対し，両者が肯定的または否定的感情を抱くかを調べた。その結果，日本人・米国人の両者とも，甘えを感知し，また両者とも依頼をした相手に肯定的感情を抱く傾向があると判明した。この結果は土居（2007）の主張と異なり，「甘え」に該当する語彙と感情概念を持たない米国人も甘えを感知できること，また甘えと見なされる不適切な依頼をした相手に対し，日本人も米国人も肯定的な感情を抱く傾向を示す。しかし，この研究では「相手に少し無理な依頼をする」という限定的な状況での甘えを調査しており，この研究結果だけで，「米国人が日本人の甘え全般を認識する」と一般化するのは難しい。日本文化における甘えは相手への依頼だけでなく，あらゆるコミュニケーション状況に潜んでおり，土居（2007）の「アイスクリームの勧めを断る」エピソードのように，遠慮して事実と反対の事を言ったり，本音を言語化しないが相手に察してほしいと願う甘えも存在する。コミュニケーションにおける正直さ（honesty）や率直さが重視される米国では，そもそも言語化されない事を察するコミュニケーションスタイルに慣れておらず，「察する」のが難しい可能性がある。そうした状況で察しを求める「甘え」についても米国人が感知できるかは，さらなる研究が必要であろう。また，不適切な依頼を受ける状況で，肯定的感情を抱く理由は日米で異なると報告されていることから，その感情が必ずしも甘えに対する感情ではない可能性も考えられる。この研究は，特定の「甘え」は米国人も感知する傾向を示唆するが，調査対象でない甘えについては感知の可否が不明である。

人の独立，自立が奨励され，それが当然視される傾向がある。したがって，飲み物も「自分で取りに行く」よう促されるし，食べ物を勧められ断った個人の意思を尊重し，再度勧めることはしない。独立，自立した個人は，自分の言葉，行動に責任を持つことが前提となるため，一度“No”と言えば，それは“No”であると字義通り解釈される。

一方，日本文化で甘えの認知精度が極めて高い理由として，協調的自己観の優勢傾向が挙げられる。他者との関係性の中に自己を見出し協調性を重視する社会では，他者の感情に敏感になりやすく，甘えも察した上でコミュニケーションするのが自然なのであろう。したがって，相手がお茶の勧めを断っても，それは遠慮だと察し，再度お茶を勧める。また，日本文化で頻繁に使われる「よろしくお願いします」という表現も，一体，「何をよろしくお願いされているのか」不明な場合が多いが，挨拶のように互いに「よろしくお願い」し合う。そして，それを言う際は「いざという時には助けてほしい」といった漠然とした甘えが，無意識に心の片隅にあるのだろう。土居（2007）によれば，甘えは日本人の精神構造を理解するためだけでなく，日本社会の構造を理解するために重要な概念だという。この「よろしくお願いします」は，独立的自己観が優勢な文化圏の人からすれば，自らの責任を最初から放棄し，相手に依存しているように聞こえなくもない。「甘え」という言葉同様，「よろしくお願いします」も，独立的自己観が優勢な英語文化圏には同義の表現は存在せず，協調的な甘えが許容される価値観は理解されにくい可能性があるだろう。

3．基本感情理論に基づく感情の文化比較研究

本節では，進化の過程で適応した普遍的な基本感情が存在するという，心理学の基本感情理論に基づく感情表出の文化間比較の研究を概観しな

がら，感情とコミュニケーションについて考察する。

中村（1991-1993）は6つの基本感情（喜び，驚き，悲しみ，怒り，嫌悪，恐怖）について，日米の学生を対象にプライベートな私的場面と公的場面で感情の表出度合が異なるか調査した。その結果，私的場面に比べ，公的場面で感情の表出度合が抑えられ制御される傾向，また抑制される傾向は私的・公的場面とも，喜びや驚きより，怒り，嫌悪，恐怖といった否定的な感情でより顕著で，それらは日米両学生ともに共通してみられた。日米間の感情表出の相違として，6つの基本感情の表出度合は公的場面の悲しみを除く全ての感情について，日本人学生の方がより表出を抑える傾向がみられ，その傾向は嫌悪でより顕著であった。米国人学生が日本人学生より抑制する傾向が唯一みられたのが，公的場面における悲しみであった。日本人が米国人より否定的な感情表出を抑えるという結果は，Friesen（1972）の日本では嫌悪が最も表出されにくく，米国では悲しみが最も表出されにくいという調査結果と一致する。Friesen（1972）の研究において，日本人が観察者と一緒に映像を観た際に，嫌悪の表出が米国人より顕著に低くなったのは，日本人にとって特に嫌悪は表出が抑えられる感情であり，米国人にとっては否定的感情の中でも表出されやすい感情であることも関連する（中村，1991-1993）。

では，なぜ日本では米国より嫌悪がより抑制される傾向があるのか。Rozinら（1993）によれば，嫌悪は「核となる嫌悪」，「動物を思い起こさせる嫌悪」，「社会道徳的嫌悪」の3つに分類される。これら3つの嫌悪の体験を日米大学生に記述させたImada, Yamada & Haidt（1993）によれば，両者で相違がみられたのは「社会道徳的嫌悪」で，日本人学生は個人や他者との関係で生じた不満や失敗を挙げる傾向があったが，米国人学生は人種差別や殺人など社会的問題を指摘する傾向があった。すなわち，日本人にとって嫌悪は他者との関係の中で抱くことが多い感情であり，他者との関係性に影響する可能性があるため，その表出が抑えられる（中村，1998)。

一方，悲しみについて，私的場面では米国人の方がその表出程度が高いが，公的場面では日本人の方がその表出程度が高く，日本人の表出程度が米国人より高い唯一の感情である（中村，1991-1993)。悲しみは，「自己にとって重要なものの喪失に対する反応であり，涙を流したり泣き声をあげることによって他者に保護の行動を促すという適応的機能がある」(中村，1998，p. 44)。このように，公的場面での悲しみの表出が他者に援助を求めることを意味するのであれば，相互の協調性や依存性の高い日本社会においては，悲しみを表出することで他者への援助を求めることへの許容度が比較的高い可能性がある（中村，1998)。さらに日本のタテ社会では，年上，目上の者が力を持つだけでなく，年下，目下の者の面倒をみるといった父権主義（paternalism）の考え方が社会規範として浸透しているため，年上，目上の人へ悲しみを表出し，助けを求めることが比較的許容されやすいとも考えらえる。

一方，米国社会は日本社会のように上下関係が強調されるタテ社会ではなく，人間関係がよりフラットで力関係の差が強調されにくい。また個人主義が強く，対人関係において個人の独立性が重視される傾向が強いため，悲しみを表出し，他者に援助を求めることへの許容度が日本より低い可能性がある(中村，1998)。個人主義が優勢な米国社会では，職場や学校など社会の多くの場面において個人間の競争が激しいため，相手に弱みを見せたくないといった意識が働き，公的場面では悲しみが表出されにくいと考えられる。

ここまでに概観した文化比較研究で調査された6つの基本感情に軽蔑(contempt）を加え，日本，米国，カナダの三文化の表示規則について文化比較調査をしたSafdarら（2009）の研究でも，同様の結果が得られている。すなわち，怒り，軽蔑，嫌悪，喜び，驚きの感情を，日本人は他の二文化の人より顕著に抑える傾向がみられた。しかし，恐怖，悲しみの感情表出は三文化間で相違がみられなかった。Safdar ら（2009）は，日本のような集団主義が優勢な社会では対人関係が重視されるため，怒り，嫌悪，軽蔑のように潜在的に対人関係を脅かす可能性のある感情の表出は不適切と見なされ，それらの感情表出を抑える表示規則があると論じている。また，喜び，驚きなどの感情表出も日本のような集団主義社会では不適切と見なされ，表出を抑える表示規則があると指摘する。一方，悲しみ，恐怖の感情表出について三文化間で相違はみられず，悲しみについて日本文化で他の感情ほど抑制傾向がみられないのは，先の中村（1991-1993）による感情表出の日米比較の研究結果とも一致する。また，米国とカナダで感情表出方法に唯一，相違が見られるのが軽蔑であり，カナダ人は米国人より軽蔑の感情を顕著に抑制する傾向がみられる。したがって，カナダ文化では米国文化より軽蔑は抑制されるべきという表示規則が浸透している可能性が高い（Safdar et al., 2009）。

この研究ではコミュニケーション相手との親しさの度合が，相手への感情表出に影響するかについても調べているが，相手との親疎の度合が三文化の中で感情表出に最も影響するのが日本文化であることも明らかになった。それは特に，怒り，軽蔑，嫌悪という感情表出に影響する。すなわち，親しさが関係ない場合，これらの否定的な感情表出は，日本文化で他の二文化より抑制される表示規則が確認された。しかし，親しい相手の場合，怒り，軽蔑，嫌悪を抑制する表示規則は，他の二文化に比べ確認されない傾向がみられた（Safdar et al., 2009）。これは日米の親疎の度合と感情表出を調査した Matsumoto（1990）の研究結果とも部分的に一致する。すなわち，日本人は親しい友人，家族や親戚など親しさの度合が高い相手に対しては，米国人に比べ怒り感情をより顕著に表出する傾向が見られた。これらの結果から，日本人が怒り，軽蔑，嫌悪といった否定的感情の表出を抑えるのは，コミュニケーションの相手と親しくない場合に限定される可能性が高い。一般的には日本人より感情表出の度合が高い米国人と比べても，日本人の親しい相手への否定的感情表出が多くなる理由として，日本文化における「ウチとソト」の明確な区別と，先に論じた甘えが関わるのではないだろうか。日本文化ではウチとソトを明確に分け，親しさの度合によって接し方を変える暗黙の社会規範がある。「ウチ」の人間は身内，またはそれに近い親しい相手なので親しみを持って付き合うが，「ソト」の人間は「知らない他人」なので関わりを持たないか，よそよそしく冷たい態度をとる（中根，1967）。しかし，協調的自己観が優勢な日本文化において，特に公共の場でソトの人間との争い事は避けたいため，感情表出を極力避ける表示規則が働くのではないだろうか。潜在的に争い事に発展しやすい否定的な感情表出はもちろんのこと，喜びや驚きなど否定的でない感情表出も相手の嫉妬や反感を招きかねないため，表出しない方が賢明という判断ではないかと考える。そこには，対人関係における気遣いや遠慮があるだろう。しかし一方で，親しい相手や家族など身内となるウチの人間に対しては，気遣いや遠慮がなく，争い事になってもよいといった「甘え」があるのではないだろうか。したがって，相手を傷つけたり争い事に発展しかねない否定的な感情も，より自由に表出される傾向があると考える。米国人も，家族や親しい相手により率直に感情表出する傾向はあるだろう。しかし，日本人より否定的感情の表出程度が小さかった（Matsumoto, 1990）のは，個人主義と独立的自己観が優勢な米国で，感情表出も含め個人が自らの言動に責任を持つ考え方が強い。したがって，親や身内には何を言ってもいいという「甘え」の度合が，日本より小さいためではないだろうか。

4．心理学的構成主義

4.1　心理学的構成主義における感情

本節では，近年，心理学における感情研究で優勢になりつつある心理学的構成主義（psychological constructionism）[7]（Barrett, 2017；高橋訳, 2019）[8]を概観し，これに基づき感情をとらえる場合，感情がコミュニケーションにどう影響するかを考える。この理論は，第３節でみた生得的に個別の基本感情が存在すると説明する基本感情理論とは，異なる立場から感情をとらえる。すなわち，基本感情理論は生得的に各個別の感情（喜び，怒りなど）が存在するという本質主義の立場をとる。それに対し心理学的構成主義では，感情は「生得的な神経メカニズムを基盤としつつも，環境，文脈，他者にも影響されつつ，主観的・間主観的に創発されるもの」（大平，2020，p. 5）ととらえ，感情は生物学的実体として本質的にそこに存在しないと論じられる。文化環境で言語を通じて主観的に経験され，感情概念（emotion concept）として獲得されると考えられている。「内受容感覚（interoception）」と呼ばれる脳で知覚される体内活動のあらゆる感覚情報が，感情の源泉（本質）であるとし，感情の主要な構成要素の一つとされる。Barrett（2017）は，パンの主材料が小麦粉であるように，感情の主要素の一つが内受容感覚であると述べている。内受容感覚とは，体内組織（例：細胞，血管，筋肉）や体内器官（例：心臓，肺，肝臓，眼，胃など），また体内組織・器官から構成される免疫系システムによる，体内で継続的に起きる活動が脳内で知覚される感覚情報を指す。そうした内受容感覚が，「コア・アフェクト（core affect）」と呼ばれる「快—不快，覚醒—鎮静」という感情の源泉（本質）となる

7　本理論は“theory of constructed emotion”（Barrett, 2017）とも呼ばれ，「構成主義的情動理論」（高橋洋訳，2019）とも訳されているが，本章では感情心理学で使われる「心理学的構成主義」（psychological constructionism）を採用する。

8　以下，特に出典の記載がなければ全て Barrett（2017）からの引用である。

と考えられている[9]。例えば，内受容感覚として空腹の胃が収縮し，「グーッ」と音を立てる感覚を経験したことがあるだろう。こうした胃の収縮の内受容感覚が「不快」感情の源泉となり，何となくイライラしたり，怒りっぽくなる感情を経験したことはないだろうか。こうした感情を，英語では「空腹」の“hungry”と「怒り」の“angry”を合体させ，“hangry”と表現する。逆に，空腹時に美味しい料理をたっぷり食べ満腹になった時，「満足」または「幸せ」な気分になった経験はないだろうか。これは満腹になった胃の内受容感覚が「快」感情の源泉となり，それが「満足」，「幸せ」などの主観的な感情経験につながる。このように，内受容感覚が「快—不快，覚醒—鎮静」と意識された瞬間，既に「怒り」，「幸せ」といった感情のカテゴリーに分ける「カテゴリー化」が行われているため（大平，2019），主観的な感情経験ができると考えられている。

このコア・アフェクトは，生得的な神経メカニズムに基づく普遍的な生物学的実体とされる。それ以外に私達が「感情」として認識しているものは，図 7 - 1 の円環モデル（circumplex model）（Barrett, 2017；高橋訳，2019）にあるように，コア・アフェクトである「快—不快，覚醒—鎮静」の直交軸の間に生み出される連続体の中で，各言語を通じ私達が生活する文化環境の中で主観的に感じる「感情経験」である。例えば，「快」度合が高く，「覚醒」度合が低い状態を，日本語では「落ち着き」と表現するかもしれないし，英語では“calm”と表現するかもしれない。また，「不快」度合が高く，「覚醒」度合も高い状態を，日本語では「動揺」と表現し，英語では“upset”と表現するかもしれない。この場合，日本語に対応すると思われる英語は存在するが，それは言語上の対応を示すに過ぎず，「感情として対応しているか」は別問題という事に

9　Russell & Barrett（1999）は，コア・アフェクトは「快—不快，覚醒—鎮静」の 2 次元であるとしていたが，Barrett（2017）は，体内活動による内受容感覚が多次元的で複雑であることから，コア・アフェクトも 2 次元ではなく，多次元的であるとしている。

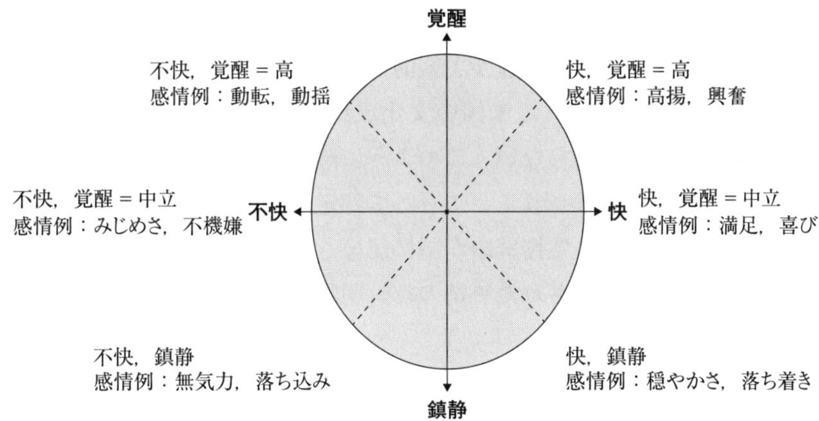

図7－1　感情の円環モデル（Barrett, 2017；高橋訳，2019 を基に作成）

なる。また，この場合は日英語が対応しているが，言語が対応しない感情も各言語文化圏にある。例えば，不快度合も覚醒度合も高い怒りに似た感情を日本語で「ムカつく」と表現する場合，その感情を表す英語表現があるか不明であり，同様の感情が英語文化圏に存在するかもわからない。あえて挙げるなら“disgusting”という英語表現が近いかもしれないが，日本語で「ムカつく」と表す感情と，英語で“disgusting”と表す感情が同じだと証明できない。このように，感情とは各文化環境で各言語を通して主観的に経験されるというのが，心理学的構成主義の主張である。

このように，感情のカテゴリー化には各社会・文化の言語が重要な役割を果たすと考えられている（Barrett, 2017；高橋訳，2019；池田，2018）。すなわち，私達がある主観的な感情経験を「怒り」,「幸せ」という日本語を用いて表現することでカテゴリー化しているに過ぎず,「怒り」,「幸せ」という感情自体が生得的に獲得された生物学的実体として存在するわけではない。したがって，私達は「幸せ」の英訳を“happiness”

だと考えているが，それは単なる字義的な対応に過ぎず，日本語が使用される日本の文化環境で私達が主観的に経験する「幸せ」という感情と，例えば，米語が使用される米国の文化環境で表す“happiness”が同じ感情経験を指すとは限らない。このように感情は，異なる文化環境で異なる言語を通じて経験される。こうして特定の環境で主観的な感情経験を繰り返す内，特定の感情経験が脳に記憶されるのが感情概念で，この感情概念の記憶が獲得された感情のみ，明瞭な実感を伴う感情として経験される。

文化心理学の研究では，こうした心理学的構成主義の考え方を裏づけるエビデンスが数多く出されている。日米の大学生を対象に幸福感を調査した Uchida & Kitayama（2009）の研究では，日本人の幸福感には否定的な意味（例：妬み，長く続かない）も 3 割程度含まれる傾向がみられたが，米国人は幸福をほぼ全面的に肯定的にとらえる傾向が判明した。また，日米ともに幸福感のような快感情を伴う経験は，個人的な達成感と社会的調和と関連する傾向がみられたが，米国人の場合，より個人的な達成に結びつき，日本人の場合，より社会的調和に結びつく傾向があると報告されている。

増田・山岸（2010）は，幸福という感情経験がこのように日米間で異なることについて，米国では頻繁に褒め合い自尊心を高め合う環境を作るため肯定的な出来事に目を向けやすいが，日本では「反省」など自己批判を頻繁にすることにより[10]，否定的感情を持ちやすい環境を作るため，否定的感情を喚起する出来事に目を向けやすくなる傾向があると指摘する。

10　例えば，米国では家族を人前で褒めることが奨励される価値観があるため，親が自分の子どもを「素晴らしい子ども」と褒めたり，大人同士でも互いに，“Good job!” などと褒める傾向がある。一方，日本では「反省」が重視され，親は子に反省を促し，学校でも生徒に反省文を書かせ，職場などでも反省会をする傾向があることを考えるとわかりやすいだろう。

4.2 「社会的現実」としての感情とコミュニケーション

先に2.2節でみたタヒチ語に「悲しみ」に当たる感情語が存在しない理由も，心理学的構成主義に沿えば説明できる。すなわち，タヒチ語の文化環境で，タヒチ人が日本語の「悲しみ」の感情に似た感情経験をしている可能性はある。しかし，タヒチ語の文化環境では，日本語話者とは注目する側面が異なり，「病気で，疲れて，困って」という面に注目した“*péa péa*”という感情語が発達したと考えられる。しかし，ある感情語が存在しない事は，その感情経験が乏しい，または皆無で感情概念が獲得されていない可能性があり，その感情語の説明を認知的に理解することは可能でも，実感の伴う感情として経験するのは難しい。すなわち，タヒチ人に日本語の「悲しみ」の感情を説明すれば，説明は理解するかもしれないが，日本人が「悲しみ」と表現する感情自体を実感として経験するのは難しいかもしれない。同様に，私達がタヒチ語の“*péa péa*”について，「病気で，疲れて，困って」と説明されて理解はできても，それを実感として感じる事は難しいだろう。

心理学的構成主義によれば，主観的感情経験により獲得される感情概念が社会で共有されると，その感情は「社会的現実」(social reality) として成立し，特定の「感情」として認識される。つまり，感情は社会において特定の言葉でカテゴリー化され，認識された場合，その社会で感情として存在し得ることになる。例えば，人前で失敗した際の「恥ずかしい」(embarrassed) という感情語は日本社会で広く共有され，認識されている。心理学的構成主義では，これは「恥ずかしい」または「恥」という感情が社会的現実として日本社会で成立しており，日本人が恥という感情概念を獲得しているため，実感の伴う恥の感情経験ができると考えられている。

このように，感情が文化環境において主観的に経験され，それが特定の言葉により社会で認識，共有され，感情概念として獲得されているならば，感情概念は，その感情が経験される特定の文化的文脈で獲得されているはずである。謙遜が美徳とされる日本文化の文脈では，例えば，「私はとても料理が上手です」というように自分を褒める行為は「恥ずかしい」と思われるかもしれない。しかし，正直に率直に話すことが重視される米国文化の文脈では，“I'm good at cooking.” と自分の能力について話す事は恥ずかしいどころか，むしろ奨励される。したがって米国で，日本人が謙遜して自分の能力が低いと話したなら，それは謙遜と理解されず本当に能力が低いと誤解される可能性がある。なぜなら，第2章で詳説したように，米国には謙遜が美徳であるという価値観が主要な文化的価値観として浸透しておらず，むしろ，個人の主張や独自性を強調する「独立と個人主義」の文化的価値観が根付いているからである。すなわち，米国人は「謙遜は美徳」という価値観を，（日本人が謙遜する際に感じるような）肯定的な感情と共に獲得していない可能性が高い。ゆえに，日本人の「謙遜」は認識されにくく，それに伴う肯定的な感情も（獲得されていないため）実感されにくいと考えられる。

また米国文化の文脈では，他者が自分の力で達成し成功した出来事を聞いて，相手に素晴らしいとか，自分も嬉しいと伝えたい場合，“I'm proud of you.”（直訳は「あなたを誇りに思う」）と言うことがある。日本語にも「誇る」という感情語は存在するが，米国に比べると日常的に使われる感情語ではないように思われる。特に，家族や友人に対する喜びの気持ちを伝えたい場合に「誇る」という感情語を使う事はあまりないだろう。したがって，英語で “I'm proud of you.” と言われた場合，「褒め言葉」として認知的に理解できても，実感として「褒められた！」と感じる感情経験は薄いかもしれない。このように心理学的構成主義で感情を捉えると，文化的に異なる環境で獲得された感情概念に基づく感情の場合，たとえ訳語として存在する言葉があっても理解しにくかったり，実感として感情を経験しにくいことがあるだろう。まして，同義の訳語が存在しない感情の場合，さらに理解は困難になると考えられ，それがコミュニケーション上の困難につながる可能性もあるだろう。

5. まとめ

本章では，基本感情理論に基づく感情の文化比較研究と，基本感情理論とは異なるとらえ方をする心理学的構成主義の考え方を概観し，各理論に基づき感情とコミュニケーションについて考察した。心理学的構成主義では，感情は各文化環境において各言語を通じてカテゴリー化されるため，言語的に対応する感情語が存在しても，主観的に経験される感情が異なる可能性が指摘されている。これに沿って感情を考えるならば，私達が言語的に「対訳」と考える感情語があっても，その感情経験は異なる可能性がある。そのため異なる言語文化圏の人とのコミュニケーションでは，同じ状況で同じ出来事を体験し，近い感情語でその場の感情を表現し合ったとしても，その感情経験は異なり，それがコミュニケーションに影響する可能性がある。

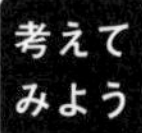

文化環境で各言語を通して，感情はカテゴリー化されると主張する心理学的構成主義に沿って考える場合，異なる文化背景の人とのコミュニケーションに，どのような影響があると考えられますか。

邦文引用文献

池田慎之介（2018）「感情の経験と知覚における言語の役割」心理学的評論 61：pp. 423-444。

大平英樹編（2010）『感情心理学・入門』有斐閣アルマ。

大平英樹（2019）「意識の非在―脳の予測的符号化による意識の創発と消失―」中村靖子（編）『非在の場を拓く―文学が紡ぐ科学の歴史』春風社。

大平英樹（2020）「文化と歴史における感情の共構成」エモーション・スタディーズ，5(1)，pp. 4-15。

小野武年（2014）『情動と記憶：しくみとはたらき』中山書店。

佐々木由美（2023）「日本人大学生の対面会話における『不安』感情とその関連要因の検討―初対面会話と友人会話における比較」日本コミュニケーション研究，日本コミュニケーション学会編，52(1)，pp. 41-64。

荘厳舜哉（2019）「第１章　感情の定義と理論」内山伊知郎（監修）『感情心理学ハンドブック』（pp. 2-5）日本感情心理学会。

高田利武（2002）「社会的比較による文化的自己観の内面化　―横断資料に基づく発達的検討」，教育心理学研究 50，pp. 465-475。

土居健郎（2007）『「甘え」の構造』弘文堂。

中村真（1991-2003）「情動コミュニケーションにおける表示・解読規則：概念的検討と日米比較調査」大阪大学人間科学部紀要，17，pp. 115-145。

中村真（1998）「対人コミュニケーションにおける文化差と普遍性―表情と感情の心理学的研究の視点から―」異文化コミュニケーション研究，第 11 号，pp. 33-52。

中根千枝（1967）『タテ社会の人間関係―単一社会の理論―』講談社現代新書。

西村洋一（2005）「コミュニケーション時の状態不安および不安生起に関連する要因の検討―異なるコミュニケーションメディアを用いた比較」パーソナリティ研究，13(2)：pp. 183-196。

バレット，L.F.（2019）『情動はこうしてつくられる―脳の隠れた働きと構成主義的情動理論』（高橋洋訳）紀伊国屋書店。

増田貴彦・山岸俊男（2010）『文化心理学　心がつくる文化，文化がつくる心』上，培風館。

三田村仰（2013）「アサーションと文化的自己観，対人恐怖の関連―会話完成テストと質問紙法による相関研究―」同志社心理臨床科学，3(1)，pp. 3-11。

武藤世良（2015）「現代日本人における尊敬関連感情の空間的布置」東京大学大学院教育学研究科紀要，第55巻，pp. 269-279。

一言英文（2019）「第3章　文化と感情：文化的自己観，文化比較研究からみた感情」内山伊知郎（監修）『感情心理学ハンドブック』（pp. 44-59）日本感情心理学会。

英文引用文献

Barrett, L. F. (2017). *How emotions are made : The secret life of the brain*. New York, NY : Houghton Mifflin Harcourt. （バレット，L. F.　高橋　洋（訳）（2019）情動はこうしてつくられる―脳の隠れた働きと構成主義的情動理論―　紀伊国屋書店）

Friesen, W. V. (1972). *Cultural differences in facial expression in a social situation : An experimental test of display rules* (Unpublished doctoral dissertation). University of California, San Francisco. CA. Cited in Shiota, M., & Kalat, J. (2018). *Emotion*. 3rd Ed. NY : Oxford University Press.

Imada, S., Yamada, Y., & Haidt, J. (1993). The differences of Ken'o (disgust) experiences for Japanese and American students. *Studies in The Humanities and Sciences, Vol. XXXIV, No. 1*, Hiroshima Shudo University.

Levy, R. I. (1984). Emotion, knowing, and culture. In R. Shweder & R. Levine (Eds.), *Culture theory : Essays on mind, self, and Emotion*, pp. 214-237. Cambridge, UK : Cambridge University Press.

Markus, H. R., & Kitayama, S. (1991). Culture and the self : Implications for cognition, emotion, and motivation. *Psychological Review*, 98(2), 224-253.

Matsumoto, D. (1990). Cultural similarities and differences in display rules. *Motivation and Emotion, 14*, 195-214.

Niiya, Y., Ellsworth, P. C., & Yamaguchi, S. (2006). Amae in Japan and The United States : An exploration of a "culturally unique" emotion. *Emotion, 6(2)*, 279-295.

Rozin, P., Haidt, J., & McCauley, C. (1993). Disgust. In M. Lewis, & J. Haviland

(Eds.), *Handbook of emotions*, pp. 575-594. New York: Guilford Publications.

Safdar, S., Friedlmeier, W., Matsumoto, D., Yoo, S. H., Kwantes, C. T., Kakai, H., & Shigemasu, E. (2009). Variations of Emotional Display Rules Within and Across Cultures: A Comparison Between Canada, USA, and Japan. *Canadian Journal of Behavioural Science, 41(1)*, 1-10.

Sato, W., Hyniewska, S., Minemoto, K., & Yoshikawa, S. (2019). Facial Expressions of Basic Emotions in Japanese Laypeople. *Frontier Psychology, Vol. 10*.
https://www.frontiersin.org/articles/10.3389/fpsyg.2019.00259/full

Spielberger, C. D. (1966). *Anxiety and behavior*. New York: Academic Press.

Uchida, Y., & Kitayama, S. (2009). Happiness and unhappiness in east and west: *Themes and varieties*. *Emotion*, 9, 441-456.

8 カテゴリー化とコミュニケーション

根橋玲子

《目標＆ポイント》 本章では，私たちが意識的また無意識的に行うカテゴリー化に目を向け，このカテゴリー化が私たちのコミュニケーションにどのような影響を与えているのかを考える。特に，カテゴリー化が肌の色や人種，国籍などに起因して起こるステレオタイプや偏見，さらには差別といった問題を取り上げ，その仕組みを説明するとともに，私たちはどのように対応することができるのかを考える。

《キーワード》 カテゴリー，ステレオタイプ，偏見，差別，社会的アイデンティティ，レイシャル・プロファイリング，インターセクショナリティ，コミュニケーション・アコモデーション理論

1．人々をカテゴライズする

1.1 カテゴリー化

初対面の人と話した時に，「この人とは仲良くなれそう」とか「ちょっと苦手かも」と知らず知らずのうちに相手を判断した経験はないだろうか。夜道を歩いている時に，後ろの足音が気になり，振り返ったら，歩いていたのが女性だと気づき，ほっとした経験はないだろうか。自分の学校のクラスに「アメリカから交換留学生が来る」と聞いて思わず金髪の白人学生を思い浮かべたことはないだろうか。これらの例は，私たちに人やものを分類する機能が備わっていることを示している。このように，人々をある種のカテゴリーで見たり分類したりすることをステレオタイプという。

私たちの脳は日々膨大な情報を処理している。これを効率よく裁くためには，情報のカテゴリー化が必須である。「犬」と呼ばれる動物には，たくさんの種類が存在している。原産や大きさ，毛足の長さなどにより分類されて認識されており，なじみのある犬種であれば，「これはダックスフント」「こちらはチワワ」など，個別の認識もできるだろう。私たちは幼少から犬に関する知識や経験をカテゴリー化して記憶に蓄えている。なので，今朝道端で出会った犬を，何の予備知識もなくゼロから情報を積み上げて理解するのではなく，これまでの情報の蓄積から「あ，犬がいる」とか「あれはポメラニアンだ」などと認識し，犬嫌いの人であれば避ける行動をとったり，逆に犬好きの人であれば飼い主に話しかけたりするなどの行動に結びつくこともある。ここでは動物を例に挙げたが，ステレオタイプは人や動物のみに用いられる概念ではない。ステレオタイプが情報のカテゴリー化であることを考えれば，職業，地域，食べ物，色など，およそこの世に存在する全ての事柄に起こることであるが，本章では主に人に関することに限定する。

ステレオタイプと偏見，差別は同義で用いられることもあるが，厳密には異なる概念である。ステレオタイプは単なるカテゴリー化であるが(例：○○人は明るい)，これに情動が加わったものを偏見（例：○○人はうるさい)，さらにステレオタイプを用いて相手に不利益な対応をとることを差別という（例：○○人は雇わない)。しかし，実際にはこれらはきれいに線引きできるものではなく，密接に関わり合っている（佐藤，2022)。ここでは，レイシャル・プロファイリングを例にとって説明しよう。

1.2　レイシャル・プロファイリング

レイシャル・プロファイリングとは，人種の違いに起因した差別的なカテゴリー行為で，主に法に携わる職種の人々が犯すことを指す[1]。典型的な例として，アメリカ合衆国では，黒人が頻繁に警察から職務質問を受けている。ニューヨーク市の事例では，市の人口の23％が黒人であるのだが，警察官が「不審な動き」を理由に職務質問を行った件数のうち，54％が黒人に対してのものであったという（エバーハート，2020)。つまり，明らかに黒人に対して多くの職務質問が行われていたのである。黒人がドラッグの売買のために刑務所に収監されることが多いという問題から，警察官が「黒人はドラッグを売買している」というデータに基づいて街頭で職務質問をする。これにより黒人のドラッグ犯罪はより検挙されることになり，さらにこのデータは裏付けされることにつながる。またこのような職務質問に端を発した警察官による黒人男性への暴行事件は後を絶たない（エバーハート，2020)。

レイシャル・プロファイリングは日本でも起きている。2021年にアメリカ大使館が，日本の警察に向け，レイシャル・プロファイリングが起きていると警告したことは記憶に新しいだろう（マクニール，2021)。2022年に東京弁護士会が行った調査では，職務質問を受けたことがあると回答した1,318人のうち85.4％が，見た目の特徴から「声をかけてきた警察官は最初から自分が外国にルーツを持つ人だとわかっていたと思う」と答えた。外国人の見た目，特に日本ではアジア系であるよりも，アフリカや中南米にルーツを持つ人々が職務質問の対象になりやすい。対象になった中には，日本国籍の者も含まれている。つまり，「外国人である」という事実よりも「外国人風に見える」ことが取りざたされているのである。しかも特定の見た目に集中していることは差別的な認識をうかがわせる。このように警察官による不当な職務質問は国内外から指摘されている。

レイシャル・プロファイリングは，あるカテゴリーに属していると認

1　国際連合人種差別撤廃委員会（2020）あらゆる形態の人種差別の撤廃に関する国際条約「法執行官によるレイシャル・プロファイリングの防止およびこれとの闘いに関する一般的勧告36号（2020年)」より

識されること，つまりステレオタイプ（ここでは見た目が外国人であること）が瞬時に差別的な行動に繋がることを示す例である。このようなケースでは，ステレオタイプと差別を切り離すことは難しい。

2. 社会的アイデンティティ

2.1 ステレオタイプと社会的アイデンティティ

皆さんはどのような集団に所属していると感じているだろうか。自身を表現する際に，「大学生である」とか，「○○会社に勤めている」とか，「△△県出身である」などと周りに伝えることがあると思う。これらの社会的なカテゴリーは，すなわち自身が所属する集団（これを内集団という）である。と同時に，所属しない集団（これを外集団という）との境界線をもたらす。「私は女性である」「私の肌は褐色である」「私は看護師である」のように，ある集団に所属しているという認識を社会的アイデンティティといい，自身の所属を明らかにするとともに，そうでない人々との間に「われわれ」と「彼／彼女ら」という線引きをする（大江，2018）。

このように，あるカテゴリーにより分類された集団に所属することは，自己をも規定していく。あるコンテキストで特定の社会的アイデンティティを持つことで，対応しなければならないことがあるからである。スティール（2010）は著書の中で，自身が子どもの頃に経験した例を挙げている。彼が子どもの頃のシカゴ都市部では，黒人がプールに泳ぎに行けるのは，水曜日の午後だけであったそうだ。他の日はがまんしなければならなかった。まだそのことを知らなかった頃に，別の曜日に行ったところ，黒人であることを理由に入れなかったという。そこで，「自分は黒人なのだ」と認識したという。「女性／男性だから」とか「高齢者／若者だから」といったカテゴリーにより自己の行動や考え方にまで影響を与えるような規定を，アイデンティティ付随条件と呼ぶ（スティール，2010）。アイデンティティ付随条件には，プールの使用制限などのような物理的な制限もあるが，見えない脅威によって行動を制限することもあるという。これをステレオタイプ脅威と呼ぶ。

私たちは同じ社会に生きる人々が特定のアイデンティティについてどのようなステレオタイプを持っているのかを知っている。試しに，周囲の人々に特定のグループ（国や地域，性別や職業など）についてたずねてみてほしい。多くの人々が似たようなイメージを持っていることに驚くだろう。このステレオタイプが肯定的なものであればまだよいが，否定的なものである場合，そのステレオタイプの当事者たちはそれが自身にあてはめられそうなとき，それを察知することができるという。これはつまり，周囲の人が自分のことをどう思うかを理解しているということである（スティール，2010）。例えば，筆者が教える留学生は，日本で，母国への批判的なニュースなどが増えたときには，外でもできるだけ母語ではなく日本語を用いると話してくれたことがある。その国籍に所属するということがステレオタイプ脅威となり，その学生は周囲からどう見られるかを考え，そして自身がどう対応すべきなのかを規定したのである。また，エバーハート（2020）は，アメリカに生きる黒人男性たちが，犯罪者だと思われないように，日ごろから身だしなみや話し方に気をつける努力を怠らないことを挙げているが，これもステレオタイプ脅威の一例だろう。

ステレオタイプにあてはまるようなことをすれば，周囲からは「やっぱりね」とささやかれ，この認識に基づいて自分が評価され，相応に扱われてしまうのである（スティール，2010）。このようなアイデンティティ付随条件やステレオタイプ脅威は，もちろん人種や国籍に限ったことではなく，ほぼすべての人が経験していることである。しかし多くの場合，社会でマイノリティとされる人々がこのような脅威を強く感じざるを得ないのが現状である。

2.2　社会的アイデンティティ理論

ある社会的カテゴリー（例えば，日本人）に属するすべてのメンバーが，それ以外と区別される特性を持つと認知され，判断されることを強調化効果という。実際には日本人にも多様な人々がいるのであるが，日本人という国籍で境界を引くと，その内側（内集団：ここでは日本人）の類似性と日本人以外の集団（外集団：例えば外国人）との差異が強調化される（ホッグ・アブラムス，1995）。

シェリフらの著名なサマーキャンプ実験[2]では，キャンプで任意の集団を作り共に過ごす中で集団としての社会的アイデンティティが強化されることが報告された。タジフェルらの研究では，集団としての要素が最小の集団[3]であっても，相手集団に対し差別的な行為が見られた（大江，2018）。

カテゴリー化は他者のみならず，自分にも反映される。自分を基準に，あるカテゴリーにより他者を分類し，内集団と外集団として認識するのである。この過程では，内集団メンバーとは自己との類似性が，そして外集団メンバーとは差異が強調化され，自身についてのステレオタイプをもたらす（ホッグ・アブラムス，1995）。自分と類似性を共有する内集団に対しては，人は好意的な反応をする傾向がある。これは集団間バイアス，内集団ひいき，などと呼ばれ，大きな関心が持たれてきた。このような集団間における心理的プロセスを体系立てたのが社会的アイデンティティ理論である。

2　1950年前後に実際サマーキャンプをフィールドに行われた実験。偏見や差別といった集団間態度と行動が集団間関係にどう影響されるのかを実証した。集団と集団間関係に関する社会心理学的な基礎をなす研究とされる（プラトウ・ハンター，2017）。

3　これを最小条件集団とよぶ。抽選やコイントスなど無作為に分けた意味のない集団のこと。

社会的アイデンティティ理論をもとに，国や民族に対して考えてみよう。「私は日本人である」――この社会的カテゴリーに所属していると感じているとしよう。「私は日本人である」という認識が引き起こす内集団ひいきにより，日本人を外集団よりも好意的に感じたり，対応したりする。国際的なスポーツの試合で，日本チームを相手チームよりもよく評価するなどはこの例である。そして日本への肯定的な評価や行動は他国への評価を貶めることに繋がる。自分の国が優れていて好ましいのと，他国の人が劣っていて好ましくないのはコインの裏表のようで，移民や他国への排外主義的な考えや態度にも関連する（塚本，2018）。

人は慣れ親しんだ集団に好意的な感情を抱きやすく，また自分が優れた集団の一員であると思いたい。なぜこのように考えるのかにはさまざまな説明が考えられるが，自身の集団が社会で安定して優位にあれば，子孫の生存や繁栄にも有利であるとか，日常生活では内集団のメンバーと接触する頻度が高いため，このメンバーに好意的に接することで，集団の中での自身も安定するなどが挙げられる（大江，2018）。

2.3　コミュニケーション・アコモデーション理論

カテゴリー化あるいはステレオタイプにより私たちの態度や行動が変化する例は上記で見てきた例以外にも身近に存在する。通りを歩いている時に，道をたずねられたとしよう。あなたに道をたずねてきたのが年配の方だった時に，とっさに大きな声で返したり，ゆっくり話したりしたことはないだろうか。また，話しかけてきたのが，外国人の（ように見える）場合，その人が日本語で話しかけているのに，英語で返そうとしたり，英語アクセントの日本語で返したことはないだろうか[4]。このように，相手の見た目や特性により，特定のステレオタイプが活性化され，それにより私たちはコミュニケーションの仕方を変化させることが

4　母語話者が非母語話者に対して調整を行うことによって表出する現象をフォーリナー・トークという（徳永，2004）。

ある。このような行為を体系立てたのがジャイルズ（Giles）のコミュニケーション・アコモデーション理論（Communication Accommodation Theory）である。

コミュニケーション・アコモデーション[5]理論は，元々母国語の異なる2者間が発話スタイルをどう調節するのかを説明するものであったが，相互作用のコミュニケーションモデルとして，現在では異文化間コミュニケーション，第二言語習得，社会心理学など，さまざまな分野に応用されている（栗林，2010）。ここでは最も基本の4概念を説明する（Giles & Ogay, 2007；栗林，2010）。

まず，コミュニケーションは，その場の状況や参加者の初期の方向性の特徴だけでなく，相互作用が埋め込まれている社会歴史的文脈によっても影響を受ける。例えば，上述した警察官による黒人への職務質問は，その場の相互作用であるだけでなく，これまでの関係性の上に成り立っている。

次に，コミュニケーションは，単に事実，考え，感情についての情報交換だけでなく，顕著な社会的カテゴリーのメンバーシップは，しばしばアコモデーションのプロセスの相互作用によって交渉される。例えば関西出身の男子学生が進学を機に上京した場合に，関西弁を使い続けることで，彼は関西人であるというアイデンティティを堅持し，周囲にも示している。

3番目に，相互作用する者は一般的な社会的および状況的規範および外集団メンバーに関するステレオタイプに基づいて最適なレベルのアコモデーションを期待している。アコモデーションの有無，過少，もしくは過剰かを調整することは，相互作用を継続または離脱を決める際に，重要な要素になる可能性がある。例えば，日本人Aさんがアメリカ人Bさんにステレオタイプに基づき英語で対応したところ，実はBさんは

5　アコモデーションの訳語には，「便宜」「融通」「適応」「調和」「調節」などがあるが，本章ではカタカナ表記する。意味としては，「調節」に置き換えると大意が理解しやすいであろう。

日本語が流ちょう，つまり A さんの過剰なアコモデーションであり，B さんが気分を害したなどはこの例にあたる。

最後に，相互作用者は，特定のコミュニケーション戦略を使用して，お互いやそれぞれの社会集団に対する態度を示す。具体的には，「同化（convergence）」[6]，「異化（divergence）」，「維持（maintenance）」の大きく 3 つを用いている。ここでは日本で学ぶ留学生と日本人学生を例にとって考えよう。

留学生が，日本人学生に日本語で話すのは「同化」である。同様に日本人学生が，ゆっくりとした簡易な日本語で繰り返し留学生に話したりするのはフォーリナー・トークであり，これも「同化」である。「同化」は相手との差異を減少させようとするコミュニケーション行動である（太田，2000）。しかし先述したように，過剰なものは相手によっては気分を害することもあるので留意したい。逆に，留学生が母語の英語で，相手の日本人学生があまり英語が得意でないのをわかっていながら話すのは，「異化」であり，自分と相手との言語・非言語的差異を強調するものである。過剰な「同化」や「異化」は，相手に不快な感情や疎外感などを与えかねないので，調整が必要である。それでは「維持」すればよいのだろうか。「維持」は文字通り，そのまま，つまりなにもしないことを指す。日本語が流ちょうな留学生には，「維持」のほうが心地よいかもしれない。しかし，まだ日本語に不慣れな留学生に「維持」の方略，つまり，少しゆっくり話してあげればわかるのにも関わらず，日本人学生が留学生に普段通りのスピードで話せば，それは不親切となってしまうかもしれない。また，この差異を軽視したり，侮辱したりするようなことがあれば，マイクロアグレッション[7]と呼ばれる行為となるか

6　Convergence と divergence にはさまざまな訳語が充てられているが，本章では「同化」「異化」を用いる。

7　マイクロアグレッションとは，日常の中にある，ちょっとした言葉や行動，状況で，意図の有無にかかわらず，ある特定の人や集団（人種，ジェンダー，性別など）に対して，軽視したり侮辱したりするような，否定的な表現のこと（スー，2020）。

もしれない。

私たちがこのような調節をするのは，「同化」については，社会的承認やコミュニケーションの効率性などが挙げられる。相手に合わせることで，その集団から認められたり，集団メンバーとのコミュニケーションが図られやすくなるだろう。「異化」については，前節の社会的アイデンティティ理論が関連している。他者との差異化が促進されることで，内集団のプライドを感じたり，自己肯定感が高まったりする（栗林，2010）。私たちは相互作用の中で，一方では相手に合わせるという包摂性を求め，他方では差異化を必要とするといった微妙なバランスをとりながらコミュニケーションを図っているといえる。

3. インターセクショナリティという視点

カテゴリー化は不可避な人間の特性であると先述した。しかし，私たちが認識するカテゴリーは必ずしも固定的なものではない。例えば，「女性とは」，「男性とは」といったジェンダーが示すステレオタイプはこれまでも歴史的に変化してきたし，これからも変化し続けるだろう。私たちが認識するカテゴリーは，私たちがコミュニケーションを行うコンテキストの中で共有されるものであるからだ。前節のコミュニケーション・アコモデーション理論の説明で，高齢者や外国人（風）の人と出会った時にコミュニケーションの方略が変化することを説明した。しかし，現在私たちが考える「高齢者」や「外国人」も時代や場所など，コンテキストが変われば，そのカテゴリーが内包する人々の特徴も変化する。

また，人々は「高齢者／若者」「アジア人／非アジア人」「男性／女性」といった特定の社会的アイデンティティだけでカテゴリー化されるわけではない。ある人は，「アジア人で女性の高齢者」であったり，「非アジア人で男性の若者」であったりする。つまり複数のアイデンティティを同時に併せ持つのである。この点を説明するのがインターセクショナリティ（交差性）という考え方である。インターセクショナリティとは，

> 交差する権力関係が，様々な社会にまたがる社会的関係や個人の日常的経験にどのように影響を及ぼすのかについて検討する概念である。分析ツールとしてのインターセクショナリティは，とりわけ人種，階級，ジェンダー，セクシュアリティ，ネイション，アビリティ，エスニシティ，そして年齢など数々のカテゴリーを，相互に関係し，形成し合っているものとして捉える。インターセクショナリティは，世界や人々，そして人間経験における複雑さを理解し，説明する方法である（コリンズ・ビルゲ，2021，p. 16）

コリンズとビルゲは，ブラジルにおける黒人の女性たちの人権運動をインターセクショナリティから分析している。ブラジル社会では女性と男性は明らかに異なる経験をしており，女性蔑視と闘う女性運動が展開されてきたが，「女性」がカテゴリーするものは，他のカテゴリーから大きな影響を受けていたという。この運動の中心は主に中流階級（階級）の白人（人種）であったのである。つまりブラジルでの黒人女性は，黒人へのレイシズムと女性蔑視という異なるカテゴリーで二重に排除されてきたのである。彼女たちを，人種や性別，階級など，単体で見るのではなく，複数のカテゴリーが交差する存在として捉えることで，彼女たち自身の主張が顕在化するようになった。また，徐（2015）は，在日朝鮮人一世の女性のアイデンティティ研究で，従来の男性を中心とする民族運動や日本国民の女性を中心とした女性運動を取り上げ，この枠組みでは捉えることの難しい，在日朝鮮人の女性を捉えようとしている。インターセクショナリティは，複数に交差するアイデンティティを分析す

るツールとして有用である。

4. まとめ

本章では，カテゴリー化により，ステレオタイプやそれに基づく差別や偏見が起こること，またこのようなメカニズムを説明する概念や理論を紹介した。

カテゴリー化は，その境界線の内側と外側にいる人を分ける。本人にとって意味のあるカテゴリー（例えば，出身地や職業など）でも，任意のカテゴリー（抽選で分けたグループなど）でも，ひとたびカテゴリー化が起きれば，それにより内集団と外集団が生まれることもある。ある人や集団にとって，ある差異はとても重要な意味を持ち，それを守るためには生命を賭するくらいの価値を持つこともあるだろう。また，ある人にとって，ある差異はさほど重要視されず，その差異をむしろないものとして扱うほうが快適に生きていけるということもあるだろう。

人間が備え持つカテゴリー化という機能をなくすことはできない。しかし，私たちはそのカテゴリー化に疑問を持ったり，複数のカテゴリーがひとりの人やひとつに見える集団に存在すること，つまり人々の複層性，複雑性を知り，理解し，受け入れたりすることはできる。また，カテゴリーは必ずしも客観的なものではなく，自身の主観的な枠組みであることを認識することが重要であろう。「私は日本人である」と感じる際に，そのカテゴリーに誰が入るのかを決めるのは，もちろん国籍などの法的な根拠（これも変化するものではあるが）や時代などのコンテキストであるが，自身の主観の部分も大きいのである。

本章ではカテゴリー化の視点からステレオタイプや偏見・差別についてまとめた。本章が扱う内容への親和度は個人によって異なるだろう。既にある特定集団に対する偏見や差別，社会的公正などに関心があり，活動をしている人もいれば，このような内容を初めて総括的に学ぶ人もいるだろう。それぞれに応じた学びが必要であるが，初めての方はまずは知識を得ることが肝要と考える。

考えてみよう　自身が所属すると思う集団を書き出してみよう。国籍，性別，出身地，年齢などの他にも，自分を特徴づけると思われる集団（趣味，利き手，取り組んできたこと等）も入れてみよう。どのカテゴリーがどのような時に活性化されるのかもあわせて考えてみよう。

邦文引用文献

大江朋子（2018）「ステレオタイプと社会的アイデンティティ」北村英哉・唐沢穣（編）『偏見や差別はなぜ起こる？』（pp. 3-19）ちとせプレス。

太田浩司（2000）「異文化集団間におけるコミュニケーション理論」西田ひろ子（編）『異文化間コミュニケーション入門』（pp. 184-214）創元社。

栗林克匡（2010）「社会心理学におけるコミュニケーション・アコモデーション理論の応用」『北星論集』第47号　pp. 11-21。

国際連合人種差別撤廃委員会（2020）あらゆる形態の人種差別の撤廃に関する国際条約「法執行官によるレイシャル・プロファイリングの防止およびこれとの闘いに関する一般的勧告36号（2020年）」
https://www.nichibenren.or.jp/library/ja/kokusai/humanrights_library/treaty/data/cerd_gc_36_jp.pdf

コリンズ，P.H.・スルマ，B.（2021）『インターセクショナリティ』（小原理乃訳下地ローレンス吉孝監訳）人文書院。

佐藤千瀬（2022）「ステレオタイプ・偏見・差別（幼児の前偏見）」異文化間教育学会編『異文化間教育事典』（p. 238）明石書店。

スー，D.W.（2020）『日常生活に埋め込まれたマイクロアグレッション―人種，ジェンダー，性的指向：マイノリティに向けられる無意識の差別』（マイクロアグレッション研究会訳）明石書店。
徐阿貴（2015）「在日朝鮮人一世のジェンダーとアイデンティティ」宮島喬・佐藤成基・小ケ谷千穂（編）『国際社会学』（pp. 166-183）有斐閣。
塚本沙織（2018）「移民」北村英哉・唐沢穣（編）『偏見や差別はなぜ起こる？』（pp. 115-132）ちとせプレス。
東京弁護士会外国人の権利に関する委員会（2022）「2021年度外国にルーツをもつ人に対する職務質問（レイシャルプロファイリング）に関するアンケート調査最終報告書」
26a6af6c6f033511cccf887e39fb794e_2.pdf（toben.or.jp）
徳永あかね（2004）「コミュニケーション形態がフォリナー・トークに及ぼす影響」『言語文化と日本語教育』28号　pp. 1-7。
マクニール，バイエ（2021. 12. 15）「アメリカ大使館が異例の警告『日本の警察』の疑い―多くの在日外国人が感じている『不当な扱い』」『東洋経済ONLINE』
https://toyokeizai.net/articles/-/476415?page=3（最終閲覧日：2023年2月1日）
プラトウ，M. J.・ハンター，J. A.（2017）「集団間関係と葛藤―シェリフのサマーキャンプ実験・再入門」スミスJ. R.・ハスラムS. A.（編）『社会心理学再入門』新曜社　pp. 183-204。
ホッグ，M. A.・アブラムス，D.（1995）『社会的アイデンティティ理論―新しい社会心理学体系化のための一般理論』（吉森護・野村泰代訳）北大路書房。

英文引用文献

Eberhardt, J. L. (2020). *Biased: Uncovering the hidden prejudices that shape our lives*. London: Windmill Books.
Giles, H., & Ogay, T. (2007). Communication Accommodation Theory. In B. B. Whaley and W. Samter (Eds.), *Explaining communication*. Mahwah, NJ: Laurence Erlbaum Associates, Inc., pp. 293-310.
Steele, C. (2010). *Whistling Vivaldi: How stereotype affect us and what we can do*. NY: W. W. Norton & Company.

9　人種，民族とコミュニケーション

桝本智子

《目標＆ポイント》　この章では，自分と他者を分けるときに考える概念にはどのようなものがあるのか，人種，民族，エスニシティの概念の歴史的背景と実態を見ていく。そして，人種主義が社会の中でどのように組み込まれているのか，お互いを尊重しながら共生するには何が必要なのかを考えていく。
《キーワード》　人種，民族，人種主義，アイデンティティ

1．人種概念

「あなたは何人（なにじん）ですか」と質問されると，どのように答えるだろうか。「日本人」と即答する人もいるだろう。では，「あなたは何民族，人種は何ですか」という質問に対してはどうだろうか。戸惑う人も多いのではないだろうか。あるテレビ番組の街頭インタビューで「あなたは何人，何民族ですか」と尋ねられた人は，日本人，アジア人，日本民族，大和民族，アジア民族など，様々な回答をしていたが，一様に少し考えながら答えていた。「何人種」と尋ねられると，答えに悩む人がさらにいるのではないだろうか。

人種や民族ということばは一般に使われているが，その意味するところは曖昧な部分が多い。人種というと「人種差別」を連想し，日本社会では人種差別の問題はどこか他の国で起こっていること，と考えられる傾向がある。本当にそう言えるのであろうか。「人種」という概念はどのように理解されているのだろうか。実際に大学生を対象にした人種の

種類を問うアンケート調査では，3 種類と回答した学生が半数以上あった。3 種類と答えた学生のうち大半は白色人種，黄色人種，黒色人種というカテゴリーを記述していた（東・中山，2020）。また，色で分けるのは差別的であるということで，コーカサス，モンゴロイド，ネグロイド，などということばを思いつく人もいるだろう。人種概念に関しては，さまざまな学問分野でも議論されており，今日では「人種」という概念自体が社会的に構築されたものであるという認識がある中で，なぜこのような生物学的とされる分類が浸透しているのであろうか。多文化共生を考える上で，自分と他者との違いを認識させる概念とその実態を考えていく必要がある。

まず人種についてどのような議論がされてきたのか，そして，人種や民族を考えるときにどのような固定概念があるのかを確認する。これらの概念は個人レベルから政治レベルまで複雑に絡み合い，時代や場所により捉え方も違いがあるが，ここでは今日までの主な流れを見ていく。

「人種」という言葉はもともと英語の Race を翻訳しているものであるが，人の分類をすることから日本語では人種と訳されている。今日では人の種類というのは生物学的には存在しないということが一般的にも認識されている。なぜなら人間の種は一種類のみだからである。それでも種別があるとするのは，見た目の違い，即ち，肌や髪の色，顔の作りなどの外見をもとにして人種の概念を存続させているからである。実態がないと言われている概念を改めて見直す作業は，人種の存在を否定する本筋とは逆の方向に向かっているようにも思える。しかし，どのように人種の概念が作られ，社会に広められ，そして，実はそれは実態がないものであるという結論に至ったのかを検証することで，この概念がなぜ人々の意識に今でも存在しているのかを理解することができる。人種概念の発達過程を見ていくと社会における「わたし・わたしたち」と他者を分けようとする心理が見えてくる。

2. ヨーロッパ社会における人種概念の広まり

人種で人を分類し，優劣をつけ人種差別を行ったナチスドイツはよく知られているが，人種の概念はそれよりかなり前にヨーロッパで存在していた。15世紀のコロンブスのアメリカ大陸への航海を皮切りとし，大航海時代に新しい物や情報がヨーロッパにもたらされ，啓蒙時代にはそれらを分類する作業が発達していった。人々は博物館の展示により世界各地からもたらされる新しい情報を共有するようになっていった。ものごとを分類し，ラベルをつけることは科学的な作業のようではあるが，誰が何を対象とするのか，何を根拠としてラベルをつけていくのかは，その時の社会背景や自文化を基準にした判断が根底にある。

人種の分類はフランスの医師で哲学者のベルニエが発表した論文において，「人種」という言葉を身体的特徴で人を分類する意味で使用したのが始まりと考えられている。18世紀の啓蒙時代には博物館学者のリンネやビュフォンなどが分類法を紹介し，その後も形質人類学者のブルーメンバッハや哲学者のマイナースが独自の分類を行なっている。それぞれの分類によりカテゴリーも4つからさらに細分化したものなど，さまざまであった。リンネの分類は赤褐色のアメリカ人（インディオ），白いヨーロッパ人，黄色いアジア人，黒いアフリカ人という地域の分類に性格の説明を加えているが，ヨーロッパ人は「聡明」や「快活」などの主に好意的な言葉で描写し，他の人々は「なまけもの」や「高慢」などの差別的な表現が使われていた（平野，2022）。

皮膚の色や見た目の違いで人を分けるということは19世紀の初期のヨーロッパでは確固とした考え方となり，人種というものはそれぞれ違う起源を持ち発達してきたという多元論も唱えられるようにまでなってきた（スチュアート，2002)。「科学的」な分類がさらに多様な学問分野で試みられるようになり，動物学や古生物学を専門とする博物学者のキュヴィエは比較解剖学の入門書の中で，白人＝コーカサス，黄色人＝モンゴル，黒人＝エチオピアの三大人種の元となる分類を紹介している(平野，2022)。人を色で分ける時に共通して基準とされたのが，白い色がもともとの色で，環境により肌が黒くなっていったという考えである。実際はその逆で，人類がアフリカを起点とし，世界各地へと移動したために，環境適応により肌の色が白くなっていったということがわかっている。

また，この時代には言語学や生理学，心理学や歴史学の分野でも生来的な違いや優劣を決定する根拠を提示しようとした。なかでも脳容積によって優劣があるという説が重要視された。この説において最も脳の容積が大きいのは白人とされたが，体格が同程度の異なる「人種」で比較すると差異はほとんどないに等しい（ベネディクト，2020)。

このような見た目をもとにした分類と優劣がなぜ広まっていったのか。そこには植民地主義やヨーロッパにおける国民国家の成立，宗教勢力の争いなど，さまざまな社会背景が関連し，文化も含めて優劣をつけることで「優れたわれわれ」「劣った他者」という考えを広めようとした策がうかがえる。この「価値づけ」は有色人種がいかに劣っているかを強調することによって，白人が優れているということを極端に対比する意図が見える（小森，2006)。18世紀頃から徐々に広まった「他者表象」としてのカテゴリー化が科学的レイシズムとして植民地化を推し進める諸国に利用されていった。そして，帝国主義やヨーロッパにおけるネーションとナショナリズムの台頭により皮膚の色だけではなく，国土に関連づけた人種も創造されていった（ヴィヴィオルカ，2007)。以後，歴史的にも人種の分類が曖昧であり，その時々により自分達が優位になるために「劣った他者」を作り上げていくという社会的，そして，恣意的な差別構造が今日まで根強く残っているのである。

3. 人種と人種主義

人種に関するさまざまな分類がナショナリズムや差別を正当化することに利用されたのが 20 世紀の世界である。すでに 1930 年代にはボアやベネディクトなどの文化人類学者をはじめとし，他の分野の学者も根拠のない分類をもとにした人種主義に異論を唱えていた。しかし，国民国家の成立とともに発展したナショナリズムから人種の概念は人々のアイデンティティにも強く結びついていった。帝国主義や植民地化において自国の利益のために結束を固め，自分達は優れた人種であり高等な文明を持っているので，そうでない劣ったものたちを支配する必要があるという考え方が広まっていった。アメリカにおいても開拓精神とともに「明白な運命」（manifest destiny）のもとにネィティブ・アメリカンの土地を取り上げキリスト教への改宗を強制していった（Aguirrez & Turner, 2008）。アメリカで 1960 年代からさかんになっていった人権運動を経てもなお，今日に至るまで白人至上主義は脈々と続いている。人種主義者は自分達が優れているヨーロッパ系白人の純粋な子孫であることをアイデンティティの拠り所としている。しかし，それを証明するため，遺伝子による祖先を調べるテストを実施した結果，その多くがアフリカ系や中東などに祖先を辿ることができたという（Panofsky & Donovan, 2019）。もっとも現在の遺伝子学の研究からは何ら驚くことではないが，人種主義の立場を取る人々にとっては受け入れ難い結果であった。このことからもわかるように，人種の違いや人種の優劣が科学的に証明されたとする事実は，今日の遺伝子学ではことごとく否定されているのである。

それでもなお「人種」という概念は根強く残っている。国連は1963年の総会で「あらゆる形態の人種差別撤廃に関する宣言」を採択した。「人種」が存在しないことを前提としながら国連は「人種，皮ふの色もしくは種族的出身に基づく人間間の差別は世界人権宣言に掲げる人権の侵害であり，国家間および人民間の友好的かつ平和的関係に対して障害となる…」と差別撤廃の宣言に「人種」という言葉を使用している（国際連合広報センター）。人種が存在しないのであれば言葉を使わないようにすればよい，教育の現場でも「人種」ということばを教えなければよい，という意見もあるが，そうすると，実際には人種差別があるにもかかわらず，その存在を見ようとしないカラー・ブラインド（Color Blind）に陥る。カラー・ブラインドとは皮膚の色による差別，いわゆる人種主義を否定することだが，相手に主流文化への同化を暗黙の了解で求めていたり，マイノリティの権利を無視する面もある。結果的には実際に差別がある社会の現状を直視しないようになる（Martin & Nakayama, 2001）。そして，「私は皮膚の色の違いなど気にしないから差別をしていない」というリベラルな人種主義者となる。長い年月社会に浸透してきた皮膚の色や身体的特徴をもとにしてきた分類そのものを無くすことはできても，そこから生まれた社会的な差別の構造や人々の偏見をなかったことにするのはできないのである。それは人種主義の存在を認識しながら見ないふりをするだけである。「人種」の実態を認識し，差別の歴史と現実があることを理解したうえで差別を減らす社会を構築する必要がある。

明らかな人種差別とは別に，社会の構造に組み込まれている構造的人種主義[1]の存在は複雑かつ，当たり前のように日常生活にも組み込まれているので，それが人種主義に基づくものなのかは表面上は分かりにくいものが多い。社会のマジョリティは利益を得ていても自覚がなく，マ

1　社会制度の中に組み込まれている人種主義として「システミック・レイシズム」（systemic racism）（竹沢・ショブ，2022）や Institutional racism（Martin & Nakayama, 2001）などがある。

イノリティにとっては日々の暮らしの様々な場面で不利益を経験し続けている。また，今日の人種主義は皮膚の色だけではない，新たな形での人種主義が存在する。イギリスの政治学者のバーカーが提唱した「新しいレイシズム」は，生物学的な優劣ではなく文化的差異を重視する人種主義である（ヴィヴィオルカ，2007）。文化的人種主義とも言われるこの「新しいレイシズム」は支配集団のアイデンティティを脅かす移民や他の集団に対して言語や習慣の違いや文化的・道徳的規範を捉え差別をするものである。基本となるのはマジョリティ集団の価値観である。この新しい人種主義は言語や習慣のみならず，ジェンダーや世代も絡み合った複雑な差別を無意識のうちに生み出している。

4．エスニシティ，民族の概念と国民国家

人種というものが存在しないのであれば，民族はどうだろうか。民族はエスニシティの和訳であるが，塩川（2008）は，エスニシティと民族は関連がありながらも別の概念であると述べている。語源としてはギリシャ語から由来し，古くから使われていたが，主に異教徒を意味していた。移民や見た目の違いを意味する政治的な用語として用いられるようになったのは第2次世界大戦頃からだと考えられている（エリクセン，2006）。塩川（2008）はエスニシティの定義を次のように述べている。

> 国家・政治との関わりを括弧に入れて，血縁ないし先祖・言語・宗教・生活習慣・文化などに関して，「われわれは○○を共有する仲間だ」という意識——逆にいえば，「（われわれでない）彼ら」はそうした共通性の外にある「他者」だという意識——が広まっている集団を指す，と考えることにする。（塩川伸明「民族とネイション：ナショナリズムという難問」pp. 3-4）

どのような共有に重点を置くかは，その社会との関係や歴史的経緯など絶対普遍なものではなく多義的で変化するものであるとしている。エスニシティは英語からそのまま日本語として用いられているが，スチュアート（2002）によると，民族を英語で訳すとエスニシティ以外ではネイションになる。日本語の人種，民族，部族，国民の表現について調べた彼はその表現に曖昧さがあると述べている。アイデンティティを共有する集団を民族と考えているが，地理的にも同じ場所に住み，伝統を共有しているエジプトの住民はエジプト民族と呼ばれたことがないことを指摘している。一方で，離れた地域に住み異なる言語を話していても宗教で結びついている「民族」もある（スチュアート，2002）。

近代において，民族と国家は結びつけられ，「国民国家」として一民族一言語を基盤とした体制がヨーロッパで取り入れられていき，日本もそれに倣った。一方，エスニシティの概念は，政治的制度は持たなくても文化的アイデンティティを共有する集団と考えられ，民族の下位集団として捉えられることもあれば，地理的に同じ場所に居住していない集団を指すこともある。また，エスニシティは社会のマジョリティに対する，マイノリティの自発的なアイデンティティとして使用されることが多い。民族やエスニシティの概念は，政治的，経済的なイデオロギーで生成され，自身の拠り所として意味を持つ場合もあれば，他者との分け隔てのために使われる場合もある。

明治時代に近代化を進める日本においては，西欧からの人種概念による差別化をそのまま取り入れると同時に，国民国家の体制を確立する中で日本人としてのアイデンティティを高めるため，また，アジア諸国においての優位性を強調するためにも複雑な民族の概念が広められていった。西欧が定義する黄色人種やアジアの一員という立場を受け入れながら，東洋の中ではいち早く近代化を成し遂げた優れた「民族」という思想が国民国家の政策の基本となった。アジアにおいて植民地政策を推し進める上で，日本帝国への同化を強要しながらも民族のカテゴリーを使い分け，大和民族以外の民族を差別していった。実際，第2次世界大戦終結までの日本は植民地政策による多民族国家であった。しかし，多民族国家ではあるが，日本人ではないことへの差別は根強いものがあった。戦後，朝鮮半島出身者は植民地支配から自由になったものの，日本に留まる人々も多かったが国籍の面では排除されたままであった(長, 2019)。

明治時代に日本の領土として取り込まれたアイヌ民族は「旧土人保護法」のもと，同化政策が行われた。同化政策ではアイヌ語の使用を禁止し，日本語での教育が実施された。言語を含む文化の同化を強要する方法はアメリカのネィティブ・アメリカンやオーストラリアのアボリジニに対する政策と同様のものである。自分達の言語を禁じられ，伝統的な文化や言語は卑しいものと教えられ，マジョリティの文化に同化させられるものであった。「人種」が違うということで調査の対象となり，先祖の墓が掘り起こされ伝統的な儀式に用いる品とともに遺骨がミュージアムに展示されたり，大学の研究機関に保管されるようになった。アメリカでは1990年代半ばに遺骨の返還が法令として定められたが，日本ではまだ返還がされていないところもある。他者をどのように見るのか，そのまなざしの力関係が表れている。

強制的に寄宿学校に送られ，同化政策の教育で育てられた子どもたちは，地元に戻った時には伝統的な価値観や言語を親族とも共有できず，一方では主流社会からの差別を受け，アイデンティティや自尊心の喪失の中で生きていく状況に置かれた。固有の伝統や言語を取り戻す動きはあるが，同化政策のもとで教育を受けた世代は，「隔離された世代」や「文化喪失世代」と言われ，文化の継承の空白の世代を経て言語や価値観を復活させるのは簡単なことではない。

民族権利回復運動から「旧土人保護法」が廃止されたのは21世紀直前の1997年であった（神元・稲垣，2008）。アイヌ文化研究者であり，アイヌ民族として初めて国会議員になった萱野茂は「言葉を奪われた者の悲しみはわかりませんよ。よく言うけど，足を踏まれた者は痛さはわかるけど，踏んだ者はなんぼしても痛さはわからん。言葉を奪われたことのある者であるがゆえに，その言葉の大事さは人一倍わかるわけさ」と同化政策の苦しみを表現している[2]。

5．日本社会における人種，民族の捉え方

人種差別というと日本では主にアメリカ合衆国の黒人差別を考える傾向が一般的にある。パンデミックの影響で海外において日本を含めてアジア系への差別のニュースが伝えられるようになると，見た目による人種差別が他人事ではないことに気付かされる。しかし，人種差別というと，どこか海外で起こることであって日本社会のことではないと考える人も多いのではないだろうか。戦後の日本社会では戦前の混合民族論から単一民族論へと方向転換をしていった（小熊，1995）。高度成長期の頃から海外からも戦後復興期からの経済発展に注目されたことも重なり，いわゆる「日本人論」が広まることとなった。西洋とは違う何か特別な精神を持ち，高度経済成長を遂げた日本人の本質を解明しようというものである。「民族」の定義を曖昧にしながらも，日本人は日本語を話し，日本文化を共有しているという前提があることから，単一民族ということが国の力となっているような言説が広まっていくことになる。今日でも「日本は単一民族」という表現はできないことはわかっているが，それでも「他の国に比べて」，「比較的」というように限定をしながら引き続き使われている。公の場での「単一民族」発言は21世紀に入ってもたびたび報道され，発言に対する謝罪も繰り返されているが，なに

2　NHK ETV特集「ある人間（アイヌ）からの問いかけ～萱野茂のメッセージ～」2006年7月22日

をもって「民族」としているのかが曖昧なままにされている。

民族や人種は変化する「現象」とスチュアート（2002）は述べている。その意味は生物学的な見地や普遍的な条件のもとに分類されている概念ではなく，その時代の政治や社会状況によって便宜的に創造されている。ゆえにその時代や状況により内容的にも言葉のニュアンスも変化してくる（スチュアート，2002）。しかし，この「単一民族」発言が今日でも繰り返されるのは，外見が「日本人」のようであり，日本で生まれ育ち，日本語を話し，日本の習慣を理解している，という考え方が根底にある。

日本社会で民族が日本人と同義で使われている時には，文化や言語を共有しているのであれば，同じ民族だという考え方もある。そうすると，社会のマジョリティにより歴史的に同化を強制されてきた人々の存在を消してしまうことにもなる。例えば，台湾や朝鮮・韓国，その他のアジア系や日系人など外見からは「日本人」と見られる人々である。戦前から日本に移り住んだ人々，いわゆるオールドカマーは，状況はさまざまではあるが，日本への同化を余儀なくされたケースが多い。2 世，3 世となると日本社会で生きるために帰化を選ぶ人も多いことから国籍の面でも全体的な数の減少が見られる。このような背景を持つ人々は時には「2 世，3 世」として差別を受け，時にはマイノリティとしては不可視化されることもある。また，アイヌ民族や沖縄の人々も同化を強いられ，住居や就職においても差別の実態はあるが，日本語を話す，日本名である，ということから人種差別とは捉えられていない。アイヌ民族の人口は減少の一途であるが，差別を避けるために敢えて自認をしない人々がいる現状は見逃されている（朝日新聞，2008）[3]。

また逆に，日本で生まれ育ち，文化を共有していても，見た目が違うことで社会では日本人として見なされない場合もある。1980 年代以降からはアジアからの労働者，南米からの日系人労働者や中国からの残留

3　北海道では，「アイヌ生活実態調査」を数年ごとに実施しているが，アイヌを名乗り調査に協力する人が減ったことから，実際の人口が大幅に減少しているような印象を与えることが，懸念されている。

孤児とその家族の帰国が増えていった。このころからオールドカマーに対してニューカマーの定住化が増加していった。そして，グローバル化に伴い，さまざまな出身国の人々の定住がすすみ，外国にルーツをもつ子どもたちも増えていった。日本で生まれ育ったが，見た目が違うことからいじめの対象になったり，自分自身が考えるアイデンティティを周囲が認めてくれず，虐げられていると感じる場合もある。ミスユニバース日本代表に「純粋」の日本人ではないということで批難の声が上がったり，苗字がカタカナで登録されていたので，就職説明会の参加を断られたというケースも記憶に新しい。伝統的習慣による外見の違いもさまざまな場面で見られる。世界先住民会議のため来日をしていたマオリ族の代表が伝統的な顔にある入墨のため訪問先の宿泊施設で入浴を断られたことで，日本社会に先住民の伝統文化の受け入れを求めた例もある。街中においてもドレッドヘアーをしている男性が職務質問を受けたときに，外見からドラッグを持っていると疑われたことが問題になったが，見た目による差別は人権の侵害にもつながる（國﨑，2008）。さまざまな形で自分達とは違うカテゴリーに人を当てはめ，差別をすることは常に行われている。現代社会では，人種，民族，国籍のみならず，ジェンダーや階級などとの交錯からさまざまな差別が形成されている。そして，人種とジェンダーの交錯（インターセクショナリティ[4]）では女性の方が男性よりも収入や教育年数などで低いことが報告されている（竹沢・ショブ，2002）。日本における人種主義では，一つのカテゴリーだけではなく複数のカテゴリーが関連している場合が多い。

6．多文化共生におけるアイデンティティ

多文化共生という言葉が使われ始めてから数十年が経つが，なぜ新たな形での人種主義が定着しているのであろうか。心理学における認知か

4　インターセクショナリティについては詳しくは第8章参照。

ら差別に至るプロセスは第8章で説明されている通りであるが，コミュニケーション学者のホール（1998）は日常生活で起こりうる偏見をその原因と感情から五つのタイプに分類している。その中には「自分は道徳的には正しい。相手が間違っている」，「自分は社会の一員として真面目に働いているのに，恩恵だけを受けている集団がいる」，「相手は良い人だけれども，家族や社会が（相手に対して）よく思っていない」などがある。このように考えてみると，ステレオタイプから偏見につながる心理状態は日常生活で誰もが意識的・無意識的に経験していることであると言える。相手が社会の中でどのように位置づけられているのか，それに対して自分の帰属する集団をどう見ているのか，周囲の社会的な評価に影響されているのである。

自分が所属する集団の社会的評価は自己肯定感にも影響をする。社会的に自分が所属する集団を優れていると考えることで，自己肯定感が育まれポジティブなアイデンティティを持つ。自分の所属集団が他者からどのように捉えられているのかも自己肯定感に影響をし，社会生活や個人の健康に影響を及ぼす。自分の所属している集団が社会的に差別を受けている場合，それが原因の一つとなり精神疾患や健康寿命が短くなることも報告されている（Aguirre & Turner, 2008）。また，自身の所属アイデンティティに対するネガティブなステレオタイプがステレオタイプ脅威として心理的に影響を及ぼし，学習へのモチベーションや成績に影響することがさまざまな研究で判明している（スティール，2020）。少数民族の権利回復は国連やサミットの実施により日本でも次第に進められているが，アイヌ民族の女性は，自分がアイヌだと声を出して言える社会になってほしいと言う（神元・稲垣，2008）。自分の文化的なアイデンティティが社会では差別の対象になっている，自分の考える自身のアイデンティティや価値観が周囲から否定される，などアイデンティティと社会での生きづらさは密接に関連し，生活全般に影響を及ぼす。自分が思うアイデンティティを社会が受け入れ，お互いに尊重しあうことが多文化共生では必要になってくる。

なぜアイデンティティの尊重が必要となるのか，社会のマジョリティとして生きている人々には分かりにくいこともある。「自分らしく生きればいい」，「人のことなど気にすることなどない」，「自分はそれほど気にしない」という見方もあるが，マジョリティがアイデンティティを意識することがないのは，自分の価値観が社会の規範と一致しているからである。一方で，マイノリティの人々は幼いころから違いを周囲の人々の言動により意識させられることにより，自身のアイデンティティについて考えることになる。その違いが社会的にネガティブな評価であれば自尊心へも影響をする。

筆者の授業の受講生で，名前は漢字の一般的な名前だが，見た目が色白で彫りが深い顔立ちをしている学生がいた。アイデンティティと偏見についての話をしている時に，自身の経験を共有してくれたことがある。顔立ちからよく「英語で話してみて」と言われることが多かったと言う。それを言われるのが嫌で，小学生の頃から「自分は日本生まれの日本人で両親も日本人。日本語しか話せない。」と言っていたそうだ。しかし，次第に「自分は日本人」と言い切ることでイギリス人の祖父の存在を否定しているようで，罪悪感を感じていたそうだ。彼にそう言わせてきたのは，「日本人」と言わなければいろいろな問題につながることが予測でき，自分の中にある複雑なアイデンティティを誰もわかってくれない，という思いがあったからである。大学に入り，他にも同じような複雑なアイデンティティを持っている学生と経験を共有することができたり，それを理解しようとする学生と出会えたことで初めて話をすることができ，自分のアイデンティティにも誇りをもてるようになり周囲との関係性も良くなったと話していた。また，在日3世のある女性は日本で生まれ育った自分は「日本人」であると20数年間，疑う余地もなかったという。心も日本人であるけれども，どこかに韓国の文化を継承しているのであれば，これからはそれも維持していきたいという。人から「在日」か「日本人」かと言われることに戸惑うこともあるが，両方持っていても良いのではないかと考えられるようになったという。そして，時と場合により「日本人」であったり「ミックスルーツ」であったり，自分の名乗るアイデンティティを変えていくことが柔軟に受け入れられると気が楽になるという。

日本社会において「日本人」と「外国人」とを区分する二分法は深く日本社会に浸透している。多文化共生社会においては，何をもって「日本人」としているのかを問い直す必要がある。マジョリティとしての白人性を問うオミとワイナントの人種的形成（racial formation）の概念を援用しながら松尾（2010）は社会的に構築された日本人について次のように述べている。

> 日本人の意味というものは，可変であり不安定であるにもかかわらず，日本人の特権や規範は，生成され，形を変え，維持されている。日本人性の解明にあたっては，こうした日本人性という意味の形成・変容のプロセス，あるいは，その機能を問題にしたい。（松尾知明「問い直される日本人性―白人性研究を手がかりに」p. 196）

歴史的に人種主義や国民国家政策において民族アイデンティティを利用して「われわれ」と「他者」を排他的に捉える考え方が広まっていったが，現代ではさまざまな文化アイデンティティがあり，それぞれに優劣があるものではない。また，伝統的文化や言語を維持しているマイノリティが民族的アイデンティティと国民的アイデンティティの双方を持つことも可能である（スチュアート，2002)。

外見が「日本人」と違うと目立つだけでなく，既存の規則に沿わないことも多い。髪の質や髪型，伝統的な入墨やピアス，などを規則に当てはめ排除していくことはできない。ネィティブ・アメリカンの男性研修生を受け入れた大手企業の指導担当者は，上層部から研修生の長髪についてなんとかするように，と指摘を受けたが，「彼の文化だから」と言って擁護をし，そのまま受け入れたという。しばらくは上層部や周囲から批判的なコメントが続いたそうだ。しかし，社員旅行で長い髪を丁寧にドライヤーで乾かす研修生に周囲の方が慣れていったことを話してくれた。この担当者のように保守的な組織に対抗する行動を取ることには勇気がいる。会社や学校で「規定だから」と一方的に言うのは簡単であるが，相手の立場に寄り添う行動を一人一人が意識できるかどうかが変化をもたらす。

社会背景や交流する人々，自分自身のライフステージにより人々のアイデンティティも変化していく。ニューカマーと言われる南米からの移住者も定住し，すでにその子どもたちが定住している場合も増えている。社会学者のイシ（2019）は，日系ブラジル人3世やブラジル出身の日系人という呼び方よりも在日ブラジル人1世と名乗ることを選んでいる。日本社会の一員として認識してもらうよう意識しているそうだ。定住している移民の中には，同じ家族であっても，移住した時の年齢により，それぞれのアイデンティティの捉え方も違う。「移民」や「〜何世」と一括りにはできない複雑なアイデンティティがある。まず，何をもって「日本人」としているのか，そして「日本人」のカテゴリーに当てはまらない人を「他者」として一般化しすぎていないかをマジョリティが認識することが重要である。

これからの多文化社会を考える上で重要になってくるのは，人種やエスニシティ，民族の概念がどのように社会で使われているかを個人レベルから社会レベルでも考えていくことである。これらの概念を用いることでどのような力が社会構造の中で働き，誰が疎外されているのかをよく見ていく姿勢が問われる。そして，社会においてそれぞれが考えるアイデンティティをお互いに尊重していくことが多文化共生には不可欠である。

7. まとめ

人種概念は科学に基づいた普遍的な事実ではなく，歴史上恣意的に作り上げられた概念であることがわかった。人種概念の特徴として竹沢(2005) は次の三つの特徴を挙げている：1）人種的資質とされる「遺伝」や出自によるもので容易に変えることができないものだと信じられていること；2）自己と他者との区別をし，排他性の傾向があること，そして，集団間では序列階梯が想定されること；3）排他性や序列階梯は社会制度や資源へのアクセスと結びついているので，偏見やエスノセントリズム（自民族中心主義）にとどまらず，組織的な差異化で利害と結びつきやすいこと。人種という実際には存在するはずのない概念が人々の意識に組み込まれ，「わたし・わたしたち」と他者を明確に区別している。日本社会において人種主義に対する認識はまだまだ低いが，マジョリティとしての「日本人」と他者を分けるときに文化的人種主義をさまざまな場面で確認できる。多文化共生を考える上で，マジョリティ・グループが社会の常識としているのは何か，他者のアイデンティティを考える時に一括りの集団として偏見をもって一般化していないか，個人のアイデンティティを尊重できているか，を考えていくことが重要である。

1．他の人に対して，どのようなカテゴリー分けをしているのか振り返ってみよう。それは何を基準にして，どこからそれを得たのかを考えよう。
2．日本社会において「文化的人種主義」や「構造的差別」はどのような形で表れているかを考えてみよう。

邦文引用文献

朝日新聞（2008.6.7）「尊厳回復高まる期待」朝刊13版，2。

東優也・中山京子（2020）『「人種」に関する認識』中山京子・東優也・太田満・森茂岳雄（編著）「『人種』『民族』をどう教えるか：創られた概念の解体をめざして」（pp. 56-71）明石書店。

イシ，アンジェロ（2019）「移民をチーム日本に迎えるには：『在日ブラジル人1世』の提言」https://webronza.asahi.com/journalism/articles/2019051700007.html

ヴィヴィオルカ，M.（2007）「レイシズムの変貌：グローバル化がまねいた社会の人種化，文化の断片化」森千香子（訳）明石書店。

エリクセン，T.H.（2006）「エスニシティとナショナリズム：人類学的視点から」鈴木清史（訳）明石ライブラリー。

小熊英二（1995）『単一民族神話の起源』新曜社。

長志珠絵（2019）「近代日本の人種・人種化論と『国際結婚』言説の変容」人文學報114：171-186。

神元敦史・稲垣直人（2008）「尊厳回復高まる期待」朝日新聞2008年6月7日。

國﨑万智（2022）「“ドレッドヘアー”理由に薬物所持を疑う。人種めぐる職務質問6件，警察庁が調査『差別的な意図ない』」HUFFPOST 2022年3月16日8時0分。https://www.huffingtonpost.jp/entry/story_jp_622f0341e4b0e01d97ad69e8

国際連合広報センター「人種主義」
https://www.unic.or.jp/activities/humanrights/discrimination/rocal_discimination/

塩川伸明（2022）「民族とネイション：ナショナリズムという難問」第22版　岩波新書。

スティール，C.（2020）「ステレオタイプの科学」（藤原朝子訳）英治出版。
スチュアート，ヘンリ（2002）「民族幻想論：あいまいな民族　つくられた人種」解放出版社。
スー，D. W.（2021）「日常生活に埋め込まれたマイクロアグレッション」（マイクロアグレッション研究会訳）明石書店。
竹沢泰子（2005）『人種概念の普遍性を問う―西洋的パラダイムを超えて』人文書院。
竹沢泰子・ショブ，J.-F.（2022）「序論―非英語圏からの共同発信の試み」竹沢泰子・ショブ，ジャン＝フレデリック（編）『人種主義と反人種主義：越境と転換』（pp. 1-17）京都大学学術出版会。
平野千果子（2022）「人種主義の歴史」岩波新書。
松尾知明（2010）「問い直される日本人性―白人性研究をてがかりに」渡戸一郎・井沢泰樹（編著）『多民族化社会』明石書店。

英文引用文献

Aguirre, A. Jr. & Turner, J. H. (2008). *American Ethnicity : The Dynamics and Consequences of Discrimination*. New York, NY : McGraw-Hill.
Hall, B. J. (1998). Narratives of Prejudice. *Howard Journal of Communication*. 9(2). 137-156. Taylor & Francis.
Martin, J. & Nakayama, T. (2001) *Intercultural Communication in Contexts*. McGraw-Hill.
Panofsky, A. & Donovan, J. (2019). Genetic ancestry testing among white nationalists : From identity repair to citizen science. *Social Studies of Science*. 49(5). 653-681. Sage.

10 日本で暮らす外国につながる人々とコミュニケーション

根橋玲子

《目標＆ポイント》 本章では，なぜ日本で外国につながる人々が増えているのか，どのような外国につながる人々が暮らしているのかを，在留資格の枠組みから説明する。また，外国につながる人々の受け入れの経緯について概観する。彼／彼女らと共に生活する社会で，どのようなコミュニケーションが人々をつなげているのだろうか。
《キーワード》 在留資格，技能実習，高度外国人材，永住者・定住者，やさしい日本語

1．外国人住民増加の背景

そもそもなぜ日本では外国人住民が増えているのであろうか。日本の少子高齢化が警鐘されてから久しい。これに呼応するように外国人住民が増えている。図 10 - 1 は，厚生労働省が示した日本の人口推移である。おそらく本章をお読みの皆さんも，どこかで目にしたことがあるだろう。ここからも，少子高齢化が戦後着実に進行し，その傾向は今後も続くであろうことが読み取れる。しかも合計特殊出生率が現在よりも少し高めの 1.44 を維持したとしても，である。人口が減少し，比例して生産年齢人口が減ることは，すなわち社会の働き手が減ることである。生産が減り，消費が減れば市場は縮小の一途となる。出生率が上がらない社会で，生産年齢人口を増やすには方法は一つしかない。外から来てもらうことである。これが，冒頭の質問への回答でもある。

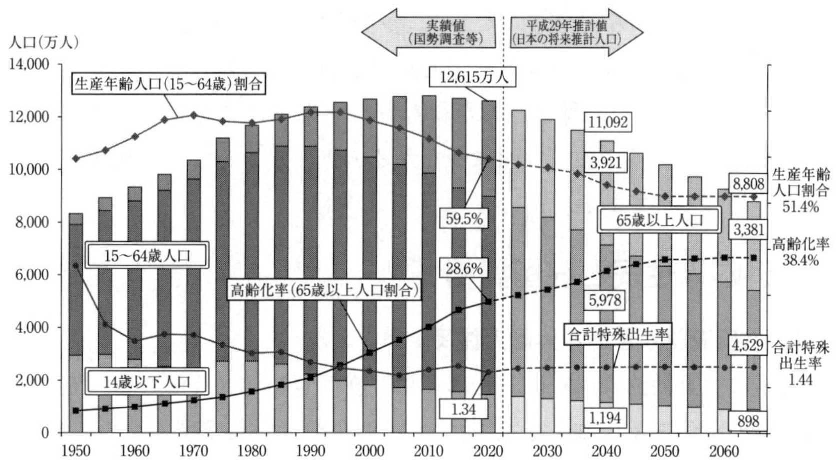

(出所) 2020年までの人口は総務省「人口推計」(各年10月1日現在) 等，合計特殊出生率は厚生労働省「人口動態統計」，2025年以降は国立社会保障・人口問題研究所「日本の将来推計人口（平成29年推計)」(出生中位（死亡中位）推計)

(注) 厚生労働省「我が国の人口について」より転載

図 10－1　日本の人口の推移

本章では，増加する「外国につながる人々」とのコミュニケーションについて考えていくが，まず「外国につながる人々」と「外国人住民」との違いについて述べておく。まず「外国人住民」であるが，日本の国籍を保有しない者のうち「中長期在留者」「特別永住者」[1]「一時庇護許可者又は仮滞在許可者」「出生による経過滞在者又は国籍喪失による経過滞在者」を総称したものである（阿部，2020)。本章が依拠する政府が発表している統計指標等は，「国籍」が基準になっている。つまり，これが明らかにするのは「外国人住民」[2]についてである。しかし，「外国につながる人々」は籍が外国にある人々にとどまらない。既に日本に帰化をしている人，自分は日本国籍だが両親もしくは親の一方が外国籍の

1　特別永住者とは，「植民地支配に由来して在日する人々とその子孫に交付される」資格を指す（中島，2022，p. 113)。

2　総務省の統計で用いる「外国人住民」に対し，法務省は「在留外国人」を使用する。本章では，法務省の統計データも用いるが，総称として「外国人住民」で統一する。

人，日本国籍だが外国育ちの人等々，多様な背景の人々を包摂している。残念なことにこのような人々を含む統計資料はほとんどない。そこで本章では，「外国籍」を対象とした統計資料を用いることにするが，その周囲にはさらに多くの「外国につながる人々」がいることを想像していただければ幸いである。

2. 外国人住民と在留資格

2.1 在留資格からみる外国人住民

日本に中長期的に滞在するためには，在留資格が必要となる。在留資格は出入国管理及び難民認定法，いわゆる入管法が規定するものである。在留資格には，「居住資格」と「就労資格」の大きく2種類がある。「居住資格」は，永住者や定住者，またその配偶者（日本人の配偶者もこの分類に入る）といった，身分に基づく資格である。これに対して，「就労資格」は，どのような仕事をするのかによって細分化されている。例えば，大学などで教育活動に従事する人は「教授」，医療資格を持ち，医療活動に従事する者は「医療」，介護に携わる資格を持ち，介護に関わる業務に従事する人を「介護」とするなど，仕事内容により決定される（出入国在留管理庁 HP）[3]。「居住資格」が就業の制限や滞在期限がないのに対し，「就労資格」は，その資格での仕事がある限りにおいて滞在が認められるものであり，言い換えれば，滞在を可能にしていた仕事を失うと在留資格も失うことになる。

それでは，日本にはどのような在留資格でどのくらいの人数の外国人住民が暮らしているのだろうか。在留資格別の推移をみてみよう。図10 - 2からわかるように，外国人住民数は，約30年間増加の傾向にある。1994年には約135万人だったのが，2022年には約300万人となっており，倍以上となっていることがわかる。途中人数の減少傾向が見ら

3　在留資格はたびたび改定されているので，最新の枠組みについては出入国在留管理庁のホームページを参照いただきたい。

れた 2008 年から 2012 年のデータの間には，世界金融危機（2008 年）および東日本大震災（2011 年）があり一時的に減少したものの，その後回復している。図 10 - 3 は，在留資格別の人数で代表的な在留資格を 10 年間分経年比較したものである。コロナ禍の影響があったとはいえ，増加傾向が続いている。

まず，2012 年時点で「その他」を除くと最も多かったのが「永住者」（62 万 4,501 人）である。次が「特別永住者」（38 万 1,364 人）である。次に「技能実習」（15 万 1,477 人），「留学」（18 万 919 人），「技術・人文知識・国際業務」（6 万 9,721 人）と続く。2022 年時点では，最も多いのは「永住者」（94 万 5,692 人）であるが，続いて「技能実習」（32 万 7,689 人），「技術・人文知識・国際業務」（30 万 45 人），「特別永住者」（29 万 2,702 人），「留学」（26 万 767 人）となっている。これら 5 つの資格のうち，「居住資格」にあたるのは「永住者」のみで，「特別永住者」[4]を除くと，残る「技能実習」「技術・人文知識・国際業務」は「就労資格」である。実際に，日本で働く外国人住民は増えている。「留学」は就労ではないのではないかという疑問を持たれる方もいるだろう。「留学」資格者は，申請が認められれば一定の時間[5]を「資格外活動」という名目で働くことができる。近年，日本への留学が実は就労が目的というケースが増えているという指摘もあり，かつ，この留学生の資格外労働がなくなると経営困難に陥るという業種もあり，「留学」資格は，必ずしも就労を伴うものではないものの，就労と深く結びついているとも言える。また，「留学」資格者が，教育機関を卒業後，日本で就職するケースも増えており，特に大学や専門学校などで学んだ者は，その後「技術・人

4　「特別永住者」は，「永住者」と異なり，在留資格とは別に設けられている資格である。

5　2022 年時点では，1 日 8 時間以内，週 28 時間以内の労働が認められている（出入国在留管理庁 HP
https：//www.moj.go.jp/isa/applications/procedures/nyuukokukanri07_00003.html）。

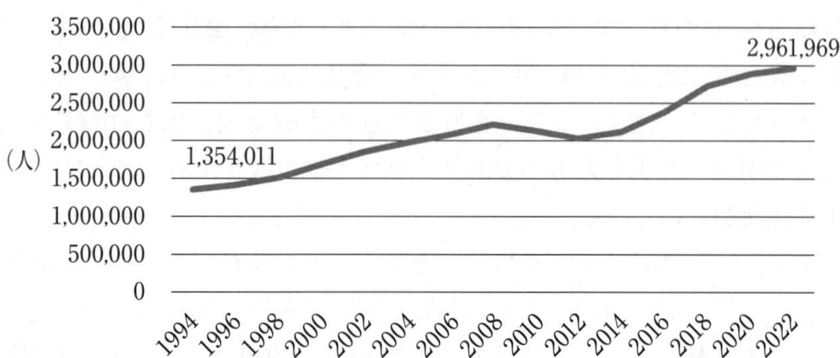

(注) 出入国在留管理庁「在留外国人統計」を基に筆者作成

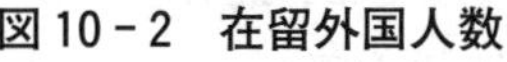
図 10－2　在留外国人数

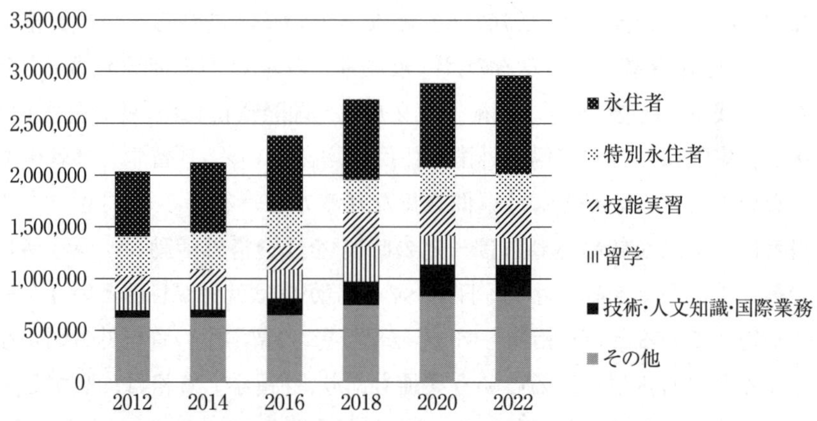

(注) 出入国在留管理庁「在留外国人統計」を基に筆者作成

図 10－3　在留資格別外国人数

文知識・国際業務」等の資格に切り替え，日本で働くこともある。

全体が増える中で，「永住者」，「技能実習」，「技術・人文知識・国際業務」は増加の一途である。「留学」は順調に増えてきていたが，コロナの影響により 2020 年には減少に転じている。そしてさらに減少傾向が顕著なのが，「特別永住者」である。減少の理由としては，帰化と高齢化が指摘される。日本への滞在が世代を超えて長引く中で，差別などを理由に日本人に帰化する者も多いという。また，「特別永住者」はいわゆる「オールドカマー」と言い換えられることもあるが，新規に来日する「ニューカマー」[6]とは異なり，日本人住民同様，少子高齢化により自然減に転じていると言えよう。

2.2　在留資格と労働

在留資格は，日本が国としてどのような資格の外国人を受け入れたいのかという意志の表れともいえる。これまでの外国人の受け入れで，大きな転換点となったのが 1989 年に行われた入管法の改正（1990 年施行）である。日本にルーツを持つ日系人の受け入れを促進するために，「定住」という資格が設置され，主に南米に居住する日系人の受け入れが盛んに行われた。また近年（2019 年）では，「特定技能」という新しい資格が設置され，これまで表立って認められたこなかった単純労働の分野において，正式に外国人を雇うことが可能になった。この「特定技能」は，人手不足が深刻な状況にある分野に限り，一定の専門性・技能を有し即戦力となる外国人を受け入れることを目的としたもので，「特定技能 1 号」及び「特定技能 2 号」がある。「1 号」が通算 5 年までの滞在が可能であるのに対し，「2 号」には制限がない。また「2 号」では，家族の帯同も用件を満たせば可能である（出入国在留管理庁，2022）。1989 年の改正では，変則的な受け入れとして，日系人であることを理由に労

6　以前から日本に定住している「オールドカマー」に対して，1970 年代後半頃から来日し定住する外国人住民を「ニューカマー」と呼ぶ。

働者を受け入れるという形だったのが，2019 年の改正により正規の手段となったのである。これはつまり，日本が移民の受け入れに舵を切ったことの証左であろう。

このように，日本では在留資格を調整弁として，どのような資格の人に，どのくらいの人数の入国を許可するかが決定されている。外国人住民の出入国については，国に決定権があるが，受け入れた外国人住民については主に地方自治体が主導して対応にあたってきたのが実情である。次節では，地方自治体がどのように外国人住民に対応してきたかをみてみよう。

3．地方自治体の取り組み

本節では，外国人住民への政策の変遷を，（1）戦後から入管法の改正（～1989 年），（2）バブル崩壊からリーマンショック[7]まで（1990 年～2008 年），そして（3）それ以降（2009 年～）の大きく 3 つの時期にわけて概観する。日本の外国人住民に関する対応は，主に経済的な理由から推進や揺り戻しが続いている。その中でも，1989 年に改定された入管法は，現在の流れを作る大きな転換点となった。また，2008 年に世界同時に発生した金融危機は，日本人を含め，多くの外国人住民の生活基盤を揺るがした出来事であった。そこで，この 2 点を区切りとして，3 つの時期に分けることとしたい。

3.1　戦後から入管法の改正（1945 年～1989 年）

この時期は，日本が第二次世界大戦で敗戦国となり，それにより戦時下で日本国民として在住していた主に旧植民地出身者が「外国人」となった時期，またそんな彼らが日本での権利を回復していく過程と重なる。例えば，1970 年の日立裁判は，就職差別を引き金にした在日コリ

7　リーマンショックは 2008 年に倒産したリーマンブラザーズを象徴とする世界金融危機を指す。

アンの社会運動であった（脇坂，2016）。また，1982 年には，国民年金法の国籍要件が撤廃された。それまでは，国民年金は国民のみに適用されるものとして，外国人住民は対象から外されていた（後藤，2013）。またこの時期には，国際的な動きにも連動して，国際人権規約を批准（1979 年）したり，女子差別撤廃条約に署名（1980 年）したりしたほか，難民条約に加入もしている（1981 年）。難民条約加入の前には，インドシナ難民の受け入れがあったことも明記したい。それまで難民は受け入れないという日本の姿勢に海外からの批判が高まったこともあり，日本近海に流れ着いたボートピープルを保護するという人道上の対応にも迫られ，日本は難民の受け入れに舵を切った。また，同じく 1981 年には，中国帰国者[8]の受け入れも本格化した。この当時の日本では，外国人住民と言えば，朝鮮半島にルーツを持つ者が多かったが，インドシナや中国などからも人々が移り住んできた。また，1983 年にスタートした「留学生 10 万人計画」では，国際化の流れに乗り遅れまいと，留学生を大幅に増やす計画が立てられた。また，1987 年に始まった JET プログラムでは，英語教育に携わる英語使用国からの若者の受け入れが始まり，日本全国の自治体に派遣された。

このように，戦後は日本が国として立て直しを図り，他国に足並みを揃えるために国際的な取り決めを批准し，少しずつ他の国に門戸を開いていった時期であると言えよう。自治体としての動きは，旧植民地出身者が多く住む地域を中心に，市民的権利保障の観点からの取り組みが始まった時期でもある。上記にも挙げた，国民年金法などの社会保障制度の国籍要件を撤廃し，彼らにも日本国民とほぼ同等の待遇が付与された。1987 年には，地方公共団体における国際交流のあり方に関する指針が発せられ，1988 年には「国際交流のまちづくりのための指針」，1989 年

8　中国帰国者とは「一般に 1945 年の敗戦前後の混乱で中国大陸に取り残され，72 年の日中国交正常化以降，主に 1980～2000 年代に帰国した邦人とその家族」を指す（安場，2022，p. 92）。

には「地域国際交流推進大綱の策定に関する指針」が策定された。外国人については，この頃は主に地域の活性化を目指した国際交流の一環として捉えており，依然として住民であるという認識が弱かった（山脇，2008）。とはいえ，高度経済成長期とも重なるこの時期は，日本が「出移民国」から「入移民国」に転換した時期でもあった。経済成長に伴う労働力不足を背景に，新たな外国人住民が増加し，自治体はその対応に迫られるようになったのである。そこで国は，入管法の改定という大きな転換点を迎えることになる。

3.2　バブル崩壊からリーマンショックまで（1990年～2008年）

この時期以前，日本は高度経済成長に伴う労働力不足が続いていた。これにより超過滞在者の就労が増加したことも大きな問題となっていた。このため1989年には入管法が改正され，外国人，特にブラジルを中心とした南米に暮らす日系人およびその子孫を対象に，在留資格が緩和されることとなり，その数が急激に増えた。日系人には「定住」の資格があったため，就労上の制限はなかったものの，多くが短期的な滞在の予定で製造業の工場などで勤務し，単純労働に従事した。しかし，一部の人々の滞在は次第に長引いていった。彼／彼女らが多く住むコミュニティ内での日本人住民との軋轢や子どもたちの教育などの問題が顕在化していったのもこの時期である。特に，これら多くの外国人住民が，日本語に不自由があったり，子どもたちが言語や慣習の違いにより不登校・不就学の状態にあったりするなど，困難に直面していた。一方で，1993年には技能実習制度が始まり，こちらも技術移転という名目のもとに，中国やのちにはベトナムなどのアジア諸国からの労働力を短期的に受け入れ，その数は年々増えていった。増加する外国人に対して，国としては，自治省（当時）を中心に「内なる国際化の現状と課題報告書」

(1995年) をまとめたり,「地域国際化協会等先導的施策支援事業」(1998年) が開始されたりするなど, 一定の取り組みがなされた。一方自治体は「外国人集住都市会議」(2001年) や「多文化共生推進協議会」(2006年) などをスタートさせた。これは多文化共生に取り組む地方自治体のネットワークで, 外国人の多い自治体が参加して設立したものである。これらの取り組みから政策提言がなされていった (山脇, 2022)。

また, ここで出てきた「多文化共生」ということばは, 2006年に総務省から出された「地域における多文化共生の推進に向けて」で使用されたもので, これ以降日本の多様性推進を表すことばとして定着してきた。また, 初めて「生活者・地域住民としての外国人」という視点が打ち出された (山脇, 2008, p. 8)。しかし, これらの活動も2008年に勢いが弱まることになる。リーマンショックにより, 外国人住民が減少したのである。

3.3　2008年以降

2008年に起きたリーマンショック, また2011年の東日本大震災により, 外国人住民数はいったん減少した。これらのできごとは, トランスナショナルな存在として, 国境を軽々と超えて行き来する人々と思われていた外国人住民が, 実際はリストラの対象になったり情報弱者であったりと, 脆弱な部分を持つことを改めて示した。

しかし, 2008年に発表された「留学生30万人計画」は再度増加に転じる契機となった。この「留学生30万人計画」により, 学生である間は資格外労働で, そして卒業後は高度外国人材として日本への定着が期待される留学生が増加した。再び増加する外国人の受け入れについて, 2019年には「日本語教育の推進に関する法律 (日本語教育推進法)」が制定された。また「特定技能」の資格も創設された。2020年には, 2006

年に提唱された「多文化共生推進プラン」が改訂され，在留外国人センターが開設されるなど，新しい時代に向けた取り組みが始まったが，奇しくも，2019 年に始まった新型コロナウィルスの世界的感染拡大は，外国人の流れを遮ることになった。

この時期に注目されたのは留学生である。日本で言語や文化，慣習などを身に着けた留学生が日本で就職し，定住することを期待したのである。これには，3.2 で述べた日系南米人の時の課題があるものと思われる。つまり日本語を修得することの重要性がますます認識されるようになったのである。また「特定技能」の創設は，正規労働者として単純労働の分野でも外国人を受け入れるという実質上の移民政策として，今後が注目される制度である。

ここまで，外国人住民に対する日本のこれまでの歩みを眺めた。日本の政策は，まず「現状ありき」で進んできたと言えるだろう。外国人住民が増えた自治体で対応が進み，それが共有され，また課題が明らかになることで，国が動いてきたという実態がある。ここから先，日本社会は人口減少局面が続く。世界的にみても先進諸国では労働力が不足し，優秀な人材は取り合いが起こるのは目に見えている。そのような状況で日本は国として，どのようなビジョンを持って文化的に多様な人々とともに暮らす社会を構築していくのだろうか。また私たち市民にとっても，「外国につながる人々」は遠く離れた存在ではない。少し周りを見渡していただきたい。あなたの住むコミュニティにも少なからず外国につながる人々が暮らしているのではないだろうか。もちろんこの章をお読みのあなた自身もそうであるかもしれないし，あなたのご家族にそのような背景を持つ人がいるかもしれない。同じコミュニティの一員という視点は，これからさらに重要性を増すのではないだろうか。次節では，ともに暮らすコミュニティの成員として私たちに何ができるのかを考える。具体的には，「やさしい日本語」という取り組みの可能性について論じる。

4．やさしい日本語がつなぐ社会

「やさしい日本語」とは，日本語を簡略化する試みである。日本語には，話し言葉と書き言葉の乖離や敬語や婉曲表現の複雑さなど，日本語学習者にとっての難しさがあると言われる。また役所などで使われる難解な表現は多くの日本人にとってさえ容易ではない（山本，2020）。1995年の阪神淡路大震災では，復興時に日本語に不自由のある人々が情報弱者となった。これをきっかけに減災および情報提供を目的とした「やさしい日本語」の取り組みが進んだと言われる（庵，2019・2020）。庵（2020）から，例をとって説明しよう。阪神淡路大震災時に次のような掲示があったそうだ。

「容器をご持参の上，中央公園にご参集ください」

これでは日本語が初級レベルの人々にはわかりにくい（庵，2020）。わかりやすくするためにすぐに思いつくのは，漢字にふりがなをふることだろう。

「容器(ようき)をご持参(じさん)の上，中央公園(ちゅうおうこうえん)にご参集(さんしゅう)ください」

どうだろうか。たとえ，ひらがなをふったところで，わかりにくさは変わらないのではないだろうか。そこでこの一文を「やさしい日本語」で言い換えるとどうなるだろう。

「入れるものを持って，中央公園に来てください」

ずっとわかりやすくなることがわかるだろう。

このような「やさしい日本語」は災害時にはもちろんのこと，平時における非日本語母語話者への情報提供手段として注目され，さまざまな分野で用いられるようになっている（柳田，2022）。

非日本語母語話者に対しては，多言語対応，つまりその人々の母語で情報を提供するという考え方がある。駅や公共の場などで，日本語以外の表記（例えば英語・中国語・韓国語）を見たことはないだろうか。これが多言語対応である。この考え方は重要ではあるが，全ての言語に対応することは非常に難しく，緊急事態ではなおさらである。すぐにその言語に対応できるとも限らない。「やさしい日本語」であれば，地域の共通言語として，どのような場でも対応ができるのである。

そして，この「やさしい日本語」は，人々の気持ちひとつで取り組みをスタートできるという利点がある。外国につながる人々に対し，個々人ですぐにでもできるサポートは多くはない。否，実際はいろいろあるのだが，例えばボランティアに登録したり，どこかの団体に所属したりといった手続きを煩雑に思う人も多いだろう。そういう意味では，「やさしい日本語」は誰にでもすぐに取り組めるものである。例えば，「あいまいな表現を避ける」や「一文を短くする」などの変換方法があるが，これでなければならないというものではない。それは，対象となる非日本語母語話者の知識やレベルが多様であるからだ（柳田，2022）。もちろん，若干の知識を予め備えるほうがよいだろう。現在はホームページなどで取り組みを紹介するものや取り組む際に心がけることなどをまとめたものもある。そのような情報を参考に，始めてみてはいかがだろうか。

「やさしい日本語」がつなぐのは，外国につながる人々のみではない。高齢者や子どもたちにもわかりやすい共通言語として，地域をつなぐ言葉になる可能性を秘めているのである。「やさしい日本語」を推進すれば，外国人住民との共生がうまくいくということではない。しかし，市民レベルで取り組めることを始める第一歩が必要なのではないだろうか。

5. まとめ

本章では，外国につながる人々が増加する背景と経緯，また彼／彼女らの在留資格について概観し，自治体や政府の取り組みについてまとめた。外国人住民や外国につながる人々との共生を図るにあたり，日本語がますます重視されていることが明らかになった。これに関し，日本語母語話者は「やさしい日本語」を多用することで共生への一助を担うことが可能となるだろう。

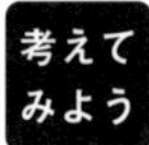

皆さんが住む自治体ではどのような外国人住民への対応がされているだろうか。ホームページなどを調べてみよう。

邦文引用文献

阿部治子（2020）「自治体の外国人住民政策と社会保障」万城目正雄・川村千鶴子編『インタラクティブゼミナール　新しい多文化社会論』（pp. 83-96）東海大学出版部。

安場淳（2022）「中国帰国者・サハリン帰国者」異文化間教育学会編『異文化間教

育事典』（pp. 92-93）明石書店。

庵功雄（2019）「マインドとしての＜やさしい日本語＞：理念の実現に必要なもの」庵功雄・岩田一成・佐藤琢三・栁田直美『＜やさしい日本語＞と多文化共生』（pp. 1-21）ココ出版。

庵功雄（編）（2020）『「やさしい日本語」表現事典』マルゼン出版。

後藤光男（2013）「外国人の社会権と国際人権条約」『早稲田社会科学総合研究科』第 14 巻第 2 号，pp. 25-52。

出入国在留管理庁（2022）「外国人材の受入れ及び共生社会実現に向けた取組」https://www.moj.go.jp/isa/content/001335263.pdf

脇阪紀行（2016）「『共生』の源流を訪ねて：在日コリアンの社会運動と実践から」『未来共生学』3，pp. 89-p. 107。

中島智子（2022）「在日コリアン（韓国・朝鮮人）」異文化間教育学会編『異文化間教育事典』（pp. 113-114）明石書店。

栁田直美（2022）「やさしい日本語」異文化間教育学会編『異文化間教育事典』（P. 228）明石書店。

山本弘子（2020）「日本語教育の役割と今後の課題：外国人受入れと日本語学校教育」万城目正雄・川村千鶴子（編）『インタラクティブゼミナール　新しい多文化社会論：共に拓く共創・協働の時代』（pp. 117-130）東海大学出版部。

山脇啓造（2022）「外国人集住都市会議」異文化間教育学会編『異文化間教育事典』（P. 175）明石書店。

山脇啓造（2008）「日本における外国人受け入れと地方自治体：都道府県の取り組みを中心に」明治大学社会科学研究所紀要，47(1)，pp. 1-13。

11 国際結婚とコミュニケーション

佐々木由美

《目標&ポイント》 本章では，日本人の国際結婚の現状を概観し，彼らのコミュニケーションをめぐる問題を考える。
《キーワード》 日本人の国際結婚，ジェンダー・ロール，言語選択，文化的アイデンティティ，コミュニケーション

1．日本人の国際結婚

1.1 日本国内の国際結婚

日本国内の国際結婚件数は，1970 年に 5,546 件で，全婚姻件数の 0.5% 程度だったが，20 年後の 1990 年には 5 倍の 2.7 万件程度（全婚姻件数の 3.5%）に増え，婚姻 30 組に 1 組が国際結婚となった（篠崎，1995）。その後も国際結婚は増え続け，16 年後の 2006 年には 4.5 万件（全婚姻件数の 6.1%）とピークに達し，日本人の結婚の 15 組に 1 組は国際結婚と推計されていた（大西，2007）。1980 年代以降，日本の全婚姻件数は減少しているが，国際結婚は急増している（曲，2009）。これはグローバル化に伴う国際的な人の移動の活発化により，他国の人との接触機会が増えたことを示す。内閣府男女共同参画局（2021）の資料によれば，近年の日本国内の国際結婚の動向として，夫妻の一方が外国人である婚姻件数と全婚姻件数に占める構成割合は，2006 年の 4.5 万件（6.1%）をピークに減少し，2013 年～2019 年は 2 万件程度（3.5%），2020 年には 1.5 万件（2.9%）となっている（図 11 - 1 参照）。

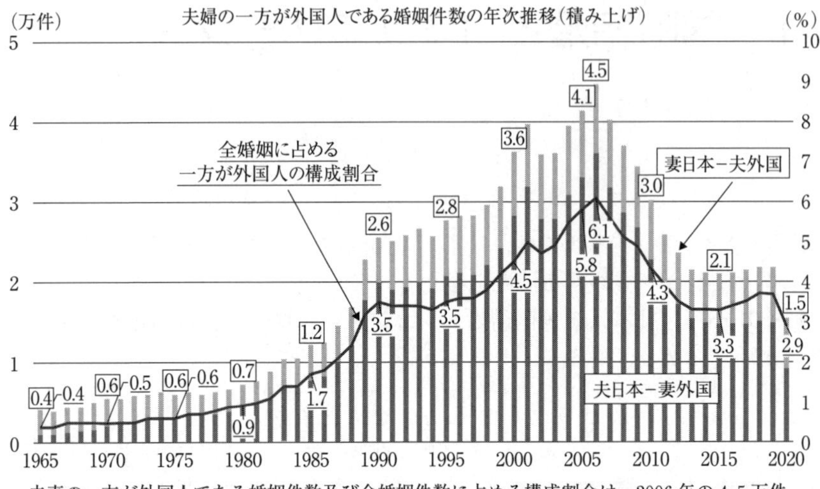

・夫妻の一方が外国人である婚姻件数及び全婚姻件数に占める構成割合は，2006 年の 4.5 万件，6.1% をピークに減少し，近年では約 2 万件，約 3.5% 程度で推移している。

図 11－1　国際結婚の動向（国籍（日本―外国）の組合せ別にみた婚姻①）（内閣府男女共同参画局（2021）より転載）

この国際結婚件数の内訳をみると，そこには顕著な性差がみられる。現在，国際結婚総数の 3 分の 2 は，夫が日本人，妻が外国籍の夫婦である。しかし，このように日本人男性の国際結婚件数が増加したのは 1975 年以降で，それまでは日本人女性の国際結婚件数の方が多かった。男性の国際結婚は，1970 年時点で女性のそれより少なく 2 対 3 の割合だったが，1975 年におよそ 3 対 1 の割合へ変化し（篠崎，1996），2007 年時点で国内の全国際結婚数 40,272 件の内訳は，男性 31,807 件（79.0%）で，女性の 8,465 件（21.0%）を圧倒的に上回る（曲，2009）。

1.2　結婚相手の出身国

2020 年時点で，日本人男性の妻の出身国で上位 5 位に挙がるのは，1．中国（25.9%），2．その他の国（25.0%），3．フィリピン（21.1%），4．

韓国・朝鮮（14.1%），5．タイ（6.9%）である（内閣府男女共同参画局，2021）（図 11 - 2 参照）。日本人男性の妻の出身国は，1965 から 1990 年まで韓国・朝鮮が最も多く，次に中国，その他の国の順であったが，1995 年から 1．フィリピンが最も多くなり，次いで 2．中国，3．韓国・朝鮮，4．タイの順となった。1997 年からは，中国が最も多い状況がずっと続いている[1]（厚生労働省，2007）（表 11 - 1 参照）。このように，日本人男性の国際結婚の相手はアジア諸国の女性が多い。上位には入らないが，日本人男性の結婚相手の出身国で，2000 年以降の 20 年間で増加しているのが米国とブラジルである（図 11 - 2 参照）。2000 年には 0.7% だっ

表 11 - 1　夫婦国籍別にみた年次別国際結婚の件数（1965〜2007）（曲（2009）より転載）

	国籍	1965	1970	1975	1980	1985	1990	1995	2000	2003	2004	2005	2006	2007
	総数	958902	1029405	941628	774702	735850	722138	791888	798138	740191	720417	714265	730971	724169
夫妻の一方が外国		4156	5546	6045	7261	12181	25626	27727	36263	36039	39511	41481	44701	40272
夫日本・妻外国		1067	2108	3222	4386	7738	20026	20787	28326	27881	30907	33116	35993	31807
妻の国籍	韓国・朝鮮	843	1536	1994	2458	3622	8940	4521	6214	5318	5730	6066	6041	5606
	中国	121	280	574	912	1766	3614	5174	9884	10242	11915	11644	12131	11926
	フィリピン	—	—	—	—	—	—	7188	7519	7794	8397	10242	12150	9217
	タイ	—	—	—	—	—	—	1915	2137	1445	1640	1637	1676	1475
	アメリカ	64	75	152	178	254	260	198	202	156	179	177	215	193
	イギリス	—	—	—	—	—	—	82	76	65	64	59	79	67
	ブラジル	—	—	—	—	—	—	579	357	295	256	311	285	288
	ペルー	—	—	—	—	—	—	140	145	139	137	121	117	138
	その他の国	39	217	502	838	2096	7212	990	1792	2427	2589	2859	3299	2897
妻日本・夫外国		3089	3438	2823	2875	4443	5600	6940	7937	8158	8604	8365	8708	8465
夫の国籍	韓国・朝鮮	1128	1386	1554	1651	2525	2721	2842	2509	2235	2293	2087	2335	2209
	中国	158	195	243	194	380	708	769	878	890	1104	1015	1084	1016
	フィリピン	—	—	—	—	—	—	52	109	117	120	187	195	162
	タイ	—	—	—	—	—	—	19	67	62	75	60	54	68
	アメリカ	1592	1571	631	625	876	1091	1303	1483	1529	1500	1551	1474	1485
	イギリス	—	—	—	—	—	—	213	249	334	339	343	386	372
	ブラジル	—	—	—	—	—	—	162	279	265	268	261	292	341
	ペルー	—	—	—	—	—	—	66	124	125	122	123	115	127
	その他の国	211	286	395	405	662	1080	1514	2239	2601	2783	2738	2773	2685

1　中国人女性と日本人男性の結婚は，1997 年に直前 5 年間最も多かったフィリピン人女性との数を上回り，（2006 年の興行ビザの発給厳格化の影響を受け，フィリピン人女性との結婚が最も多かった際を除き）現在に至るまで最も多い（賽漢，2017）。

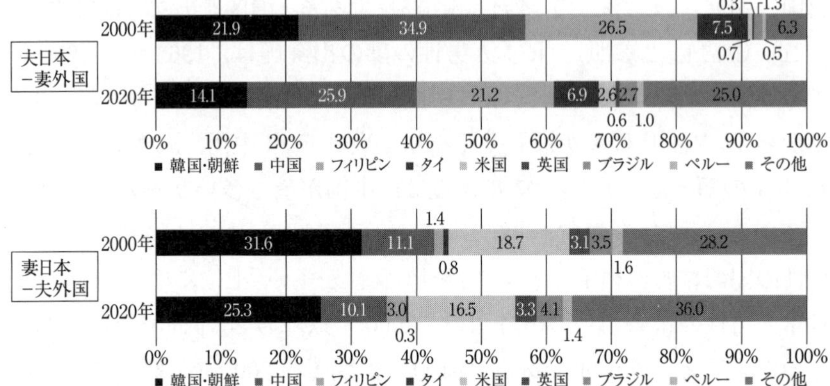

（出典）厚生労働省「人口動態調査（確定数）」より内閣府男女共同参画局作成。
・夫日本―妻外国の夫妻における妻の国籍を見ると，2020 年は 7 割程度がアジア諸国となっている。
・妻日本―夫外国の夫妻における夫の国籍を見ると，2020 年は韓国・朝鮮（25.3％）に次いで米国（16.5％）が多い。

図 11－2　国際結婚の動向（国籍別にみた婚姻）（内閣府男女共同参画局（2021）より転載）

た米国籍の相手が 2022 年には 4 倍近くの 2.6％ に，1.3％ だったブラジル国籍の相手が 2022 年には倍の 2.7％ に増加しており，反対にアジア諸国の女性と結婚する日本人男性は減少傾向にある。また，他の変化として，2000 年には 6.3％ だったその他の国の相手が 4 倍の 25％ になっており，日本人男性の結婚相手の出身国の多様化が窺える。これらの変化は，日本人男性の国際結婚，また結婚相手に対する意識の変化，ひいては，従来，男性が女性に求めていたジェンダー・ロールの変化を示唆するのかもしれない。

一方，日本人女性の夫の出身国で上位 5 位に挙がるのは，1．その他の国（36.0％），2．韓国・朝鮮（25.3％），3．米国（16.5％），4．中国（10.1％），5．ブラジル（4.1％）である（内閣府男女共同参画局，2021）（図 11 - 2 参照）。日本人女性の夫の出身国は，1965 から 1970 年までは米国が最も多く，次に韓国・朝鮮，その他の国，中国であったが，1975年から2000年までは韓国・朝鮮が最も多く，次に米国，その他の国，中国が続き（1995年時点でその他の国が米国より増加），2003年頃からその他の国が最も多い状態が続いている（厚生労働省，2007）（表11‐1参照）。日本人女性の結婚相手の出身国はアジア諸国だけでなく，米国，その他の国が常に上位に入り，男性より出身国に多様性がみられる。日本人女性が結婚する相手の出身国で2020年以降変化がみられるのは，韓国・朝鮮と米国のわずかな減少，フィリピンの倍増，その他の国の微増である（内閣府男女共同参画局，2021）（図11‐2参照）。

1.3　国際結婚の社会的背景

男女とも1965年当初から韓国・朝鮮出身の相手との結婚が最も多いのは，1910年からの韓国併合に伴う人の流れに加え，朝鮮が独立するまでの35年間，「内鮮結婚」と呼ばれた日本人と朝鮮人の結婚が奨励された（竹下，2000）社会背景の流れがあるだろう。

1970年まで日本人女性の結婚相手に米国人が最も多かったのは，第二次世界大戦敗戦後，1945年以降（1951年まで）日本に上陸した米軍関係者と結婚した数万人の戦争花嫁（竹下，2000）が存在した社会的背景と関連があるだろう。米軍による「非軍事化」，「民主化」政策を受け，家制度が廃止され，本人同士の意志による結婚が可能となり（竹下，2000），人々の結婚に対する意識が少しずつ変化していったと考えられる。この結婚は，敗戦当時，経済的に劣位であった日本人がより豊かな欧米を目指した上昇婚[2]であった。しかし，1970年代の高度経済成長期を経て目覚ましい経済発展を遂げた日本は，他のアジア諸国より経済的に優位になり，「『憧れ』の対象となった」（石井，1995，p. 81）。

その後，日本国内の女性の社会進出も進んだが，上昇婚志向が依然と

2　より豊かな上の社会階層に属する相手と結婚し，上昇するための結婚。ハイパガミーとも呼ばれる。いわゆる「玉の輿婚」のことである。

ある中，経済力の低い男性の結婚難が出始めた。しかし，1976年以降，上昇婚を目指すアジア諸国の女性との結婚が増え，夫が日本人，妻が外国人の国際結婚夫婦が急増した（賽漢，2011）。特に1985年以降，中国人女性との結婚が急増し始め，フィリピン，タイ人女性との結婚も増えた（表11‐2参照）。これには1980年代から仲介業者[3]を通し，日本の農村部の男性がアジア諸国の女性と結婚するケースが増えたことも関連する。この背景要因として，日本人女性の社会進出がますます進み結婚に対する意識が変化し，「農家の嫁」になる女性が減少したことがある。しかし，「家」の継承を重視する「家」制度[4]が，現代でも脈々と根付く農村では，「嫁」は後継ぎを生み，農作業，家事全般，育児をこなす不可欠な存在であるため，「嫁探し」は重要な問題であった（賽漢，2011）。

1.4　日本国外の国際結婚

一方，国外における日本人の国際結婚の近年の顕著な特徴として，日本人女性の国際結婚の増加が指摘される。本節では，開内（2012）の研

3　当初は農村の過疎化解消のため自治体も参入し，結婚難問題に直面する農村男性のため，1985年に行政介入による集団お見合いが行われ，「外国人花嫁」を迎え始めた。しかし，メディアから「人身売買」という批判が出たため，行政は手を引き，代わりに民間の仲介業者（ブローカー）がアジア人女性との結婚を仲介した。仲介業者は，国際結婚を日本人男性に勧めるため，その宣伝文句に，「男性が優位になれることと，男性が女性をコントロールできること」，「男性がその（中国）女性と結婚したいと言えば日本の女性と違ってほとんどの女性がOKです」（賽漢，2011，p. 95）などと並べた。一方，中国で女性を斡旋するためにも仲介業者が大きな役割を果たし，女性からも紹介料として高額な費用を徴収し，騙された女性も多い。中国においては，1994年に仲介業斡旋は禁止され，仲介業者を介しての「国際結婚」は非合法であるが，現在でも斡旋業は横行する（賽漢，2011）。

4　明治民法で規定され，戦後の民法改正で廃止された「家」制度である。現代において農家の生活構造は大きくかわったが，「家」制度は，依然，農村の基底をなす論理として脈々と生き続け，「農村家族の本質である『家』の継承」（賽漢，2011，p. 87）に深く関連し，人々の精神に深く根付いている。「家」において，家族の中核は父親と長男の親子関係にあるため家父長権が強い。現在は大きく改善されたものの，かつては「角のない牛」，「ただの働き手」（同上，p. 92）と見なされていた「嫁」は，農作業と家事全般，後継ぎを生み育てる役割を分担し，依然として家庭内での地位が低いという見方もある（賽漢，2011）。

究に基づき，国外における日本人女性の新しい国際結婚の形を概観する。国外の国際結婚の推移は厚生労働省の資料には含まれないため注目されにくいが，日本人女性の国外での国際結婚は1992年頃から増加し始め，2000年以降は9,000件に達し，国外全体の日本人の国際結婚の約7割を占める。その内，近年，増加しているのが日本人女性とアジア人男性の国際結婚だという。従来，国際結婚は，「女性の国家間の経済格差や文化的差異を利用した上昇婚」（開内，p. 49）が多いと考えられてきた。例えば，日本人女性が「文化資本」を獲得するため，日本人が学ぶべき文化を保有する国の相手と結婚し，相手国の言語・文化を獲得する場合，それは「文化的上昇婚」（開内，p. 49）とみなされる。また，先にみたように，近年，国内で最も多い日本人男性とアジア人女性の結婚では，女性が日本で経済的により豊かな生活を送ることを目指す「経済的上昇婚」（開内，p. 49）とみなされる。

しかし，国外で近年増加する日本人女性とアジア人男性との国際結婚は，従来の「上昇婚」に該当せず，「グローバル経済社会のなかで発生しはじめた新しい国際結婚」（開内，p. 50）と指摘される。すなわち，この新しい国際結婚は，グローバル・エリート（highly skilled migrants）同士，またはどちらかがグローバル・エリートである組み合わせが多く，グローバル・ファミリーを形成する傾向があるという。グローバル・エリートとは，国境を越えた資本主義市場が出現し，グローバル化が進む中，国民というカテゴリーが分断化，階層化される中で形成された国民カテゴリーの一つで，「形式的には所有する国籍に帰属しているが，実質的には超国家的なグローバル経済社会に帰属」し，活動及び居住地は全世界，「自分の能力，嗜好にあった国を自分で選択」し，「性役割分業の廃止（女性の高学歴化・専門職化）」（開内，p. 46）のもと活動する人々を指す。したがって，国外で国際結婚する日本人女性の多くは，こうしたグローバル・エリートに分類される高学歴で高度な専門職を持つ人で，従来の性役割分業(例：男性が稼ぎ生計を立て，女性は家庭を守る)を視野に置かないため，いわゆる「上昇婚」の概念に該当しない国際結婚をする傾向がある。こうした傾向は，恐らく国外だけでなく，国内でも微増している可能性がある。女性の社会進出が進み，ジェンダー・ロールを重視しない，あるいは日本社会の根強いジェンダー・ロールに失望した女性（または男性）が，そのジェンダー・ロールからの脱却をはかるため，日本社会とは異なるジェンダー・ロールを有する文化圏の人との国際結婚を目指すケースもあるのではないだろうか。

2. 国際結婚におけるコミュニケーション

ここまで概観したように，日本人の国際結婚といっても，時代と共にその在り方は多様化している。また，日本社会の背景的事情，また結婚移住する人達の出身国の背景的事情もさまざまである。結婚におけるコミュニケーションの重要性は多くの研究で指摘されるが，国際結婚夫婦のコミュニケーションに注目した研究は少ない。しかし，国際結婚においても，夫婦間のコミュニケーションが重要なことは明白である。したがって，本節では，国際結婚夫婦のコミュニケーションの問題について論じる。

2.1 日本の国際結婚夫婦における言語選択

2.1.1 非欧米圏出身者と日本人夫婦の言語選択

日本国内の非欧米圏（主にアジア諸国）出身の結婚移住女性の悩みとして頻繁に挙げられるのが，言語の問題である(伊藤，2006；曲，2009；賽漢，2017；佐竹，2017；猿橋，2009)。これは，日本語でのコミュニケーションが難しいという問題だけでなく，言語選択の余地がなく日本語使用が当然のように要求されるという問題を含む。言語は文化的アイデンティティの根幹を支える重要要素であるため，自分の言語を話す機会を奪われることは，その人の言語と文化が奪われることになる「文化的暴力」と考えられている（仲里，2015；松代，2004)。移民の歴史の浅い日本では，「郷に入れば郷に従え」の発想で，日本に住む外国人に日本語や文化的慣習を安易に期待する人が多いようにみえる。無論，日本で仕事をし，生活する上で日本語の習得が不可欠になる部分もあるが，国際結婚の夫婦間，またその家族が外国人配偶者に日本語使用を押し付ける場合，それは文化的暴力という心理的な暴力になり得ることを自覚する必要があるだろう。

国際結婚の夫婦に限らず一般的にも，異文化間コミュニケーションにおける言語選択は重要な問題である。異文化間コミュニケーションで双方の第一言語が異なる場合，言語選択の方法は，（1）どちらか一方の第一言語を選択する，（2）両者にとって共通の他言語を選択するかの二つになる。（1）の場合，言うまでもなく自分の第一言語を選択できる方が，コミュニケーション上の力関係において優勢になる。自分の言語，自分の土俵でコミュニケーションできるのだから当然である。そして，他方の相手は自分の言語以外の言語選択を余儀なくされるため，コミュニケーション上の力関係において不利になりやすい。したがって，双方のコミュニケーション上の力関係をできるだけ均衡に保ちたい場合，両者にとって第一言語ではない共通言語を選択するのが望ましい。例えば，自分の第一言語が日本語で，相手の第一言語が中国語である場合，どちらか一方の第一言語（日本語または中国語）を選択すると，その選択された言語話者に有利になり，他方には不利になる。しかし，双方にとって第一言語ではない言語(例えば，英語)を選択すれば，コミュニケーション上の力関係という意味では均衡性を保ちやすく，どちらか一方が言語的に優位になる状況を避けられる。

国際結婚夫婦の場合，コミュニケーション上の力関係の不均衡の問題にとどまらず，「言語権（linguistic human rights）」にも問題が及ぶ。言語権は，1966 年に「市民的及び政治的権利に関する国際規約（国際人権 B 規約：自由権規約）」において，言語をふくむ民族的マイノリティの権利が，はじめて国際法上，法的効力をもつ文書において，「自己の言語を使用する権利」という基本的人権として規定された（高野，2011）。すなわち，国際結婚夫婦の日常言語として，一方の第一言語が使用される場合，意図的に使用言語を変えない限り，それは恒常的に固定化された言語になりやすい。すなわち，一方が自分の言語権を剥奪されることになる。言語とは，単なる伝達のための道具ではない。自己の文化的アイデンティティの象徴であり，それはもはや自分の一部として内面化されているため，それを失うこと，または実質，その使用の機会を奪われることは，自己を否定されること，または自己の一部を失うに等しい。自分の言語が自由に使えない苛立ちや苦しみは，それを経験した者にしか実感として理解しにくいかもしれないが，のちに論じるように，精神的健康を害するほど深刻な問題に発展する場合もある。

前章で概観した日本国内の国際結婚夫婦の内，日本人男性と結婚した非欧米圏出身の結婚移住女性の場合，コミュニケーション言語のほとんどが日本語であるという（伊藤，2006）。これは日本人男性と国際結婚した多くの女性達が言語権を奪われる「文化的暴力」を受けていることを意味する。職場や地域，家庭で彼女たちの言語が尊重され使用される場面は稀で，日本語の使用を余儀なくされる。そのため，絶えず日本語使用を強いられる「精神的負担や言語的不利益，母語が認められない寂しさや苛立ちといったものを抱えながら生きていく」（伊藤，2006，p. 21）という。神奈川県川崎市の多文化共生施設で，日本人と結婚したアジア諸国出身の女性を調査した猿橋（2009）は，結婚 8 年になるタイ人女性が，結婚以来，タイ語を全く使用しておらず，唯一使うのは，一日の終わりに寝かしつけた子ども達の枕元で，「この子が元気に，立派に育ちますように」（p. 54）と一人お祈りする時だけと話した事例を紹介している。その上，地理的に遠い，時間がない，家族の理解が得られない[5]などの理由で，日本語を学ぶ機会も十分に持てないことも指摘されている（石河，2003；近藤，2009）。日本語教室に通うのは日本語習得のためだけでなく，日本社会で孤独感を持ちやすい結婚移住女性のネットワークを広め，精神的健康にもよい影響を及ぼすため（堤ほか，1999），こうした機会を奪うのも好ましくない。また，夫側にも妻とコミュニケーションをとる言語能力が十分でない場合，夫婦間のコミュニケーションは十分に取れない（佐竹，2017）。先にみた通り，日本人夫の場合，経済的また政治的優位性を有することが多いため，その上，言語的優位性も有する場合，夫婦の力関係が対等になりにくいのは明らかである。さらに，非欧米系配偶者の場合，彼女たちの言語が日本社会や日本人家庭で尊重される環境になく，むしろ，日本語と日本文化への同化を要求され，自分の言語と文化を子どもに継承させる子育てが難しい（伊藤，2006）。日本人夫から，子どもの前で妻の第一言語の使用を避けるよう促されることもあり（猿橋，2009），これも言語権の侵害であり，文化的暴力に該当する。子どもに対してすら自分の言語を使用できなければ，自己の文化的アイデンティティの継承者はおらず[6]，ますます孤独にな

5　山形の農村部で外国人支援のために設置された日本語ボランティア教室と，そこに通うアジア諸国出身の妻を調査した近藤（2009）は，日本語教室に通うことができる人達はいい方で，夫や舅からの暴力など「家庭の事情」を隠蔽するため，そうした教室にも通わせない家族もいると報告している。家庭内暴力（DV）は後にも論じるように，特にアジア諸国出身の妻をめぐる深刻な問題である。

6　猿橋（2009）は，言語は文化シンボルの役割を果たすため，国際結婚夫婦の子どもにとっても，両親の言語が等しく尊重されることが望ましいと指摘する。外国人の母親の第一言語が尊重されることは，母親の生まれ育った国家，民族文化，伝統を尊重することに繋がり，ひいては，その文化継承者である母親への尊重にも結び付きやすく，同時に子どもの自尊感情を育むこととも関わりが深いためである。

る可能性がある。親子間で情緒的繋がりを感じにくくなるなど，精神的健康への負の影響が考えられる。

実際，非欧米圏出身の結婚移住女性の異文化ストレスには，社会文化ストレスのほか，言語ストレスがあること，また，日本語能力が精神的健康への影響要因になることが報告されている（一篠，2018）。すなわち，自分の言語を話す権利を剥奪され，日本語使用を要求され，夫をはじめ家族との日本語でのコミュニケーションが思うようにとれず，その学習機会も十分に与えられない状況が，彼女たちの精神的健康に悪影響を及ぼす傾向がある。精神科を受診した国際結婚の患者で圧倒的に多いのはアジア諸国出身の女性[7]で，その背景には夫婦間のコミュニケーションの問題があると指摘される（大西ほか，1995；財団法人女性のためのアジア平和国民基金，2003）。

2.1.2　欧米圏出身者と日本人夫婦の言語選択

一方，配偶者が欧米系出身者の場合，夫婦間の言語は英語であることが多く，地域や周りに英語を話せる人も多く，また，欧米系の母親は子育てにおいて自分の第一言語を使用することが多いという（伊藤，2006；施，2000）。欧米英語圏出身[8]の配偶者（以下，英語圏出身配偶者）を持つ日本国内の国際結婚家庭のコミュニケーション言語を調査したところ，夫婦間では英語が主言語として使用され，子どもとは父子間で英語，

7　言葉やコミュニケーション不全による精神的健康への影響だけでなく，夫や親族からのサポートの欠如や家庭内暴力による抑うつ傾向の関連も報告されている（堤ほか，1999）。在留資格の問題や経済的自立の困難さなどから家庭内暴力が顕在化しにくく，そこから抜け出すことが難しい（一條，2018）。また，身体的暴力に加え，第1節で論じた法的立場を利用した暴力，文化的暴力のほか，言葉の暴力など心理的暴力も指摘される（仲里，2015；松代，2004）。女性のためのアジア平和国民基金（2003）による「在日外国人女性による電話相談の実情調査」の報告によると，1999年から2002年の4年間で，「うつ，孤独，心配」という精神的健康の相談が最も多く，次に「パートナーや家族との人間関係」に関する相談が多い。ここからも，在日外国人女性の精神的健康の問題は深刻だと考える。国際結婚における夫や家族からの暴力については，近藤（2009），猿橋（2009），曲（2009）も参照。

8　英語が国家の第一位言語であるアメリカ，カナダ，イギリスなどの国の出身者である。

母子間で日本語が主に使用される傾向がみられた（岡戸，2009）。これは英語圏出身配偶者に男性が多く，父親が子どもとも自分の第一言語である英語を使用し，日本人の母親は子どもとは日本語を使用することを示唆する。したがって，非欧米系配偶者に比べ，英語圏出身配偶者は言語権を侵害されたり，孤独を感じることが少ないかもしれない。興味深いことに，「日本に住んでいるので夫婦間の会話は，主として日本語でなされるのが好ましいか」という問いに対し，英語圏出身配偶者の7割以上が，また日本人配偶者[9]も5割弱が「そう思わない」と回答しており，両者とも，特に英語圏出身配偶者は，夫婦間の会話での英語選択を好ましいと考えている。また，よりよいコミュニケーションのため，日本人配偶者は相手言語である英語を，さらに学習し能力を高めたいと考える傾向が強いが，英語圏出身配偶者はそれほど強くそれを望んでいない。さらに，「自治体に在住外国人向けの日本語教育の一層の充実を図ってほしいか」と尋ねると，日本人配偶者の8割がそれを望むが，英語圏出身配偶者の5割しかそれを望んでいないこともわかった（岡戸，2009）。これらの調査結果から，選択の余地なく家庭で日本語使用を要求され，子育てにおいて自分の第一言語使用を避けるよう言われる非欧米圏出身の結婚移住女性と，欧米圏出身の結婚移住者の現状は真逆であることがわかる。

両者は同じ日本国内の国際結婚夫婦でありながら，両者の家庭言語の選択に，なぜこうした差異があるのか。その理由として，（1）英語帝国主義（English Imperialism）[10]と，それを無条件に受け入れる日本社会

9　日本人配偶者の55%は「どちらとも言えない」と回答し，そこには恐らく英語圏出身配偶者の日本語能力の問題など，各家庭の事情があると推測される。「そう思う」と回答した日本人配偶者はゼロで，英語圏出身配偶者の16%が「そう思う」と回答している（岡戸，2009）。

10　Phillipson (1992) は，英語帝国主義を次のように定義している。“the dominance of English is asserted and maintained by the establishment and continuous reconstitution of structural and cultural inequalities between English and other languages” (p. 47).「英語と他の言語間にある構造的（物質的），また文化的（非物質的）な不平等な財源分配を可能にし，継続的にその再構成を行うことで，英語支配は強く主張され，維持される」（筆者訳）。

の現状，（2）非欧米圏出身者に対する差別が根底にあると考える。

英語帝国主義とは，イギリスの言語学者ロバート・フィリプソン（Robert Phillipson）によって提唱された概念で，「言語差別主義」（linguicism）[11]，または「言語帝国主義」（linguistic imperialism）の一例と見なされる。すなわち，世界的規模で特定の一言語が，他言語の犠牲のもとパワーを持つ結果，その特定言語の母語話者が，物質的また非物質的な財源分配において不均等な優位性を獲得することを指す（Phillipson, 1992）。英語に関しては，まさにその状況が 19 世紀のイギリス帝国主義時代から続いており，その結果，英語母語話者は有形，無形の恩恵を享受している（長沢，2002）。今の日本社会は，英語帝国主義が至るところに見られる。街中に英語の看板が溢れ，広告にも英語が踊り，親は幼い子どもを英語学校に通わせる。専門家の議論も虚しく文科省は小学校英語教育を本格的に導入し，子ども達は英語を必修科目として学習する。大学においても学生の専攻に関わらず，必修科目として英語の履修を課すところが多い。こうした社会の英語至上主義の価値観は内面化され，英語学習に過剰な価値を見出す傾向があり，多くの日本人がこの傾向を受け入れているようにみえる。そうした社会背景を考えれば，英語圏出身者と結婚した日本人が，配偶者に日本語使用を期待せず，夫婦のよりよいコミュニケーションのために自身の英語力をより向上させたいと考えるのは自然であろう。しかし，夫婦間のコミュニケーションにおける力関係を考えた場合，自分の言語でない言語を選択させられる側は不利な立場に置かれやすいと言わざるを得ない。

また，英語帝国主義は，英語を第一言語とする人達にも内面化され，

11　Phillipson（1992）では，Linguicism を以下のように定義している。
"…ideologies, structures, and practices which are used to legitimate, effectuate, and reproduce an unequal division of power and resources（both material and immaterial）between groups which are defined on the basis of language."（p. 47）「イデオロギー，物質的な財源分配，慣行が，パワーと資源の不均等な分配を法的に正当化，また実施し，再生産するために使われる」行為（筆者訳）。

それにより享受される恩恵を当然視する傾向があるだろう。英語が第一言語の国では，学校教育において「外国語科目」が存在しないこともあり，外国語の学習経験が皆無の人も少なくない。外国語の学習経験がないことは，単に外国語の教育を受けないだけでなく，他言語の存在，他文化に目を向け学習する機会がないことを意味する。日本人の多くが英語学習を通じ，単に英語という言語を学ぶだけでなく，その国や文化に興味を抱いた経験があるだろう。外国語学習の経験は，異文化間コミュニケーションにおいて非常に重要になる。すなわち，その経験があるからこそ，外国語を使用する難しさや相手の努力を理解でき，それゆえコミュニケーションの際，相手を思いやることができる。自分も相手をよりよく理解するために，相手の言語を学ぼうとするかもしれない。しかし，外国語の学習経験がない人は，その難しさを理解できないため，そうした発想も生まれにくいだろう。むしろ，世界中で英語が話される状況に慣れており，それを当然視する傾向すらある。日本人と結婚しても，夫婦のよりよいコミュニケーションのため日本語を学習しよう，少し自分も日本語を話そうという発想を持ちにくいのではないだろうか。

そして，こうした双方の英語至上主義的，欧米文化至上主義的な態度と，非欧米圏に対する差別的な態度は表裏一体である。こうした差別的な態度は，一方では特定文化圏に肯定的な差別として（英語至上主義），他方では特定文化圏に対する否定的な差別として現れる傾向がある。特に，経済的・政治的優位性を感じる他のアジア諸国の人々に対し，日本人に無自覚の偏見があり，それがその人々に対し自文化と自言語を押し付けるという差別的態度を取らせ，文化的暴力に発展しやすくなると考える。国際夫婦間コミュニケーションにおける日本人の一貫性のない言語選択は，決して偶然ではなく，こうした無自覚または無意識の偏見に基づくと考えるべきであろう。

2.1.3 その他の国際結婚夫婦の言語選択

1.3節で論じた国外の日本とアジア諸国のグローバル・エリートによる国際結婚夫婦の場合，夫婦間のコミュニケーション言語がどちらか一方の第一言語になる場合もあるようだが，両者にとり第一言語ではない英語などの共通語が選択されることも多いようだ（開内，2012）。留意したいのは，この場合の英語は両者にとって第一言語ではないため，先の配偶者の第一言語としての英語を選択する国際結婚夫婦とは事情が異なる。両者にとって第一言語でない英語を選択する場合，どちらか一方が言語的に優勢になることはなく，その意味でコミュニケーション上の不均等が生じにくいと考えられる。

また子どもとのコミュニケーションでは，子どもの学校がインターナショナルスクールで英語使用であれば，夫婦の会話言語に加え，英語も使用し，それぞれの第一言語も使用するなど，家庭言語は多言語であることも少なくない（開内，2012）。言語権という観点からみれば，日本国外の日本人女性とアジア系男性の新しい国際結婚家庭における多言語使用は，誰かの言語権を奪わないという意味で理想的といえるだろう。

2.1.4 国際結婚夫婦の言語選択とジェンダー

ここまで配偶者の出身文化圏別に夫婦間コミュニケーションにおける言語選択の問題を論じたが，そこには共通点がみられた。それは，配偶者の出身文化圏と関係なく，日本人の国際結婚夫婦では，妻が夫の言語を夫婦間のコミュニケーション言語として選択する，或いは選択させられるケースが多いという点である。ここには，前節でみたジェンダー要因が潜むと考えられる。すなわち，日本人の夫婦間のジェンダー・ロールとして夫が主導権を有する，或いは，妻は夫に主導権を譲るという役割分業があるのではないだろうか。これについて，日本人夫婦のコミュニケーションにおけるジェンダー・ロールの研究では，妻は夫に共感性を求め，夫が黙る，席を立つなどして会話を断つ，または妻を斥ける，避ける行為をした場合，夫に不満を持つ傾向がある。一方で，それに対し，それ以上は夫に働きかけず引き下がることで，相互的コミュニケーションを目指さない傾向があると報告されている（難波，1999)。すなわち，ここには「黙して語らずの『男性らしさ』と，夫と対等な土俵に上がろうとしない・上がれない『女性らしさ』を踏襲するジェンダー規範」（伊藤，2007，p. 68）が夫婦間に依然として存在する。日本人の国際結婚夫婦のコミュニケーションにおける言語選択にも，このジェンダー・ロールが影響していると考える。ゆえに，夫は日本語が話せない非欧米文化圏出身の妻に譲歩させ日本語を強要し，また，英語圏出身者と結婚した日本人妻は夫に譲歩し，夫の言語である英語を夫婦間の言語とすることに違和感を持たない傾向がある。ジェンダー・ロールとは無意識に学習され内面化されるため，恐らく相手に日本語を強要しているという意識や，自分が譲歩して夫の言語を話しているという意識はあまりないのかもしれない。無自覚にせよ，本人がそれをよしとしているにせよ，一方の配偶者の言語だけが夫婦間のコミュニケーションに固定化され，どちらか一方にコミュニケーション上の力関係の不均等が生じ続ければ，そこに何らかの歪み，また本人も無自覚な心理的負担が蓄積される可能性が十分に考えられる。実際に，日本語の強要による夫とのコミュニケーション不全が原因と考えられる，非欧米系結婚移住女性の精神的健康被害の報告は多い（一條，2018；財団法人女性のためのアジア平和国民基金，2003；賽漢，2017)。日本社会の根強いジェンダー・ロールを覆すのは容易ではないが，夫婦が対等な関係でいられることは，お互いに健全な関係性を築きやすく，それが互いの良好な精神的健康につながりやすいと考える。したがって，国際結婚夫婦のコミュニケーション言語も，できるだけ一方の言語に固定せず，他方の言語を学ぼうとする態度と努力，また夫婦のコミュニケーションに何らかの形で両者の言語を取り入れる工夫が必要であろう。そうすることが，パートナーの言語文化，ひいてはパートナー自身への敬意と理解につながる。

2.2 国際結婚夫婦のコミュニケーションの関連要因

2.2.1 国際結婚夫婦の価値観の認識

国際結婚夫婦のコミュニケーションの問題に関わる要因は，他にも多く存在する。価値観の相互理解について国際結婚夫婦と日本人夫婦を比較調査した伊藤（2005）によれば，国際結婚夫婦では互いの価値観は似ていないと感じており，相違を感じるほど傷つきやすく，日本人夫婦より相手を理解しようと努力する傾向がみられた。一方，日本人夫婦では，互いの価値観が似ていると認識しており，類似性を感じるほど傷つかない傾向がある。また価値観の類似性の認識ゆえか，国際結婚夫婦に比べ，相手を理解する努力はしない傾向がある。しかしながら，国際結婚夫婦より夫婦間の価値観の摩擦で傷つく傾向があり，自分を理解しようとする配偶者の努力を見出せるかが重要になる。

これらの調査結果から，夫婦間において互いの価値観に類似性が見いだせれば，それでコミュニケーションが円滑に進むという単純なものではないことがわかる。すなわち，日本人夫婦の場合，価値観の類似性を認識しているがため相手への理解努力を怠る傾向があり，そうでない部分を発見した際，傷つきやすい。一方，国際結婚夫婦の場合，価値観の類似性は最初から期待しないため，相手への理解努力を怠らないが，価値観の相違を認識するほど傷つきやすい。これは国際結婚夫婦が，各人の「出身国文化」および「異なる出身国者」としての文化的アイデンティティを顕在化させ，「互いが異なる」という共通認識のもとコミュニケーションを行う傾向を意味する（伊藤，2005）。この結果から，国際結婚夫婦は，互いが異なる前提でコミュニケーションすることから，相手を理解する努力という目的意識を強く持つ傾向が示唆される。

夫婦間コミュニケーションの共通の特徴として，両者とも夫婦間に価値観の相違を認識した場合，傷つきやすいという点がみられた。この点について伊藤（2005）は，夫婦とはいえ，相手の価値観が自分と同じではないという前提を認識する必要性を説く。また，相手への理解を深めようとして価値観の相違を見出すほど傷つくとすれば，相互理解は大変難しい。したがって，相互理解を絶対不可欠とするのではなく，夫婦の共生に必要なのは「相互的適応」であると指摘する（伊藤，2005）。すなわち，自分とは異なる相手の価値観を無理に「理解」しようとするのではなく，そうした異なる価値観を持つ相手に「適応」する（慣れる）ことが重要であるという。これは異文化間コミュニケーション，またはそうでないコミュニケーションにおいても新しい視点ではないだろうか。相手文化，または相手を「理解しなければいけない」と理想を掲げても，それを実現するのは容易でないことも多々ある。相手理解ばかり考え過ぎると，その難しさ，また実現が不可能と感じた際の絶望感も大きい。必ずしも相手や相手の価値観を理解しなければならないわけではなく，相手の持つ異なる価値観の「存在」は認めた上で，その相手に「適応」する（慣れる）のが，コミュニケーションにおいて，より現実的で実現可能な受け入れ方ではないだろうか。

2.2.2　国際結婚夫婦のコミュニケーションと婚姻満足度

国際結婚夫婦のコミュニケーションと婚姻満足度の関連について，コミュニケーションの問題がない夫婦では，日本人妻の婚姻満足度が高いという報告がある（竹下，2000）。すなわち，コミュニケーションのあり方は，日本人妻の婚姻満足度を規定する重要要因という。さらに詳しく，異なる文化圏出身の配偶者を持つ日本人国際結婚夫婦 389 組を調査した施（2000）の研究結果を紹介する。それによれば，「普段よく会話する人」は，率直に自分の考えや気持ちを表明する人が多く，夫婦間で互いによく相手の話を聞き，共感を示し，相互理解が高く文化摩擦の少ない人だという。また，言語能力とコミュニケーションとの関連において，いわゆる「語学力」の側面は，相互理解，コミュニケーションの量，率直さと関連はみられないが，言語能力の「表現力」の側面がこれらのコミュニケーション要素と関連すると報告されている。そして，コミュニケーションと婚姻満足度との関連については，コミュニケーションの量が多ければ婚姻満足度が高いが，コミュニケーションの質に関しては婚姻満足度と関連する部分とそうでない部分がある。また，情緒的・意味的相互理解と婚姻満足度は関連すると報告されている。すなわち，コミュニケーション頻度の高さは国際結婚夫婦の婚姻満足度を高めるが，質に関して，その婚姻満足度の関連は内容によるのだろう。また，情緒的・意味的相互理解は，内面的な心情の吐露とそれへの理解が婚姻満足度を高めるのも，恐らく夫婦間の一体感を高めるためだと考えられる。一方，コミュニケーションの率直さと婚姻満足度に関連がみられなかった理由として，（1）夫婦間のコミュニケーションでは，率直さによる曖昧さや不明瞭さを軽減するコミュニケーションより，情緒的相互理解の方が重視されるため，（2）率直なコミュニケーションは物事の明瞭化や問題解決には役立つが，一方で，潜在する問題までも顕在化させる可能性があるためという二点が挙げられている。施（2000）の研究は，日本人夫婦との比較調査ではないため，全ての結果が国際結婚夫婦のみに該当するか定かではないが，夫婦間のコミュニケーションと，その在り方が婚姻満足度に関連するのは確かだといえる。特に国際結婚夫婦で問題となる言語能力については，その語学力より，むしろ表現力が関連するという点は興味深い。これは，文法や語彙が不十分であっても，（程度にもよるだろうが）それが必ずしも婚姻満足度に影響せず，むしろ，どのような表現で相手に伝えるかが重要だと示唆される。同じ言語を共有しない国際結婚夫婦だからこそ，言葉の正確さよりも，いかに相手を思いやった表現ができるかが鍵となるのかもしれない。

3. まとめ

本章では，近年の日本人の国際結婚を概観し，日本人の国際結婚夫婦のコミュニケーション上の問題として，言語選択，価値観の類似・相違とコミュニケーションでの傷つきやすさ，相手理解への意識，コミュニケーションと婚姻満足度との関連を取り上げた。そこから，従来の国際結婚の在り方がみられる一方で，女性の社会進出に伴い，近年の日本人の国際結婚の在り方が多様化しつつある傾向が認められた。日本社会に伝統的ジェンダー・ロールが根強くある中で，少しずつではあるが，そうしたジェンダー・ロールに沿わない形での国際結婚も増えており，国際結婚の在り方を通して日本社会の変容が窺える。今後，ますます社会におけるジェンダー・ロールの変容が期待され，それにより結婚の在り方も変化するであろう。

考えてみよう　身近な国際結婚の事例について考えてみよう。そこには，どのような社会のジェンダー・ロールが関連すると思うか。

邦文引用文献

石井由香（1995）「国際結婚の現状　—日本でよりよく生きるために」駒井洋編『定住化する外国人』（pp. 73-102）明石書店。

石河久美子（2003）『異文化間ソーシャルワーク：多文化共生社会をめざす新しい社会福祉実践』川島書店。

一條玲香（2007）『結婚移住女性のメンタルヘルス　—異文化ストレスと適応過程の臨床心理学的研究』明石書店。

伊藤孝恵（2005）「国際結婚夫婦の価値観等の相互理解と共生」，山梨大学留学生センター紀要 1，pp. 5-16。

伊藤孝恵（2006）「外国人妻の夫婦間コミュニケーションの問題—先行研究の整理から—」，山梨大学留学生センター紀要 2，pp. 17-24。

伊藤孝恵（2007）「国際結婚夫婦のコミュニケーションに関する問題　背景—外国人妻を中心に—」，言語文化と日本語教育 33，pp. 65-72。

大西裕子（2007）「国際結婚の理論モデル構築に向けて—先行理論の再検討と研究課題の提示—」立命館国際関係論集，7，pp. 71-87。

大西守・山寺亘・中山和彦（1995）「国際結婚例における心身医学的問題」，心身医学，35，pp. 229-233。

岡戸浩子（2009）「国際結婚と言語意識　—日本人と英語圏出身の配偶者を中心に」河原俊昭・岡戸浩子（編著）『国際結婚　多言語化する家族とアイデンティティ』（pp. 176-200）明石書店。

郭笑蕾（2021）「グローバル時代における国際結婚と社会統合に関する社会学的考察　—日本における都市部の中国人国際結婚女性を事例に—」慶應義塾大学大学院社会学研究科博士論文。

嘉本伊都子（2008）『国際結婚論！？　現代編』法律文化社。

曲暁艶（2009）「国際結婚に関する研究動向と展望」東京大学大学院　教育学研究科紀要，49，pp. 265-275。

厚生労働省大臣官房統計情報部編「人口動態統計」（2007）。

近藤功（2009）「外国人妻たちの言語習得と異文化接触　—山形県の事例を中心に」河原俊昭・岡戸浩子（編著）『国際結婚　多言語化する家族とアイデンティティ』（pp. 11-36）明石書店。

財団法人女性のためのアジア平和国民基金（2003）「在日外国人女性による電話相談の実情調査」委託調査報告書（東京英語いのちの電話）。
賽漢卓娜（2011）『国際移動時代の国際結婚　日本の農村に嫁いだ中国人女性』勁草書房。
賽漢卓娜（2017）「日中国際結婚夫婦にとっての支援とは」佐竹眞明・金愛慶（編著）『国際結婚と多文化共生　多文化家族の支援にむけて』（pp. 39-68）明石書店。
佐竹眞明（2017）「フィリピン・日本結婚夫婦にとっての支援とは」佐竹眞明・金愛慶（編著）『国際結婚と多文化共生　多文化家族の支援にむけて』（pp. 69-92）明石書店。
猿橋順子（2009）「国際結婚外国人女性の支援を考える―言語管理とエンパワメントの視点から」河原俊昭・岡戸浩子（編著）『国際結婚　多言語化する家族とアイデンティティ』（pp. 37-74）明石書店。
施利平（2000）「国際結婚夫婦におけるコミュニケーションと婚姻満足度」ソシオロジ，44(3)，pp. 57-73。
篠崎正美（1996）「国際結婚が家族社会学研究に与えるインパクト」家族社会学研究，8，pp. 47-51。
出入国在留管理庁 HP（n. d.).
https://www.moj.go.jp/isa/applications/procedures/16-4.html
高野敏樹（2011）「言語権（Linguistic Human Rights）の意味と構造　―基本的人権としてのマイノリティの言語圏の保障―」上智大学短期大学部紀要，31，pp. 1-15。
竹下修子（2000）『国際結婚の社会学』学文社。
張月（2020）「日本に嫁いだ中国人女性の結婚の動機：都市部に嫁いだ女性と農村部に嫁いだ女性の比較を通して」北海道大学大学院教育学研究院紀要，136，pp. 71-91。
堤かなめ・堤明純・松崎百合子・平野（小原）裕子（1999）「移住女性のメンタルヘルスと心理社会的要因　―1998 年福岡県における調査より―」，九州国際大学教養研究，6，pp. 101-116。
内閣府男女共同参画局（2021）結婚と家族をめぐる基礎データ。
仲里和花（2015）「日比国際結婚のフィリピン人妻の DV・離婚に関する一考察　―沖縄県 A 市在住者の事例を通して―」異文化間教育 41 号，pp. 95-110。

長沢澄子（2002）「言語（英語）帝国主義：概観」久留米大学外国語　教育研究所紀要，9，pp. 29-42。

難波淳子（1999）「中年期の日本人夫婦のコミュニケーションの特徴についての一考察：事例の分析を通して」岡山大学大学院文化科学研究科紀要，8，pp. 69-85。

開内文乃（2012）「グローバル・ファミリーの出現—国際結婚の新しい形—」比較家族史研究　第26号，pp. 43-64。

松代東亜子（2004）「日本における外国籍女性とドメスティックバイオレンス—アジア人女性への支援現場から—」フェミニストカウンセリング研究，3，pp. 69-80。

英文引用文献

Phillipson, R. (1992). *Linguistic imperialism*, Oxford: Oxford University Press.

12 外国につながる子どもたちとコミュニケーション

根橋玲子

《目標＆ポイント》 第 10 章では，日本で暮らす外国につながる人々について述べた。また，第 11 章では国際結婚について概観した。さまざまな目的で来日する外国籍の人々が増加するということは，外国につながる子どもたち[1]も増えるということでもある。本章では，子どもたちのコミュニケーションに注目する。
《キーワード》 やさしい日本語，学習言語，不就学，日本語教育，居場所，異文化適応，二世

1．外国につながる子どもたちの増加

外国籍者や外国につながる人々は年々増加している。第 10 章でも概観したが，1970 年代以降，特に 1989 年の入管法の改正によりニューカマーと呼ばれる人々が増加した。彼／彼女らの多くは単身で働きに来たり，留学生として来日した。滞在が長期化する中で，家族を持つ者も増えた。多くの在留資格は，家族の帯同を認めていないが，第 10 章でも触れた「特定技能 2 号」は，家族の帯同が可能である。また単身で来日したとしても，日本で結婚したり，家庭を持つ者も増えていたり，後から家族を呼び寄せるケースもある。このような背景により，外国につながる子どもたちの数は年々増加している。

第 11 章にあるように，厚生労働省の 2020 年の人口動態統計から，国

1　本章では，外国籍の子どもたちおよび外国につながる子どもたちに焦点を当てるが，アクセスできる統計データにより，外国籍に関するデータに依拠することもある。その都度付記するが，必ずしも「外国につながる子ども＝外国籍の子ども」ではないことを念頭に置かれたい。

際結婚は総婚姻数の3.5%程度とされる。このような国際結婚から生まれる子どもたちについては，母親が外国籍のみのデータしかない。それによると，2020年の日本における全出生数84万人のうち，外国籍の母親を持つ子どもは1万8千人余りであった。母親としては，中国人，フィリピン人，ブラジル人の順に多い。これには父親が外国籍（母親が日本人）は含まれていないことから，国際結婚により生まれる子どもたちの数はもう少し上回るだろう。母親のみ外国籍の子どもたちだけとってみても，日本で生まれてくる子どもの50人に1人が外国につながる子どもたちと言える。もちろん，生まれは日本以外で，その後来日する子どもたちもいれば，既に日本国籍を取得しているが，両親ともに，もしくは親のどちらかが外国出身である子どもなど，その背景は多様である。次節では，子どもたちにとって最も重要である教育について考えてみたい。

2. 外国につながる子どもたちと教育

2.1 外国につながる子どもたちの学びの場

さて外国につながる子どもたちは，どのような教育機関で学んでいるのだろうか。法律により学校は種別される。日本にある多くの学校が学校教育法第一条に定められた学校，いわゆる「一条校」である。一条校は公立，私立を問わず，幼稚園，小学校，中学校，義務教育学校，高等学校，中等教育学校，特別支援学校，大学及び高等専門学校が含まれる。

文部科学省の2021年度『学校基本調査』によれば，公立の小・中・高等学校・中等教育学校・義務教育学校・特別支援学校に在籍する外国籍の児童生徒数は約11万2,000名である。2019年度と比べると約7,500名，2018年度と比較すると約1万8,000名増加しており，近年増加傾向が続いている。このように，多くの外国籍を含め外国につながる子どもたちは一条校に在籍しているが，外国人学校（民族学校やインターナショナル・スクールを含む）に通うものも多数いる。同じく 2021 年度『学校基本調査』によると，外国人学校に在籍している子どもたちは約 8,000 名である。民族学校はそれぞれの国籍を背景に，主にその国の教育機関の一部として機能しているものが多い。例えば，中華学校や朝鮮学校，ブラジル人学校，インド人学校やネパール人学校などがそれにあたる。その国の，日本で言うところの文部科学省などに相当する機関に認可されている学校もあり，カリキュラムも本国に戻ることを念頭に作られている。言語は，学校によって異なるが，本国の言葉が中心で，そこに日本語や英語のカリキュラムが配置されていることが多い。民族学校がひとつの国を基盤にしているのに対し，インターナショナル・スクールは主に欧米各国の子どもたちを対象としている（実際には，日本人も含め様々な子どもたちが通っている）（中島，2022）。言語は英語であることが多い。インターナショナル・スクールは，世界各地に設立されており，特定の国の教育課程に偏らないカリキュラムを提供している。多くのインターナショナル・スクールが国際バカロレア（International Baccalaureate : IB）や英国インターナショナルスクール協議会（CIS）といった外部評価機関の認定を受けている（敷田，2022）。民族学校であれ，インターナショナル・スクールであれ，日本の文部科学省で日本の高等学校に相当すると認められている学校もあればそうでない学校もある[2]。

また，外国人学校は一条校ではなく各種学校扱いとされており，生徒の保護者たちが支払う学費や寄付，保護者が勤める企業のサポートなどにより運営されている。言い換えれば，生徒数の変化による影響を受けやすい運営形態であると言える[3]。2008 年に起きた世界金融危機（いわゆるリーマンショック）では，多くの外国人住民が職を失った。そのため帰国を余儀なくされた者も多く，このような外国につながる子どもた

2　IB の資格を有する者は日本国内の大学への出願資格が認められている（高松，2022）。

3　就学支援の対象になっている学校もある（中島，2022）。

ちが通う外国人学校には経営難に陥ったり，閉校に追い込まれたりしたところもあった。またこのような状況下で，外国人学校から日本の公立学校へ転入する子どもたちも増え，慣れない環境下で学びへの大きな影響があったものと思われる。

2.2 制度的不平等

一条校であれ外国人学校であれ，子どもたちが教育を受ける場がある場合はよい。子どもたちは教育を受ける権利を持ち，保護者は教育を受けさせる義務を負っている。これは日本国憲法でも定められていることである。しかし日本国憲法は日本国籍保持者のみが対象となる。外国につながる子どもたちでも，日本国籍を持っている場合はもちろん対象となる。しかし，外国籍の子どもたちについては適用外である。日本国憲法以外に，子どもたちの学ぶ権利を保障する取り決めはある。例えば，社会権規約や子どもの権利条約，人種差別撤廃条約などである。そこでは，「初等教育を義務的なものとし，すべての者に対して無償のものとする」（子どもの権利条約）と規定されている。しかし残念なことに，このような条約が発効されているにも関わらず，義務教育の対象は国民のみであるというのが日本政府の立場である。つまり，日本で外国籍の子どもたちが学校に在籍していなくても保護者が罰せられることはないのである。このような制度的不平等により，実際にはどんな問題が起こっているのだろうか。外国につながる子どもたちの教育課題には大きく次の6つがあるという――「不就学」「言語」「進路」「学力」「アイデンティティ」「適応」（志水，2008）。ひとつひとつの課題が独立して存在するというよりは，それぞれが関連し合っているため，次節以降包括的に論じたい。

2.3　不登校・不就学

第一に，「不登校」「不就学」という学校に行かない状態にある子どもたちについて触れたい。「不登校」は在籍していても通学できない状態を指すが，「不就学」はそもそも在籍すらしていない状態を指す。

2019年の「外国人の子供の就学状況等調査結果」によると，住民基本台帳上の就学年齢の外国籍児童生徒約12万人のうち，およそ2万名が不就学の可能性があると報告されて，驚きを持って受け止められた。「不就学の可能性」とは，「不就学であると確認されている者」と「就学状況が把握できない者」及び，そもそも住民基本台帳との数が合わない人数が含まれている。2021年の同調査では，これらの合計がほぼ1万人となり，2019年から半減している。「不就学であると確認されている者」や「就学状況が把握できていない者」の数はほぼ横ばいであり，台帳の数が合わない部分が大幅に減ったと考えられる（表12－1参照）。

表12－1　学齢相当の外国人の子供の就学状況の把握状況（文部科学省，2021a）より転載

（令和3年度）

	就学		③不就学	④転居・出国（予定含む）	⑤就学状況把握できず	①～⑤計	⑥（参考）住民基本台帳の人数（設問1－1）との差
	①義務教育諸学校	②外国人学校					
小学生相当合計人数	79,270	5,260	430	2,244	5,826	93,030	444
構成比（%）	85.2	5.7	0.5	2.4	6.3	100.0	
中学生相当合計人数	32,878	2,662	219	950	2,771	39,480	356
構成比（%）	83.3	6.7	0.6	2.4	7.0	100.0	
合計人数	112,148	7,922	649	3,194	8,597	132,510	800
構成比（%）	84.6	6.0	0.5	2.4	6.5	100.0	

人数の確認や就学の有無を確認するのが難しいのは，外国人住民の中には転居の多い者が多数おり，住民登録とずれがあるからである。これにより，子どもたちの就学案内が届かなかったり，届いても日本語がわからないといったことから見過ごされたりするケースも多々あるようだ（榑本，2016）。就学していないと思われる子どもたちは減少しているものの，いまだ多くの子どもたちが学校に行っていないという状況は看過できない。

2.4　日本語指導が必要な子どもたち

第二に言語の問題が挙げられる。公立学校に通う子どもたちで，日本語の指導が必要な人数は，2012 年（33,184 名）から 2021 年（58,307 名）の 10 年間に約 1.8 倍に増えた（図 12 - 1 参照）。また日本国籍の子どもについても，1.7 倍ほどになっている。外国籍の子どもたちの母語で多いのは，ポルトガル語，中国語，フィリピノ語，スペイン語などである。また，日本国籍の子どもたちの使用頻度が高い言語は，フィリピノ語，中国語，英語，日本語となっている（文部科学省，2021b）。

図 12 - 1　公立学校における日本語指導が必要な児童生徒数の推移（文部科学省，2021b）より転載

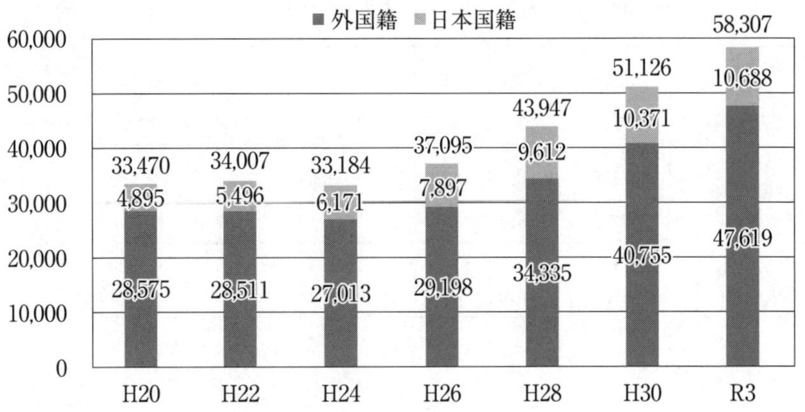

ここで指摘しておきたいのは，日本国籍で家でも日本語を話しているのに日本語指導が必要な者がいるということである。なぜこのような子どもたちが一定数いるのか。彼／彼女たちの多くが長期に渡る海外生活から帰国した子どもたちであると考えられるが，他にも二世や三世の子どもたちで，国籍は日本ではあるが，家庭内に日本語母語者が他にいないなど，家庭内言語が発達せずに未熟な日本語で生活している場合もあるという（斎藤，2020）。また，日本語指導の必要な子どもたちの中には，普段の生活においては日本語に不自由はなくても，学校の学習に支障をきたしている例がある。これは「日常言語能力」（BCIS）と「認知学習言語能力」（CALP）の違いによるもので，「認知学習言語」に困難を抱える例は多い[4]（佐藤，2019；村田，2021）。ここで言う「日常言語能力」は日常生活上の，主に直接対面による，具体的なやり取りを成立させる力を指す。これに対し，「認知学習言語能力」は，教科学習で必要となる，「日常生活とは切り離された，抽象的な思考を進展させる」力である（滑川，2022，p. 232）。日本語で日々の生活を遂行できても，抽象的な事柄を考える力はない子どもたちは多いのである。「氷が解ける」という事象を理解できても，「融解」という言葉がこれにあたることを知らないなどはその一例である。この点については次節「3．子どもたちの教育とやさしい日本語」に詳細する。

この他に，教員や学校の指導体制も大きな課題である。集住地域[5]では，複数の専任教員や母語支援員が配置されるなど，手厚いサポートがある場合もあるが，分散して居住している場合には，サポートが充実していない場合もあり，地域により状況は大きく異なる（斎藤，2020）。

2.5　キャリアの構築

子どもたちが教育を受けた先にあるのが，どのような職に就き，どう

4　BICS と CALP については，第6章参照。

5　集住地域とは，特定の国籍や民族の人々が集まって居住している場所のこと。

自立した生活者になるかということであるが，ここでも外国につながる子どもたちに不利な状況がある。例えば，保護者の経済基盤が弱かったり，自身の日本語の力が不足していたりすることで，彼／彼女らの進路の選択肢は狭められる。さらに，周囲にロールモデルとなるような人物がいないことにより，周囲の大人と異なるキャリアパスを描くのが難しいということもある。コミュニティにいる大人たちで高等教育を受けている者が少なければ，大学進学といった選択肢を視野に入れることは容易ではないだろう。雇用が不安定な親と同じ職業選択をすることで，子どもたちの将来も経済基盤が不安定になることは想像に難くない。

3．子どもたちの教育とやさしい日本語

ここまで見てきたように，外国につながる子どもたちにとって重要な課題のひとつが日本語の習得である。各自治体でさまざまな取り組みがされているが，ここでは第 10 章でも取り上げた「やさしい日本語」と子どもたちの教育について取り上げたい。第 10 章では，「やさしい日本語」は，日本語を簡略化する試みであること，また防災や減災などにも役立つ地域共通の言語となり得ることなどを述べた。この考え方は，一般的な言語使用にとどまらず，子どもたちの教育の現場にも活用できる。

特に日本語学習の初心者で，急いで日本語を学習する必要がある者（例えば，中学生になってから親の仕事で来日した子どもたちですぐに受験が控えているなど）にとっては，「やさしい日本語」が自分の母語で持つ学習概念と日本語での「認知学習言語」をつなぐ役割を担うことができる。初めから高度な「認知学習言語」としての日本語を習得するのは難しいが，すでに概念自体を理解しているのであれば，まずは「やさしい日本語」で日本語に置き換え理解することで，学びを深めていくことが可能となる。これを庵ら（2020）は「バイパスとしての〈やさしい日

本語〉」(p. 25) と呼んでいる。この取り組みには，漢字の学習について，日本語母語者と同じように小学 1 年生の漢字から順番に教えるのではなく，頻出漢字から教えることやきちんと書けることよりも見てわかることを重視するなども含まれている。

高校進学という皆が同じ時間軸で目指す目標がある場合にはことさら，できるだけ速く他の子どもたちに追いつけるよう，合理的な日本語習得の機会を提供することが肝要である。「やさしい日本語」はそのような取り組みを可能にする方法であると言えよう。

4. 外国につながる子どもたちの「居場所」

ここまで外国につながる子どもたちの教育に関わる問題について触れた。本節では，子どもたちにとっての「居場所」について考える。学校が子どもたちにとっての「居場所」になることは理想的ではあるが，「マジョリティの論理が強く働く学校は，同化圧力が高く」(徳永，2022, p. 174)，外国につながる子どもたちにとって「居場所」にはなりにくい要素が多いという。そのような場所で，子どもたちは自分のルーツを隠したり，名前を日本名に変えたり，日本人のように行動したりする。子どもたちが自分のルーツを否定せず，肯定的なアイデンティティを育むことのできる環境，「居場所」が必要である（三浦，2019)。

「居場所」は，日常用語でありながら，学術分野でも研究が進む概念である。徳永 (2022) は，「居場所」は統一された定義はないものの，「①当事者の主観，②他者との関係性の有無，③空間性の有無」(p. 173) を軸として，①については主観的な「安心でき，自分らしさを感じ，他者から受容されているという感覚」(p. 173) であり，②と③については，客観的な「居場所の条件としての他者との関係性と空間性」(p. 173) と説明している。また移民研究では，「ホーム」と同義である。日本に暮らす外国につながる子どもたちにとって「居場所」の形成は，彼／彼女らの発達に大きな影響があるものと思われる。

この「居場所」は必ずしも，国を指すわけではない。例えば三浦（2014）は日本に暮らすニューカマー 1.5 世[6]の子どもたちに行った調査から，彼／彼女らの「居場所」は，母国か日本の二者択一ではなく，地域の学習室やエスニック教会などの地域のコミュニティなども加わり，常に複数性に満ちていると指摘した。また，「居場所」や「居場所」との関り自体も変容することに言及した。例えば，来日当初は母国に強い帰属意識を持っていても，暫く日本で暮らすことで，日本に「居場所」を作っていく場合もある。久しぶりに戻る母国に違和感を覚え，日本により「居場所」を感じる場合もある。また，どちらの国にも「居場所」を持つこともあれば，その中で迷うこともある。

また，「居場所」は国レベルのみではなく，地域学習室や国際交流協会，教会などのコミュニティに根差した場であることも多い。「家庭（第一の場）でも学校（第二の場）でもない，第三の場としての地域の役割」（徳永，2022，p. 173）は，外国につながる子どもたちのアイデンティティの形成や自尊心を育てる場としてますます重要視されている。また近年では，オンライン上などバーチャル空間に「居場所」を見出すケースも増えている。誰かとつながり，ウェル・ビーイングが担保される「居場所」は，外国につながるかどうかに限らず，全ての子どもたちにとっても大切なことである。

5. まとめ

本章では，外国につながる子どもたちの現状を，教育や「やさしい日本語」，「居場所」といったキーワードから概観した。このような子どもたちをどのように捉えていくのか。国籍や言語，進路や「居場所」など，

6 「学齢期に物理的な国際移動を経験した」（三浦，2014，p. 32）子どもたち。これに対し日本で生まれ育った子どもたちを 2 世と呼ぶ。

さまざまな課題が挙げられるが，どれかひとつの視点から子どもたちを理解するのではなく，包括的にとらえる「交差性」[7]の視点が今後より重要になってくるだろう。

2019 年に創設された在留資格「特定技能」の 2 号では，家族の帯同が認められることになった。2023 年現在この資格を持つ者はまだ多くはないが，近い将来この資格を持つ親とともに，または呼び寄せられ来日する子どもたちの数は現状よりもさらに増えることが予想される。滞在の長期化および定住化に伴い，外国につながる子どもたちの数は今しばらく増加の傾向が見込まれ，子どもたちに関する課題はますます顕在化することだろう。日本国籍の子どもたちの数が減少傾向にある昨今，子どもたちの課題は国籍を問わず，重要性を増している。

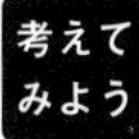

日本語学習に困難を抱える子どもたちには，どのような支援がされているだろうか。自分の暮らす自治体やボランティアグループについて調べてみよう。

邦文引用文献

庵功雄（2020）『「やさしい日本語」表現事典』丸善出版。
厚生労働省（2020）『人口動態統計』。
文部科学省（2021）『学校基本調査』。
文部科学省（2019）『外国人の子供の就学状況等調査』。
文部科学省（2021a）『外国人の子供の就学状況等調査』。
文部科学省（2021b）『日本語指導が必要な児童生徒の受入状況等に関する調査』。
子どもの権利条約　https://www.unicef.or.jp/about_unicef/about_rig_all.html#0 （検索日：2022 年 10 月 20 日）

7　交差性（インターセクショナリティ）については，第 8 章参照斎藤ひろみ（2020）「多様な言語文化背景を持つ生徒に対する教育の現状と課題」『早稲田大学国語教育研究』40巻，pp. 43-49。
佐藤郡衛（2019）『多文化社会に生きる子どもの教育：外国人の子ども，海外で学ぶ子どもの現状と課題』明石書店。
敷田佳子（2022）「インターナショナル・スクール」異文化間教育学会編『異文化間教育事典』（p. 158）明石書店。
志水宏吉（編）（2008）『高校を生きるニューカマー：大阪府立高校にみる教育支援』明石書店。
高松美紀（2022）「国際バカロレア」異文化間教育学会編『異文化間教育事典』（pp. 266-267）明石書店。
樽本英樹（2016）『よくわかる国際社会学』ミネルヴァ書房。
徳永智子（2022）「居場所」異文化間教育学会編『異文化間教育事典』（pp. 173-174）明石書店。
中島智子（2022）「外国人学校」異文化間教育学会編『異文化間教育事典』（pp. 159-160）明石書店。
滑川恵理子（2022）「言語能力」異文化間教育学会編『異文化間教育事典』（p. 232）明石書店。
三浦綾希子（2014）「二つの『ホーム』の間で：ニューカマー 1.5 世の帰属意識の変容と将来展望」『異文化間教育』40，pp. 18-33。
三浦綾希子（2019）「ニューカマー：加速する日本社会の多文化化」額賀美紗子・芝野淳一・三浦綾希子（編）『移民から教育を考える：子どもたちをとりまくグローバル時代の課題』（pp. 33-43）ナカニシヤ出版。
村田晶子（2022）「イマージョン教育」異文化間教育学会編『異文化間教育事典』（pp. 214）明石書店。

13 多様な性とコミュニケーション

花光里香

《目標&ポイント》「あなたはどんな人ですか」という問いに，性について触れずに答えることは難しいだろう。本章では，ジェンダー平等という観点から日本社会を見直すとともに，男女という二項対立の枠組みを外し，多様な性のあり方について考える。マイノリティの問題はマジョリティの問題でもあることに気づき，異なる者同士が生きやすい社会へ人々をつなぐコミュニケーションの可能性を探る。

《キーワード》 ジェンダー，セクシュアリティ，社会的役割，文化的価値観，マイノリティ（少数派），マジョリティ（多数派），当事者，多様性，自分らしさ

1．ジェンダー平等

1.1 多様性推進の中で

多様性という言葉は，教育や企業をはじめ多くの場面でのキーワードとしてさかんに使われている。東京オリンピック・パラリンピック 2020 は，その象徴的な例と言えるだろう。基本コンセプトのひとつに「多様性と調和」を掲げ，「人種，肌の色，性別，性的指向，言語，宗教，政治，障がいの有無など，あらゆる面での違いを肯定し，自然に受け入れ，互いに認め合うことで社会は進歩」，「東京 2020 大会を，世界中の人々が多様性と調和の重要性を改めて認識し，共生社会をはぐくむ契機となるような大会とする」ことが大会ビジョンに含められた（東京 2020 オリンピック・パラリンピック競技大会東京都ポータルサイト，2020）。

このビジョンを実現すべく，開会式には「男女平等」のメッセージが色濃く打ち出された。男女各1人ずつが旗手を務められるよう規則が変更され，入場行進では大半の国と地域の選手団で旗手2人が国旗を掲げた。開催国の選手，指導者，審判員の各代表者による宣誓は，年齢や地域などのバランスを考慮し各1人ずつ計3人が選ばれるが，今回はそれぞれ男女ペアの計6人によって行われた。宣誓の内容にも，新たに「共生」や「差別撤廃」などが盛り込まれた（産経新聞社，2021）。選手の男女比に関しては，女性が初めて参加したのは1900年の第2回パリ大会であったが，1964年の東京大会で13%，今大会は史上最多の277人が出場しその割合は47.5%となった（文部科学省，2020）。男女混合種目は2016年リオデジャネイロ五輪から倍増し18種目に増えた。2014年の「五輪アジェンダ2020」に掲げられた「男女平等の推進」は，着実に進んでいるように見える。

1.2　ジェンダーギャップの国際比較

オリンピックの舞台から，仕事や家庭に目を移してみよう。世界各国の政治家や経営者が集まる「ダボス会議」の主催団体として知られている世界経済フォーラムは，「ジェンダーギャップ指数」を2006年より毎年発表している。この指数では，男女間の経済的参加度及び機会，教育達成度，健康と生存，政治的エンパワーメントという4種類の指標を基に格差を算定し対象国に順位をつける。146カ国を対象に行われた2023年の調査結果では，日本は125位であった（The World Economic Forum, 2023）。前回と比べて，スコアは横ばいであったが順位は過去最低となり，先進国の中で最下位であるだけでなく，アジア諸国の中で韓国（105位）や中国（107位）より低い結果であった。「教育」は146カ国中47位，「健康」は59位と順位が高いが，「経済」は123位，「政治」は

138 位であり，これまでの傾向が変わることはなかった。アイスランドをトップに例年通り北欧諸国が上位を占め，ニュージーランドとドイツも肩を並べた。

経済的な権利をめぐる日本の男女格差は，他の調査でも明らかになっている。世界銀行は，190 の国と地域を対象に，賃金や起業，結婚，子育てなど 8 つの分野で男女の経済的な格差解消に向けた法的な整備の状況について調査した（The World Bank, 2023)。日本はアゼルバイジャン，コンゴ，フィリピン，タジキスタンと並んで 104 位であり，OECD 加盟国 38 カ国の中では最下位であった。理由としては，男女の間で同じ内容の仕事に対して同じ水準の賃金の支払いを義務づける法律がないことや，職場でセクシュアルハラスメントを罰する法律がないことなどがあげられる。男女格差がないと評価されたのは，ベルギーやカナダ，デンマーク，フランスなどヨーロッパの国を中心とした 14 カ国であった。報告書によると，世界の労働人口のうち 24 億人の女性が男性と同じ権利がなく，格差の解消には多様な考え方を取り入れた国の政策が必要だと指摘されている。

働きやすさに関する調査でも，日本が抱える問題は浮き彫りになっている。イギリスの経済誌「エコノミスト」は，毎年 3 月 8 日の「国際女性デー」に合わせて，OECD（経済協力開発機構）の加盟国のうち主要な 29 カ国における「女性の働きやすさ」を評価したランキングを発表している。2023 年の評価では，日本は 29 カ国中 28 位となり，最下位の韓国とともに 7 年連続で同じ順位にとどまった。給与や教育の水準，労働参加率の男女格差などに関する指標のうち，企業の管理職と衆議院議員の女性の割合が最低となった他，日本は半分以上の指標で OECD 加盟国の平均を下回り，専門家は「いまだに女性が家庭か仕事のどちらかの選択を迫られている」と分析している。その一方で，1 位がアイスランド，2位がスウェーデン，フィンランドが3位，そしてノルウェーが4位と北欧の国々が上位を占めた（The Economist, 2023）。

生活時間の国際比較データ（OECD，2020）は，男性の有償労働（賃金が発生する労働）時間の長さと無償労働（家事，育児，介護など）時間の短さを顕著に示している。どの国も有償労働時間は男性の方が長く，無償労働時間は女性の方が長い。しかし日本の男女比を見ると，男性の有償労働時間は女性の1.7倍であり，女性の無償労働時間は男性の5.5倍であった。結婚や子どもの有無を区別しない15〜64歳の男女全体では，日本は諸外国と比べて，以前は短かった女性の有償労働時間が増え，男女共に有償労働時間が最長となっている。女性の睡眠や食事などの時間の比較では日本が最短であったという結果は，女性の労働時間が限界に達していることを示しているとも考えられる。

1.3 日本の働き方の現状

以前に比べて日本では共働きが進んでいると考えると，女性の働きやすさに改善が見られないという調査結果は不思議に思えるかもしれない。しかし，日本は本当に共働き世帯が増えているのだろうか。「男女共同参画白書　令和4年度」（男女共同参画局，2022）では，フルタイムの共働き世帯の数は1985年が461万世帯，2021年は486万世帯であり，36年間大きな変化はない。その一方で，パートタイムで働く世帯は228万世帯から691万世帯に増加している。つまり，日本で進んでいる共働きとは，男性の収入を補うためにパートタイムで働く女性が増えたことであり，男女格差なく働きやすい社会になったことを示すわけではない。

総務省の2021年度「社会生活基本調査」によると，男性の家庭への関わり方に変化の兆しが見える。6歳未満の子どもがいる世帯で，週全体の男性の家事関連時間は，5 年前の調査に比べて 31 分増えて 1 時間 54 分であった。1976 年の調査開始以来最長となったが，2020 年までに 2 時間 30 分にするという政府が掲げた数値目標は遠いままだ。一方で，女性の家事関連時間は 6 分減ったものの 7 時間 28 分となり，男性の 3.9 倍以上に上ることも明らかになった。家事関連時間は，家事や育児のほか，介護や看護，買い物なども含まれる。全年代では，男性が 5 年前に比べて 7 分増えて 51 分，女性が 4 分減って 3 時間 24 分だった。

家事や育児に限ってみると，6 歳未満の子どもがいる世帯で，週全体の男性の家事時間は 13 分増えて 30 分，育児時間は 16 分増えて 1 時間 5 分となり，初めて 1 時間を超えた。一方，女性は家事時間が 9 分減り 2 時間 58 分に，育児時間は 9 分増えて 3 時間 54 分になった。女性の家事時間が減少した理由には，男性の家事への参加の他に，家事時間を短縮する家電や食品の普及，家事代行サービスなどアウトソーシングが考えられる。男性の家事・育児時間の伸び悩みは，少子化の要因のひとつであり，内閣府は男女共同参画基本計画に「男性中心型労働慣行の変革」を組み込みその重要性を強調しているが，現状を脱するような変化はまだ見られない。

少子化対策に関連し，育児休暇の取得率についてはどうだろうか。2022 年 7 月に厚生労働省が発表した「令和 3 年度（2021 年度）雇用均等基本調査」によると，2019 年 10 月 1 日から 2020 年 9 月 30 日までに配偶者が出産した男性の 2021 年 10 月 1 日までの育児休業取得率は，過去最高の 13.97% となった。過去最高を記録したことは喜ばしいが，2020 年 5 月に閣議決定された「少子化社会対策大綱」では，2025 年における男性の育児休業取得率の政府目標は「30%」であった。「過去最高」の数値は，政府の目標値の半分に満たない。2022 年 10 月には，「改正育児・介護休業法」により，男性が育休をより柔軟にとりやすくする「産後パパ育休制度（出生時育児休業）」が創設された。男性の育児休業取得ニーズが高いとされる子どもの出生後8週間以内に，4週間まで育休を取得することができる制度である。従来の育児休業制度も改正され，2回に分割して取得することが可能となった。男性は子が1歳になるまで最大4回に分けて育休を取得できるようになった。ただ，制度だけで「次元」を超えるのは難しい。

ユニセフがOECDおよびEUを対象行った子育て支援策ランキングで，日本は41カ国中で21位であった（ユニセフ，2021）。この調査は，対象国の育児休業制度，就学前教育や保育への参加率，保育の質，保育料の手軽さを評価したものである。日本の総合順位の内訳は，育児休業制度で1位，保育への参加率で31位，保育の質で22位，保育費の手頃さで26位であった[1]。日本は，父親の育児休業が世界で最も長く，父親と母親に認められた休業期間がほぼ同じ長さである唯一の国である。にもかかわらず，全体で中位という結果は，制度があっても取得できない厳しい現状を示している。また，日本では保育士の3人に2人以上が社会の中で自分の仕事が評価されていないと感じており，調査対象となった8カ国中最低の結果であった。日本の保育士の約95%は女性である（厚生労働省，2020）。労働時間や責任の重さが給与に見合わず離職率が高く，保育士を必要とする職場は人手不足に悩む。保育に限らず看護や介護など，伝統的に女性の役割とされてきた仕事への正当な社会的評価が必要である。そして男性にも，家族を養う「一家の大黒柱」といった伝統的役割から解放され，自分らしく仕事ができる環境が望まれる。現状に即した新たな制度が実際に活用され，働き方の改革につなげるには，人々の意識を変えることが根底にある。

---

1 「保育の質」のみ33カ国中，他の項目は41カ国中の順位。

1.4　視点の見直し

ジェンダー平等が進む北欧諸国も，男性視点で作られたさまざまな政策の見直しを経て現在の社会を実現している。例えば，大臣や国会議員，市議会議員のおよそ半数が女性のスウェーデンは，意思決定の場に女性の視点を入れることで，女性だけでなく社会全体を良い方向に変えてきた。ここでは例として，中部にある都市カールスクーガの除雪について紹介する。

かつて自治体では，通勤の車のために車道を優先し，歩道や自転車道の除雪は翌日になることもあったという。30 年にわたって当時道路管理担当を勤めていたスティーグ・レングマンさんは，市議会議員たちと話し合う中で自らの「男性目線」に気づかされたと話す。「とにかく車道を優先しなくてはいけないと思い込んでいました。自転車で職場に行く人，ベビーカーを押しながら歩く人，そんな立場の人たちのことをそれまで考えたことがなかったのです」（宣，2023）。

話し合いを重ねた結果，除雪の順番は見直され，保育園や学校の周り，歩道や自転車道，そして女性が多く通勤する職場の周りを優先した除雪が始まった。この取り組みによって，転倒事故が大幅に減り，医療費の削減につながるという予想外の効果もあった。試算では，全国で同様の成果が出た場合 130 億円の医療費を削減できるという。この除雪の取り組みはスウェーデン全土に広がり，海外からも注目を集めている。男女平等庁のペーター・ヴィクストロムさんは，次のように語っている。

「スウェーデンでは，男女平等を進めることは女性にとってより良いものにするという視点を持っています。しかしそれだけではなく，社会全体にとっても良いことであり有益であると考えています。表面だけを見れば女性にとって不利ではないと思われる政策も，細かく分析すると男女に異なる条件が生まれていることが少なくありません。男女平等の視点を持ってさまざまな側面から調べることがとても重要なのです」(宣，2023)

経済効果は思わぬ結果であって，目標にすべきは視点の見直しであるが，今まで当たり前だった視点を変えることの社会における重要性という点で，日本も学ぶことの多い事例ではないだろうか。

1.5　他者と自分への「ケア」

近年，国際社会におけるジェンダー平等への取り組みの中で，「ケアする男」あるいは「ケアする男らしさ」を表す言葉が盛んに使われ，ヨーロッパを中心に「ケア」をキーワードに男性の参画を促そうという動きが活発になっているという (多賀，2022)。ここでいうケアとは，家庭内で行われる無償労働としての家事，育児，介護などを指す。ケア労働への参加にとどまらず，他者に配慮し，互いに助け合い，そして自分のことも大切にするケアの態度を家庭でも職場でも培い，社会のさまざまな場面で女性たちとの関係性の中で発揮していくことが，「新しい男らしさ」として求められている。(多賀，2022)

この「新しい男らしさ」は，男女ともやさしく慈しみ深いことに高い価値を置く文化の次元としてホフステード (1995)[2]が提唱した「女らしさ」であるといえるだろう。文化のひとつの次元として「男性らしさ」と「女性らしさ」があり，その社会を特徴づけているといわれる。「男性らしさ」を特徴とする社会は，「社会生活の上で男女の性別役割がはっきりと分かれている (男性は自己主張が強くたくましく物質的な成功を

2　70年代に50カ国と3つの地域で働くIBM社員を対象に働く上での価値観を調査し，当時としては膨大なサンプルである11万6千人のデータを分析した。その後インターネットの普及に伴いより多くのデータ収集が可能となり，ホフステードとミンコフ (2013) との共同研究によって生まれた6次元モデルに基づき，76の国や地域で継続調査が行なわれている。

めざすものだと考えられており，女性は男性より謙虚でやさしく生活の質に関心を払うものだと考えられている)。」(p. 86) と定義される。それに対し，「女性らしさ」を特徴とする社会は，「社会生活の上で男女の性別役割が重なり合っている（男性も女性も謙虚でやさしく生活の質に関心を払うものだと考えられている)。」(p. 86) と定義される。調査によると日本の「男性らしさ」の度合いは群を抜いて高く，1位と2位を争う。調査対象国の中で最下位の76位，つまり最も女性らしい国はスウェーデンであった。「ケアする」男性が増えることにより，その国の「女らしさ」の度合いも高まると推測される。スウェーデンをはじめとした，ジェンダー平等社会を牽引する北欧諸国を間近で見てきたヨーロッパの試みとして，「新しい男らしさ」推進の効果と，日本にもその価値観が広がることを期待する。

ケアに注目することは，インターセクショナリティ（第8章参照）の視点からも重要だと考えられる。上野（2022）は，フェミニズムの観点から，「男性もまたケアという経験へと招き入れられる必要がある」(p. 116) と述べている。女性は女性であるだけで弱者であるわけではないが，伝統的に女性に割り当てられた「ケアする性」の経験は，子ども，老人，病人，障害者などに寄り添うことで弱者としての経験に近づく。ベビーカーを押して外に出た瞬間，多くの母親は車椅子使用者と同じような経験をする。男性もその役割を担えば，女性と同じような経験をし，弱者としての経験に近づくことができる（上野，2022)。

> 人は弱者として生まれ，弱者として死んでいきます，強者である期間は，人生のあいだで一時の事にすぎません。弱者に強者になれと要求したり，強者に抵抗することを要求したりできるでしょうか。それができないからこそ弱者は弱者なのです。だからといって差別

されたり抑圧されたりする理由はありません。弱者が弱者のままで尊重されることを求めて当然でしょう。フェミニズムは，同じである権利を求めるものではなく，ちがっていても差別されない権利を求める思想と実践なのです。（上野，2022，p. 116）

先述のスウェーデンにおける除雪の試みは，雪のために外出を避けたり，やむを得ず外出して転倒したりする女性の生活を一変させた。女性だけでなく，車で通勤する男性とは異なる朝を迎える人々の日常が尊重されたのだ。マジョリティ，マイノリティにかかわらず，強者が視点を変えて行動を起こすことが，より良い社会に向かう変化につながる。そのためには，強い立場にいる者が自らの特権に気づき，マイノリティの声に耳を澄まし，コミュニケーションを取り続けることが不可欠なのである。

2. 多様な性

2.1　性的マイノリティ[3]

多様な性を理解するには，性自認（Gender Identity）と性的指向（Sexual Orientation）について知っておく必要がある。性自認とは，自分自身の性別に関するある程度持続的なアイデンティティであり，性的指向とは，魅力を感じる性別の方向性である（石田，2019）。LGBTとは，英語でいうレズビアン（女性に恋愛感情や性的欲求を抱く女性），ゲイ（男性に恋愛感情や性的欲求を抱く男性），バイセクシュアル（男女どちらにも恋愛感情や性的欲求を抱く両性愛者），トランスジェンダー[4]

---

3 「性」はジェンダーとセクシュアリティの両方を含むため，「セクシュアルマイノリティ」ではなく本稿では「性的マイノリティ」を使う。

4 性適合手術（本来の性に合わせるという意味では性転換ではない）などによって，自身の性自認に沿う形に身体を変化させていくことを望む場合，トランスセクシュアルと呼ばれる。トランスジェンダーは，必ずしも性別移行を望むわけではない。

（出生時に割り当てられた性と性自認が一致しない人[5]）の 4 つの頭文字を合わせた言葉で，広い意味で性的マイノリティ全体を指す言葉としても用いられてきた[6]。インターセックス（性分化疾患：身体的にどちらかの性に分類しきれない人）を含めた LGBTI という表記や，どのカテゴリーにも当てはまらない「非規範的な性を生きる人」（森山，2017，p. 130）を表すクィア，もしくは，クエスチョニング（性自認を決められない，またあえて決めない人，性自認が揺れ動く人）を入れた LGBTQ，この 5 つの頭文字では表しきれない多様性を含めた LGBTQ＋も広く使われ，限られた数の頭文字で全てを意味することはできない。一方で，異性に恋愛感情や性愛感情を抱く人々をヘテロセクシュアル（異性愛者）と呼び，出生時に割り当てられた性別と自認する性別が一致する人をシスジェンダー（cisgender）[7]と呼ぶ。

LGBTQ や LGBTQ＋という言葉は，性的マイノリティの総称として使われてきたが，LGB は性的指向，T は性自認に関するアイデンティティを示し，同じ括りで使われることに違和感を持つ当事者も少なくない。マジョリティ側の「自分とは関係のない，よくわからない人たち」（森山，1917，p. 26）という感覚のもと，曖昧なまま使われることも多々ある。また，先述の通り限られた数の頭文字で多様な性を表すことはできない。X ジェンダーやノンバイナリー[8]（性自認が男女のどちらにも当

5　2013 年，アメリカ精神医学会による診断マニュアル改定の際，「性同一性障害」という概念が削除され「性別違和」に置き換えられ大きな注目を浴びた。この改定を後押ししたのは，性自認に障害を抱えているわけではないという当事者の不満の声であった（加藤，2017）。2022 年には「性別不合」に変更され，精神疾患の分類から外された。

6　「ホモ」，「レズ」は，同性愛者に対する侮蔑の意味を込めて使われてきた歴史を持つ（森山，2017）差別用語である。

7　同性愛者という概念が発見された後，マジョリティを指す言葉として異性愛者（ヘテロセクシュアル）が誕生したように，トランスジェンダーではないマジョリティの人々を指す言葉としてシスジェンダーという呼び方が生まれた。シス（cis-）はラテン語で「こちら側の」という意味で，トランス（trans-）「向こう側の」「超えて」「横切る」の対義語となる接頭辞。

8　X ジェンダーと異なる点として，性表現についても用いられる。

てはまらない人)，アセクシュアル（誰に対しても恋愛感情や性的欲求を抱かない人)，パンセクシュアル（異性，同性，性的マイノリティを含めた全てのセクシュアリティの人が恋愛や性愛の対象となる人）など，性は実に多様である。

2.2 SOGI

LGBTQという言葉は，性的マイノリティの存在に気づかせることには貢献したが，性的指向に関するLGBと性自認に関するTQをつなげてひとつの言葉のように使われているため，性的指向と性自認が混同され正しい理解を得られないという難点がある。また，マジョリティ（シスジェンダーの異性愛者）に対応する言葉はない。LGBTQという言葉を使い続ける限り，マジョリティ側は自らの性について問う必要がなく，自分たちにも関わることとして捉えにくい。そのような理由から，性自認（Sexual Orientation）と性的指向（Gender Identity）は誰もが持っているため，その頭文字をとった「SOGI（ソジ・ソギ)」という言葉が生み出された。人でなく基準を表すSOGIという視点で考えてみれば，異性愛は多様な性的指向の一つにすぎず，シスジェンダーも多様な性自認の一つであることがわかる。LGBTという言葉がLGBTQやLGBTQ+などに発展したように，SOGIもまたSOGIE（ソジイ）やSOGIESC（ソジエスク）という言い方に変化している。EはGender Expression（服装，髪型，しぐさ，言葉遣いなどの性表現)，SCはSexual Characteristics（身体の性的特徴）の頭文字である。

性は人が持って生まれた属性であり，それによって差別されてはならない。あらゆる形の性自認と性的指向のあり方が，人権として守られなければならないのである[9]。SOGIという全ての人が関わる概念を用いることで，なぜ新たな基準を表わす言葉が生まれたのかを考え，マジョリ

9　国際的人権の基準は全世界で全ての人に適応されなければならないが，同性愛を違法とする国など地域や文化によって，アイデンティティの一部として性を表明しにくい社会もある。

ティが持つ特権やそれを前提とした社会構造について問い続ける必要がある。

性自認，性的指向，出生時に割り当てられた性，性表現はグラデーションであり，マイノリティもマジョリティも，どの項目も二項対立で捉えるのではなく，境界線や範囲が明確ではない連続体の中でどこに位置しているかを考えることが大切である。例えば異性愛者の全てが異性に対して同じ性的関心をもっているわけではないように，性的指向はスペクトラムのどこかである。性役割や性表現は，個人によって位置する場所が変わることもある。どのような人と一緒に生活するかで，それまでの役割が逆転することもあれば，さまざまな出会いやきっかけを通して，表現が変わることも起こり得るだろう。

2.3　マジョリティ問題としてのマイノリティ問題

第8章で言及されたマイクロアグレッションは，ジェンダーと性的指向にも向けられる。ヘイトクライムやあからさまな嫌がらせは，差別の氷山の一角にすぎない。スー（2020）によれば，ジェンダーアイデンティティと性愛の方向性の双方に関する規範があり，全ての人が異性愛主義であるべきで，異性愛であることの方が望ましいという「不可視の異性愛主義」がある。それは，「非異性愛者（LGBTの人々）は存在しないか，異性愛者になるべきで，望ましくなく，異常であるとみなされる」（スー，2020，p. 307）ということを暗示している。

マイクロアグレッションは，マジョリティからマイノリティに対して行われるものだが，単に人数が多いという意味でのマジョリティからだけではなく，社会の中で優位で特権的な立場にある側から行われる抑圧である。わかりづらく見えにくいことから「マイクロ（小さな）」と表現されているが，抑圧を受ける人にとっては決して「小さい」ものではなく，心理的に大きな負担がかかる。自覚のない無意識の差別が起きる要因をつかむには，私たちの「普通」や「当たり前」が何を基本にしているのかを考える必要がある。それには，マジョリティとしての特権に気づき，それを認めることが前提となる（スー，2020）。

> この社会に生きる多くのマジョリティはまるで，正しい方法や交通ルールを知らずに車を運転しているようなものだ。これが普通だと思って運転していたし，それが誰かに危険や負担をかけているなんて思いもしなかった。なぜならそのことは誰も教えてくれていないし，多くの場合マジョリティが自身の視野の限界性に自分で気づくことはとても困難だからだ。だからこそ私たちは他者の視点から学び，その他者と共に生きる新しい方法を練習して身につける必要があるのではないだろうか。（マイクロアグレッション研究会，2020，p. 448）

マジョリティの視野の限界を示す例として，シスジェンダー側のトランスジェンダーへの理解があげられる。

> 本書の読者たちは，「トランスジェンダー」と聞いてどのような人を思い浮かべただろうか。有名なアメリカの俳優だろうか。元女子サッカー日本代表の選手たちだろうか。映画や漫画のキャラクターだろうか。それとも，トランスであることをオープンにして活躍する，勇気ある政治家や大学教員だろうか。就職面接で攻撃的な質問を浴びせられたり，職場でセクハラを受けたり，会社で差別的な扱いを受けるのが怖くて今日も誰にも自分の性別の葛藤をオープンにできずに苦しんでいるトランスジェンダーを思い浮かべた人が，ど

れほどいるだろうか。（高井，2022，p. 398）

高井（2022）は，メディアを通して多くの人の目に触れる「トランスジェンダー当事者」は，極めて限定的な存在であると述べている。社会的に恵まれた環境にあり，自分たちのことを世の中に訴える言葉を持ち，（フェイの言葉を借りれば）シスジェンダーの人々にも「受け入れやすい」外見や話し方と思想を身につけているトランスジェンダーだけを見て，現実を理解したつもりになってはいけない（高井，2022）。

理解の鍵を握るのは，インターセクショナリティの視点[10]である（第8章参照）。フェイ（2022）は，「強調してもしすぎることがないのは，トランスたちの政治的欲求が，障害者や移民，精神疾患をもつ人々，LGBの人々，そしてエスニックマイノリティたちの要求と同じ方向を向いているということである（言うまでもなく，それらの集団の内部にもトランスの人々はいる）」（pp. 99-100）と述べている。高井（2022）もまた，「フェミニズムによるトランス排除」の問題に真っ先に気づいたのは，障害やクィアなどの視点に立つインターセクショナルなフェミニストだったことを指摘している。そして，マイノリティの問題がマジョリティの問題でもあることについて，以下のように述べている。

「トランスジェンダー」という言葉を聞くと，何か特別で変わった人たちのこと，自分たちとはまったく違った人たちのことだと感じる人は多い。しかし，そのようなことはない。セクハラが横行して

10 「人種差別という均一な経験と，性差別というそれとは異なる，しかしやはり均一な経験，その二つの経験をバラバラに持ち寄ってみたとしても，それだけで『インターセクショナルな経験』を説明することはできない」（清水，2021，p. 155）。例えば，「黒人女性の経験を，黒人男性の経験とは異なる，しかしあくまで黒人の経験として扱う」のがインターセクショナルな観点であり，同一性ではなく類縁性を見い出すことである（清水，2021）。

> いる職場であれば，トランスジェンダーも被害に遭う。労働者を不安定で劣悪な環境で働かせることが当たり前になっている社会であれば，トランスの労働者も苦労する。だから，トランスジェンダーを苦しめる「問題」は，決して「トランスジェンダーの問題」ではない。(高井，2022，p. 398)

両親にカミングアウトし，名前を変えても違和感が消えなかった今井(2020) は，自分が自分のまま生きていく手段として手術を受けたという。

> 性の同一性というよりは，自分の同一性が問題だった。どこまでも「他人」で自分のものとは思えなかった自分を，手術を経て「私に近い存在」として感じられるようになり，私は「男」になりたかったのではなく，ただただ自分でいたかっただけなのだと気づく。(今井，2020，p. 20)

「自分でいたい」とは，誰もが思うことなのではないだろうか。人が持つさまざまな属性の中で，自分と異なる属性を認められないと感じたとき，このことを思い出してほしい。

3．まとめ

本章の前半では，日本のジェンダーギャップについて国際比較を通して明らかにするとともに，日本の働き方の現状からジェンダー平等を阻む原因について考察した。男性の家事・育児への参加時間など少しずつ変化はあるものの，女性が働く環境は厳しく，根強いジェンダーギャップを解消するには新しい制度の導入だけでなく人々の意識の変化が欠かせない。その一例として，ジェンダー平等先進国と言われるスウェーデンの取り組みを紹介し，ジェンダー平等に限らず社会の変革のために異なる視点から物事を見直す大切さを指摘した。さらに，今後日本のジェンダーギャップを埋めるキーワードとして「ケア」が果たす可能性を取り上げた。

後半では，性的マイノリティからマジョリティも含んだ SOGI という捉え方への変化の中で，誰もが持つ性という属性について考察した。性的指向，性自認，出生時に割り当てられた性，性表現などを考える際に大切なのは，どの項目も二項対立ではなく，自分がグラデーションのどこに位置するかという捉え方である。また，マジョリティの想像を超えるマイノリティの現状を当事者の声から知り，マイクロアグレッションとインターセクショナリティの視点から社会と向き合う重要性を再確認した。

SOGI が全ての人に関わるように，マイノリティの問題はマジョリティの問題でもあり，無関係な人などいないのである。

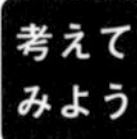

ジェンダー平等について望むことと，自分ができることや心がけたいことを考えてみよう。SOGI という捉え方した上で，自分がマイノリティとマジョリティの問題にどのように関わっているか考えてみよう。

邦文引用文献

石田仁（2019）『はじめて学ぶLGBT　基礎からトレンドまで』ナツメ社。

今井出雲（2020）「性と生のあわいで」『わたしの身体はままならない〈障害のリアルに迫るゼミ〉特別講義』（pp. 8-26）河出書房新社。

上野千鶴子（2022）『フェミニズムが開いた道』NHK出版。

加藤秀一（2017）『はじめてのジェンダー論』有斐閣。

厚生労働省（2020）『保育士の現状と主な取組』。
https://www.mhlw.go.jp/content/11907000/000661531.pdf

厚生労働省（2022）『令和3年度雇用均等基本調査』。
http://www.mhlw.go.jp/toukei/list/dl/71-r03/07.pdf

産経新聞社（2021. 7. 23）「旗手，宣誓…開会式も男女平等　多様性と調和を重視」『産経ニュース』。
https://www.sankei.com/article/20210723-KAN4TUROCZJB5C4CAIYNGZJZWM/?outputType=theme_tokyo2020（最終閲覧日：2023年2月1日）

清水晶子（2021）「同じ『女性』ではないことの希望―フェミニズムとインターセクショナリティ」岩渕功一（編著）『多様性との対話　ダイバーシティ推進が見えなくするもの』（pp. 145-164）青弓社。

スー，D. W.（2020）『日常生活に埋め込まれたマイクロアグレッション―人種，ジェンダー，性的指向：マイノリティに向けられる無意識の差別』（マイクロアグレッション研究会訳）明石書店。

宣英理（2023. 4. 27）『医療費ダウン，街も明るく！“男性目線”変えたスウェーデン』NHK。
https://www.nhk.or.jp/minplus/0029/topic117.html（最終閲覧日：2023年4月27日）

総務省統計局（2021）『令和3年社会生活基本調査結果』。
https://www.stat.go.jp/data/shakai/2021/pdf/gaiyoua.pdf

高井ゆと里（2022）「訳者解題　日本で『トランスジェンダー問題』を読むために」フェイ，S.（2022）『トランスジェンダー問題―議論は正義のために』（高井ゆと里訳）明石書店。

多賀太（2022）『ジェンダーで読み解く　男性の働き方・暮らし方』時事通信社。

男女共同参画局（2022）『男女共同参画白書令和 4 年版』。
https://www.gender.go.jp/about_danjo/whitepaper/r04/zentai/pdf/r04_genjo.pdf（最終閲覧日：2023 年 3 月 1 日）

東京 2020 オリンピック・パラリンピック競技大会東京都ポータルサイト（2020）。
https://www.2020games.metro.tokyo.lg.jp/special/watching/tokyo2020/games/games-vision/（最終閲覧日：2023 年 2 月 1 日）

ホフステード，G.（1995）『多文化世界：違いを学び共存への道を探る』（岩井紀子・岩井八郎訳）有斐閣。

ホフステード，G.・ホフステード，G. J.・ミンコフ，M.（2013）『多文化世界：違いを学び未来への道を探る［原書第 3 版］』（岩井八郎・岩井紀子訳）有斐閣。

フェイ，S.（2022）『トランスジェンダー問題―議論は正義のために』（高井ゆと里訳）明石書店。

マイクロアグレッション研究会（2020）「訳者あとがき」スー，D. W.『日常生活に埋め込まれたマイクロアグレッション―人種，ジェンダー，性的指向：マイノリティに向けられる無意識の差別』（マイクロアグレッション研究会訳）明石書店。

森山至貴（2017）『LGBT を読み解く―クィア・スタディーズ入門』筑摩書房。

文部科学省（2021）『東京 2020 の分析』日本オリンピック委員会。
https://www.mext.go.jp/sports/content/20210929_spt_kyosport_000018179_3.pdf

ユニセフ（2021）『子育て支援策新報告書　先進国の育休，保育政策などをランキング　日本は育休 1 位，保育の質や料金では中位』。
https://www.unicef.or.jp/news/2021/0125.html（最終閲覧日：2022 年 11 月 16 日）

英文引用文献

The Economist. (6 March 2023). *The Economist's glass-ceiling index.*
https://www.economist.com/graphic-detail/glass-ceiling-index（最終閲覧日：2023 年 3 月 8 日）

OECD. (2020). *Women, Business, and the Law 2023.*
https://openknowledge.worldbank.org/bitstream/handle/10986/39462/

9781464819445_ES.pdf

The World Bank. (2023). *The State of Women's Legal Rights*. https://wbl.worldbank.org/content/dam/sites/wbl/documents/2023/Chapter%201%20The%20State%20of%20Women's%20Legal%20Rights.pdf

World Economic Forum. (20 June 2023). *Global Gender Gap Report 2023*. https://www3.weforum.org/docs/WEF_GGGR_2023.pdf（最終閲覧日：2023年6月21日）

14 「ちがい」とコミュニケーション

花光里香

《目標＆ポイント》 人は同じコミュニティに所属していても，それぞれに「ちがい」がある。少数派と多数派，また当事者と非当事者は，「ちがい」を同じ視点で見ているわけではない。本章では，当事者の声を聴くことにより，「ちがい」を少数派と多数派，当事者間，当事者と非当事者のコミュニケーションの中で捉え，生きやすい社会につながる視点や行動について考察する。
《キーワード》 ちがい，普通，当たり前，当事者，マイノリティ（少数派），マジョリティ（多数派），多様性，自分らしさ，エンパシー，想像力，特権

1．少数派から見た多数派[1]の視点

1.1 障害

人々の異なる背景を尊重し認めようという社会の流れの中で，「多様性」や「ダイバーシティ」に関する取り組みがさまざまなかたちで行われている。第13章ではオリンピック開会式に打ち出された男女平等についてのメッセージについて触れたが，ここではパラリンピックの開会式を振り返る。多様性と調和を基本コンセプトに，あらゆる違いを肯定し，受け入れ，認め合うことを強調した開会式では，「WE HAVE WINGS（私たちには翼がある）」をテーマに，車いすに乗った少女が演じる「片翼の小さな飛行機」が，周囲の人々に励まされて空へ飛び立つ過程が表現された。この演出について，社会福祉士の玉木幸則さんは一貫性のあるストーリーを評価する一方で，可能性や多様な生き方があると伝えるのであれば，「飛行機でも飛べなかったら飛ばなくてもいい」という見

1 本章では，多数派は人数の多さだけでなく，特権や権力を持つ集団を意味する。マジョリティ集団に「特権集団」「支配的集団」「優位集団」，マイノリティ集団に「被抑圧集団」「従属集団」という語を使用する方が明確である（出口，2017）。

せ方もできたのではないかと話す。脳性まひの当事者でもある玉木さんは，生きづらさを感じる全てのマイノリティを対象にしたバラエティー番組に出演し，多様性のある社会について発信を続けてきた。「飛行機だから飛ばなければならない。飛べない飛行機が飛べるようにみんなで支えた結果，飛べるようになった」というストーリーには，多様性尊重を唱えるマジョリティ側の視点があるのではないか。玉木さんは，自分が演出するとしたら，異なるストーリーを展開しただろうと語る。

> 障害者は普通の人に比べて劣ってるっていう見方をされることがあります。別に僕らはそう思ってないけど，人って知らず知らずに「こうでないといけない」って考えてしまうようになる。歩けないより歩けた方がいいとか，手が使えないより使えた方がいいとか。でも飛べんかったら，飛べないなりの生き方や役割があるっていうんかな。現実には頑張ってもできないことっていっぱいあるわけでね。（玉木／小瀬，2021）

広瀬（2020）は，「2020年のオリパラをきっかけとして，各方面で『障害者』に対する関心が高まっている。ただし，このブームの背後にあるのは『○○が使えない』人々への支援を促す多数派の論理だろう」(p. 284) と述べ，次のような例をあげている。日本人がある発展途上国を旅行し，その経験を書き残した探訪記は，確かにその国を知るための本である。しかし，日本人を健常者に，その途上国に住む人を障害者に置き換えると，「探訪記からは良質の類似体験（理解）を得ることができるが，そこに追体験（真の共感）は生まれない」(広瀬，2020，pp. 284-285)。「私たち」と「彼ら」（障害者）の間には，表面的な交流は成立するとしても，そこから真の共感・協働は生まれないのである（p. 47)。

当たり前のように何かができると，「できないより，できた方が良い」と知らず知らずのうちに思っていることはないだろうか。そして，できる人が多数派の社会であれば，できるようになることが同じ社会で生きていくための方法だと考えてはいないだろうか。ソロモン（2020）は，「健常（アビリティ）ということばは，多数派の独善である」（p. 35）とし，腕をはためかせて空を飛べる人がほとんどならば，それができない人は障害（ディスアビリティ）があるとされると述べている。広瀬（2020）は，「健常者」という言葉の意味の理解に苦しむ。13 歳で完全に目が見えなくなっても，身体の他の部分は健康で同世代の同僚と比べても元気であるが，世間のカテゴリーでは重度障害者である（広瀬，2020）。ほとんどの人が歩け，耳が聞こえ，空気が読めれば，それができないことは障害とされる。ソロモン（2020）は，健康と見なされるものに明確な定義はなく，「それは多数決の問題で，障がい者はこうした多数決に疑問を呈する」[2]（p. 36）と指摘する。広瀬（2015）もまた，そもそも障害とは曖昧な概念であり，「多数派が少数派に貼り付けたレッテルにすぎない」（p. 197）と考え，障害／健常という単純な二分法を乗り越えなければならないと述べている。

コーダ（ろう者の両親を持つ聴者の子ども）であるイギル（2020）は，聴こえないことへの聴者の視点を以下のように述べている[3]。

> 私は，手で話し，愛し，悲しむ人たちの世界が特別なんだと思ってきた。正確に言うと，自分の父や母が誰より美しいと思っていた。口の言葉の代わりに手の言葉を使うことが，唇の代わりに顔の表情

2 「人や人の状態」を表す場合は「障害」という表記を避けることがあるが，「害」となるのは個人ではなく社会の壁であることを意識する意味をこめて，本章では「障害」を用いる。引用内の表記は，原文のままとする。

3 ろう者が自らを「障害者ではない」と規定することに対しては，ここで前提となる障害は病理学的な身体的欠陥であり，「個人モデル」への批判を通じて障害者運動が否定してきた障害観ではないかという議論や，その主張が他の障害者に対して持つ排他性も問題とされている（星加，2007）。

を微妙に動かして手話を使うことが美しいと。しかし，だれもそれを「美しい」とは言わなかった。世間の人たちはむしろそれを「障害」あるいは「欠陥」と呼んだ。(イギル，2020，p. 13)

1.2　支援

文部科学省は，特別支援教育を推進するため「学校教育法等の一部を改正する法律」の下，2007 年に「盲学校」を「視覚支援学校」に名称変更した。広瀬（2015）は，この「特別支援」という言葉に強い違和感を覚えるという。目が見えるマジョリティ中心の社会で視覚障害者が生きていくためには「特別な支援」が必要だというのは，マジョリティの論理である。もし支援という言葉を使うなら，足りない部分（視覚）を補うのではなく，残された部分（聴覚，触覚）を磨くために，盲学校は「聴覚・触覚支援学校」(p. 128）とすべきではないかと提案している。

福祉施設を「就労支援施設」と表現するように，障害のある人が社会参画するには「健常者に近づける」「健常者のようにできる」ことが必要だとされ，福祉施設ではそのための教育や支援体制がしかれている。それは現代社会の中で暮らすためには大切なことだとする一方で，それほど「矯正」されなければならないことなのかと疑問視する声もある(松田・松田，2022)。松田文登さんと松田崇弥さんは双子で，4 つ年上の兄・翔太さんとの 3 人兄弟である。双子の起業家は，知的障害のある作家のアートをさまざまな企業とのコラボレーションを通じて世に届け，福祉を起点に新たなライフスタイルを作り出す「ヘラルボニー」を設立した。「ヘラルボニー」は，翔太さんが生み出した言葉だ。翔太さんは，重度の知的障害を伴う自閉症と診断されている。「できない」ことを「できる」ようにするのではなく，「できない」という前提を認めあえば，類いまれな集中力やこだわりによって生まれた作品は社会に新しい彩りをもたらす。社会に順応させるのではなく，自分らしく生きられるように，社会の方を順応させるべく変えていかなければならない（松田・松田，2022）。2022 年，約 7 ヶ月にわたって青森県の三沢空港がカラフルなアートに包まれた。ヘラルボニーと JAL（日本航空）のコラボレーションの始まりである。中心となってプロジェクトを進めた佐藤妃桜華さんは，次のように語る。「JAL の翼で旅・アート・福祉の出会いを創出できればと考えました。大胆でチャーミングな世界観のヘラルボニーさんとタッグを組むことで，世界で一番お客さまに選ばれ，愛される航空会社にまた一歩近づけると確信しています」（日本航空，2023）。そして 2023 年，ヘラルボニーと JAL の提携は航空事業商品へと拡大した。ヘラルボニーのアートが，日本発国際線のエコノミークラスの機内食のスリーブ（紙帯）を彩る。JAL はヘラルボニーの事業内容に賛同し，ヘラルボニーは ESG を経営戦略の軸とする JAL の姿勢に賛同し，実現したコラボレーションであった（日本航空，2023）。アーティスト一人一人の自分らしさは JAL の翼に乗って国境を超え，さまざまな「ちがい」も超えていく。「福祉」という領域を拡張するイノベーションの，今後の新たな試みと可能性が期待される。

1.3 多様性

人と人との関係や人とモノとの関係が目まぐるしく変化し，不確実性が高い現代の社会は，熊谷（2010）は「分断された社会」であるという。「表向きは差異を承認するかのようなそぶりを見せながら，同時に読めない他者を拒絶する排他的なアイデンティティ同士が衝突する危険性をもつ」この社会では，「自分と異なる他者はいてもよいが，まざってこられては困るのだ」（p. 219）。

伊藤（2020）は，多様性という言葉への違和感について，多様性という言葉そのものは別に多様性を尊重するものではなく，「分断を肯定する」（p. 45）といったむしろ逆の効果さえ持ちうるのではないかと危惧している。多様性を象徴する言葉としてよく使われる「みんなちがって，みんないい」という金子みすゞの詩は，一歩間違えば「みんなやり方がちがうのだから，それぞれの領分を守って，お互い干渉しないようにしよう」（p. 45）というメッセージになりかねない。

出口（2021）は，「みんな違ってみんないい」というスローガンはとても好意的に聞こえるが，差異を尊重する一方で，背景にある構造的な差別には言及しないという意味では有害ですらあると指摘している。「違いはその人にとっての個性である」と言うことは，自分らしさを大切にお互いを認め合う肯定的な言葉に聞こえるが，実は背後にある差別構造を「ないこと」にしているのだ。同様に「障害は個性だ」と言うことも，制度的・文化的差別などの構造的差別をないこととし，健常者も障害者も対等でユニークな存在であるという考え方は，マイノリティ側である障害者が苦しめられる原因を作っている構造的差別の根本的な解消にはつながらない（出口，2021）。

横道（2021）もまた，多様性という言葉に警戒感があるという。想定範囲内のバリエーションではなく，「多様性」と言って済ませられる範囲を超えた現実にこそ目を向けるべきであると述べ，多様性を認めた社会は，「多様性を維持するために必要な支援が整えられた社会と考えるべきだ」（p. 223）と指摘している。石川（2004）は，「配慮を必要としない多くの人々と，特別な配慮を必要とする少数の人々がいる」という固定観念があるが，「『すでに配慮されている人々と，いまだ配慮されていない人々がいる』というのが正しい見方である」（p. 242）と述べている。多数派への配慮は当然のこととされ，少数派への配慮は特別なこととして可視化されるのだ。マジョリティもまた，マジョリティ中心の生きやすい世界が作られてきたという点で，社会から支援を受けていることを忘れてはならない。

2．少数派・当事者の視点

2.1　インターセクショナリティ

第 8 章と第 13 章でも触れたが，マイノリティや当事者のコミュニティの横のつながりに焦点を当てるインターセクショナリティの重要性を再確認したい。ソロモン（2020）は，インターセクショナリティについて「たとえば人種差別の問題に取り組まずに性差別を排除することはできない」（p. 53）と述べている。全米黒人地位向上協会の会長であるベンジャミン・ジーラスは，養子の弟とともに白人の街で育った。黒人であるために差別されて感じた憤りよりも，人種差別をしなかった人に性的マイノリティである弟を非難されたときの方の悲しみが大きかったという（ソロモン，2020；Farquhar, 2012）。インターセクショナリティという言葉は，人種と性の交差性を脱周縁化することから生まれ，差別構造を形成する階級，貧富，障害など複数の抑圧の交差性を表すようになった（清水，2022）。ロイ・マクドナルドは，2011 年にニューヨーク州議会で同性婚が合法となった際に，共和党でありながら賛成した議員のひとりである。自らの姿勢の変化について，二人の孫が自閉症であることが物事を考え直すきっかけになったと語っている（Hakim, Kaplan, & Barbaro, 2011）。「あるグループへの偏見に耐えることは，全てのグループの偏見に耐えること」であり，みんな「同じ闘い」に臨み，「同じ自由」を求めているのだ（ソロモン，2020，p. 53）。

ここで注意したいのは，インターセクショナリティは互いに独立した差別が交わっているのではなく，複数の差別の合計ではないということである。例えば，同じ女性同士でも白人と黒人，またシスジェンダーとトランスジェンダーでは差別の経験は異なる。同じ属性を持っているから同じ経験をしているわけではなく,「似ているかもしれないが違うかもしれない」という前提で,その違いの背景にある差別構造を理解しようとすることが大切である(清水,2022)。

2.2 当事者研究とソーシャル・マジョリティ研究

当事者コミュニティを縦割り構造から解放するインターセクショナリティに通じる試みとして,2001 年に北海道で始まった当事者研究という日本独自の取り組みを紹介する。当初は精神障害のある人々の間で行われていたこの技法は,地域や分野を越境し,依存症,発達障害,慢性疼痛,双極性障害,レヴィ小体病,吃音,聴覚障害などにおいても実践され始めている(熊谷,2017)。さらに,障害や病気というカテゴリーさえも超え,子どもや女性を含め生きづらさを感じているあらゆる人々の間に広まりつつある。2010 年以降は,ソーシャルワーク,精神医学,哲学,教育学,社会学,認知科学,ロボティクスなどの専門領域との連携も進んできた[4]。当事者研究の主張は,多数派向けにデザインされた社会環境に無理をして適応しようとするのではなく,等身大の〈わたし〉がそのままで生きられるように,社会環境の方を変化させることである(熊谷,2020)。

着目したいのは,この研究で交わされる異なる方向のコミュニケーションである。一つは,(当事者コミュニティの)「縦割り構造を解除し,多様な当事者コミュニティが互いの価値・知識・技術を提供しあい,更新しあうことで連携していく」(熊谷,2020,p. 212)障害横断である。困難を前に全てを専門家に任せるのではなく,まずは複数の当事者コミュニティで共に考え,それでもわからないことがある場合には当事者

---

4 2012 年には全国の当事者研究実践をつなぐために「当事者研究ネットワーク」が設立され,2015 年には様々な学術分野との連携を進めるために東京大学先端科学技術研究センター内に当事者研究分野が設置され研究や教育が行われている。(熊谷,2020)。

と専門家の双方が「無知の知」に基づき対話を重ねていく。このような過程を踏んだ後に，「専門家コミュニティと当事者コミュニティの共同的な価値・知識・技術の創造」（熊谷，2020，p. 213）である共同創造が続く。重要なのは，当事者と専門家がお互いの価値・知識・技術を見直し続けることであり，それが周縁に置かれた人々を包摂する社会を作っていく。

自分自身を探求する当事者研究に加えて，発達障害の当事者による研究にソーシャル・マジョリティ研究がある。ソーシャル・マジョリティ研究とは，当事者を排除した多数派社会のルールやしくみについて知ることであり，「多数派の身体特性をもった者同士が，無自覚につくりあげている相互作用のパターン」についても研究することである（綾屋，2018，p. 10）。この二つの研究によって，綾屋（2018）は「個人の変えられる部分」と「社会の変えられない部分」をすり合わせることで，「個人が引き受けられる／引き受けるべき責任」の再設定が可能になるとしている。また，「個人の変えられない部分」と「社会の変えられる部分」とのすり合わせからは，「新たな対処方法や支援方法」を発見できると考えられることから，社会と個人の間に生じる「障害」が徐々に小さくなることが期待される[5]。さらに，多数派側にとっては，ソーシャル・マジョリティ研究は自分たちの特性を知る当事者研究となる。多数派は自分たちを取り囲むルールに違和感がないため無自覚でいることが多く，行動の理由を聞かれても言語化できずに「当たり前だから」と答えるしかないことも少なくない。自分たちの当たり前は当たり前ではなく，一つのあり方にすぎないのだという自覚を多数派側に促すこともできると思われる（綾屋，2018）。

---

5 「お互いに」という形で障害のある人とない人の差異を平板化することには，現実に歴然と存在する社会構造の不均衡を覆い隠し，結果的に障害者側に不当な適応努力を強いる危険性が指摘されている（西倉，2022）。

2.3 障害とマジョリティ性

子どもたちに「障害ってなんだと思う？」とたずねると，「耳が聞こえない」「目が見えない」「車椅子に乗っている人」というような答えが返ってくるという（石田，2020）。これは，障害は個人の能力や知能によるという医学モデルの考え方である。社会モデルでは，車椅子使用者だから障害があるのではなく，2 階に上がる手段が階段しかないときに障害が生まれる。つまり，障害は社会の障壁によって生まれるという捉え方である。

障害の社会モデルの骨子は，今の社会がマジョリティのあり方を前提にデザインされているという現実認識にある。社会がマジョリティにとって便利にデザインされているため，マイノリティにはさまざまな不利益がある。社会はマジョリティとマイノリティの力関係に影響され，自分にとって有利にデザインされていることに，マジョリティ側は気づきにくい（清水・ハン・飯野，2022）。

マイノリティが直面しやすい問題を「社会的」なものとして扱おうとする時にも，マジョリティ-マイノリティ間の不均衡な権力関係は大きな影響を与え，マジョリティにとって有利にマイノリティにとって不利に働きがちである。マイノリティが直面している問題を一見解決するかのような動きの中にもマジョリティ優位の権力関係が機能し，問題解決の範囲を不当に狭めたり，問題解決に責任をもつべき主体をあいまいにしたりしている（飯野・星加・西倉，2022）。

マジョリティを中心に社会が設計され，マイノリティ側に不利益が生じる偏りをもった構造のことを「マジョリティ性の壁」と呼ぶ（飯野，2022，p. 249）。このマジョリティ性の壁は，障害学だけでなく，男性と女性の間，異性愛者とそうでない人たちの間，シスジェンダーとそうでない人たちの間，日本人と外国人などの関係に立ちはだかってきた。マジョリティ性の壁は，マイノリティの社会的位置からはとてもよく見えるが，マジョリティの社会的位置からはその存在が見えにくい。また，たとえ見えたとしても，マジョリティのものさしではその大きさと効果が過小に見積もられやすい。さらに，マジョリティ性の壁を壊すための取り組みが不公平なものに見え，女性やエスニック・マイノリティなどに対するポジティブ・アクション（積極的差別是正措置）をマイノリティへの優遇ではないかと感じる人もいる。マジョリティ性の壁は歴史的に時間をかけて作り出されたものが多く，当然あるものと思われてきた期間も長い。この壁を壊すためには，偏りを生み出した社会構造の仕組みを適切に描き出し，影響の大きさや根深さを把握する必要がある（飯野，2022）。

2.4 社会モデルの先へ[6]

石田（2020）には，遺伝子疾患であるトリーチャー・コリンズ症候群による頬骨や下顎の低形成と外耳の奇形などのため，聴覚障害と発音障害がある。見た目を理由とした偏見や差別の対象となる「見た目問題」は，外見に症状がある人にとって大きな困難である。誰にとっても第一印象は大きいもので，人とのコミュニケーションは，ただそれだけでも難しいという。聞こえと発音における難しさは，コミュニケーションを取る相手がいて初めて起こるものであり，「これまで外見的・機能的側面によって体験した困難は，人との関係がもたらしたもの」（p. 207）である。一人で家の中にいるときは見た目を意識することはまったくないが，外に出て人の視線を感じるときに困難が生まれ，それが続くと周囲の人に悪意がなかったとしても，自分自身の中に疎外感や孤独な思いが芽生えて気持ちを覆っていくのだ（石田，2022）。

6 社会モデル対医学モデル（個人モデル）の対立にとらわれずに，そこで議論された問題（障害の社会的側面，医師や専門家の位置づけなど）に対する関心を保持したまま，障害に対するさまざまな人々の意味づけに着目し，障害者の生活を幅広く扱う分野として障害社会学がある（榊原，2019）。

石田（2022）は，障害は社会と個人，その相互作用で起こるものであり，いくら社会が変わっても自分が変わらなければ障害や困難は無くならないと述べ，当事者が困難をどう捉えるかの重要性についても指摘している。その上で，どんな人間関係においても障壁を軽減する視点について，次のように述べている。

> 社会は，お互いがお互いの居場所を作ることで成り立っている。それらは一つ一つの人間関係において，お互いに歩み寄り，良い関係を築くことによって，作られていくものだと思う。確かに，僕は生活する上で人並み以上の困難はあるかもしれない。けれども，トリーチャー・コリンズ症候群である前に，石田祐貴という一人の人間である。僕も相手のことを知り，受け入れて，思いやりをもつ言動を，日常生活の中で心がけている。そのような意識を持つことで，人間関係や周囲の環境が良い方向に変化し，人生が豊かになるだけでなく，目指す共生社会への一助にもなるのではないかと，僕の人生を振り返って思う。（石田，2022，p. 218）

3．共に生きるために

3.1　多様性

多数派側の視点が見え隠れする多様性のあり方とは別の捉え方として，伊藤（2020）は，人と人との間にある多様性ではなく，一人の人の中にある多様性に目を向けるべきだと指摘する。人と人との間にある違いを示す多様性は，ラベリングにつながりやすく，個人が一般化されたカテゴリーに組み込まれてしまい，多数派と異なる点が強調される。しかし，「目が見えない人」は，教師であり，父親であり，料理上手かもしれない。「耳が聴こえない人」は，大学生であり，留学生でもあり，カラオケ好きかもしれない。「車椅子の人」は，会社経営者であり，母親であり，ダンスが得意かもしれない。このような一人の人が持つ多様性は，実際にその人と関わってみないと見えてこないものである。人と人との間にある多様性が強調されると，一人の人の中にある多様性が見えにくくなってしまう。伊藤（2020）は，「『目の前にいるこの人には，必ず自分には見えていない側面がある』という前提で人と接する必要がある」とし，「それは配慮というよりむしろ敬意の問題」であると述べている。重要なのは，「いつも『思っていたのと違うかもしれない』可能性を確保しておくこと」なのである（p. 50）。人は誰でも複数の側面を持っている，という「当たり前」のことを，どんな人と接するときにも頭に留めておきたい。

多様性という言葉は，少数派の受け入れや尊重の意味で使われるとともに，自然界における種の多様性になぞらえることもある。かつてエルム・シティと呼ばれたニレが立ち並ぶ町で病気が広がり，街路や公園の樹木が一斉に枯れたことをソロモン（2022）は回想する。このエピソードでニレの木が象徴するのは，社会的な価値や物理的な環境が目まぐるしく変化する時代における，単一文化の弱さである。マイノリティが時代に適応するための答えだと言うつもりはないと断った上で，ソロモン（2022）は次のように述べている。「私にわかっているのは，われわれを一様にニレの木に変えるのはまちがいだということだけだ。同じ木で統一された堂々たる並木道が延々と続けば，きれいに見える。だがそれは，都市計画としては無責任なのだ」（p. 319）。

福岡（2012）は生物学者の立場から多様性を考察し，生命が環境に適応し変化に対して柔軟であるために重要なのは，単に生物がたくさんいればよいということではないと述べている。例えば，地球上の生命がサッカーチームだとすると，大切なのはプレーヤーとしての相互関係であり，各プレーヤーの役割が相互関係の中でうまく果たせたときに，多様性がチームをより良いかたちで存続させるのである。ここで確認しておきたいのは，このサッカーチームは選抜を勝ち抜いた限られたプレーヤーで構成されているわけではなく，どのプレーヤーにも役割がある点である。福岡（2020）によると，「多様性」という言葉は1980年代後半，生物の種（しゅ）の多様性が必要だという形で提唱され，次第に広まっていったと考えられる。一般には数多くの「種」が存在していることを示すが，ひとつの種の中に多様性が存在することも，その種が生き延びるために不可欠なのである。何百万年といった生物界の長い時間軸の中で突然環境が激変した際に，弱そうな個体の方が生き延びる可能性もある。このような生物学的な視点は，弱い存在もいる社会の方が実は強いことを示唆している。多様性とは何かと問われれば，弱い者も強い者も，誰も否定されないことではないだろうか。共生社会の両義性ともいえる「普通に近づくための能力発揮や貢献」といった視点からではなく，松田・松田（2022）が目指す「『ふつう』を肯定する社会から，『ありのまま』を肯定する社会」（p. 173）への変化にもつながる捉え方である。

3.2　エンパシー

エンパシー（empathy）という言葉は，異文化コミュニケーションの重要なキーワードであるにもかかわらず，日本ではなかなか浸透しなかった。ひとつの理由として考えられるのは，「共感」という訳語である。英語のシンパシー（sympathy）とエンパシー（empathy）は，日本語ではどちらも「共感」や「思いやり」の意味を含むため混同されやすい。シンパシーは，ギリシャ語の「syn」（共に）と「pathos」（感情）が組み合わさった言葉であり，他者の感情を共有するという意味である。例えば，親しい人が悲しんでいるときにその悲しみを分かち合う際に使われ，他者の感情や状況に対して共感や同情を示す。一方，エンパシーは他者の感情に寄り添い状況を理解し，共感する能力を指す。たとえ自分がそのように感じていないとしても，相手の立場に立って考え，どのように感じているかを想像し理解しようとすることである（Merriam-Webster Dictionary, 2023）。

利他という観点から考えてみると，中島（2021）は利他的行為の源泉として「共感」について述べる中で，「当事者の人たちにとって，時には命にかかわる『強迫観念』」（p. 24）にもなり得る共感の危うさについて触れている。共感が利他的行為の条件になったとき，「共感されるような人間でなければ，助けてもらえない」という思いに駆られる人がいるのではないだろうか。人間は多様で複雑であり，困難な状況を含めて自分のことを語ることができる人もいれば，他者に伝えることが苦手な人もいる。「共感を得るための」行動を強いられると，精神的に苦しくなる人もいるだろう（中島，2021）。

この場合の共感は，困難を抱える相手に示す自分の感情であり，シンパシーだと考えられる。エンパシーは，必ずしも同じ感情や同じ考えを持たない相手に対して，その人の立場に立って状況を想像する能力である。他者とのコミュニケーションを深める重要な要素であるが，共感に潜む落とし穴もある。マジョリティ側がマイノリティの立場に立って考える際には，特に注意が必要である。相手の状況の特殊性を排除して相手の気持ちがわかると思い込んだり，相手の経験を自分の経験と安易に同一視したりする危険性がある（Spelman, 1995）。大切なのは，想像は想像であり，他者の感情はあくまで他者にしかわからないことを踏まえた上で，自分の解釈を押しつけず，歴史的な背景も含めたコンテキストの中で理解しようとすることである（Segal, 2018）。常に変動し続ける世界で，固定化されない相手との関係性においてコミュニケーションの学びに終わりがないように（大橋，2019），エンパシーという能力の習得も一生をかけたプロセスなのである。

3.3　想像力

相手の立場や気持ちを想像する能力であるエンパシーに注意点があるように，想像力にも危険が潜んでいる。広瀬（2020）は，視覚障害の一般向けの入門書を例にあげ，障害者がユニークな「見方」を持つことに対する評価を肯定しつつも，「その『見方』にたどり着くまでに彼らがどんな人生経験（時には苦労）をしてきたのか」（p. 48）が詳述されないことを指摘する。その記述なしには，真の障害者理解に至る深さや説得力はないだろう。多数派にとっては，少数派について知ることが最初のステップではあるが，今に至る道のりには想像を超えるものがあることを含めて想像した上で，「わかっているつもり」にならないことが大切である。

頭木（2020）は，担当するラジオ番組で視覚障害のある偉人の言葉を紹介した際に，「視力を失うことがどれほどのものかは私たちには想像できるものだと思うので，残された言葉を解説する必要などあるのだろうか」という意見があり，たいへん驚いたという。たとえ一時的でも，目を病み本が読めなくなったのは想像とはまるで違う体験であり，経験しないとわからないということを改めて痛感したことを思い出す。このエピソードは，当事者は非当事者の想像の及ばない体験をしているにもかかわらず，非当事者が自分たちの想像の範囲で推測し，わかっているつもりで対応することの危険性を表している。大切なのは，想像が及ばないことがあるという理解であり，「いくら想像しても，経験していない自分にはわからないことがある」（頭木，2020，p. 314）ことを忘れてはならない。

3.4 偶然性

福祉業界は，「配慮」や「事情」というオブラートに包まれ，当事者や家族以外にとっては，リアルが見えにくく，どこか遠い世界のように思われることが多い。「どんなに切実な声が上がっても，『自分と関係ない』『違う世界の話だ』と，打ち消されてしまう」（松田・松田，2022，p. 187）。しかし，本当に自分とは関係のない違う世界の話なのだろうか。

中島（2021）は，親鸞が見つめた存在の偶然性について，次のように述べている。「今の私が，今の状態にあることは『たまたま』である。様々な縁が重なり合い，偶然手にしているのが，私の境遇である。だから，私は『その人』であった可能性を捨てきれない」（p. 143）。親鸞の洞察は「脆弱な自己への想像力」を奮起し，親鸞が見つめた「私が私であることの偶然性」つまり「偶然の自覚」が他者への共感や寛容につながるという構造がある。「自分が『その人であった可能性』に対する想像力」は自己の偶然性を認識させ，「『自分が現在の自分ではなかった可能性』へと自己を開く」（p. 143）のである。この偶然性に対する想像力は，関係がないと思っていたことを自分に引き寄せ，次に述べる特権を自覚することにも関わる重要な能力である。

3.5 特権

人種・民族，性別，性的指向，性自認，学歴などの属性の中で，私たちはマジョリティになったりマイノリティになったりして生きているにもかかわらず[7]，マジョリティ側は自分が持つ特権に無自覚であり，社会における構造的な不平等についても無自覚であることが多い。「特権」

7 方針としてのインターセクショナリティを徹底すれば，「マジョリティ」「マイノリティ」という言葉の内実はそれほどわかりやすいものではなく，単純な理解からこぼれ落ちるものこそがインターセクショナリティであることがわかる。マジョリティ／マイノリティという二分法では見えない複雑性が，まさに事実としてのインターセクショナリティであり，その事実をつかまえるために方針としてのインターセクショナリティがある（森山，2022）。

は，「あるマジョリティ側の社会集団に属していることで労なくして得る優位性」と定義される（出口，2021）。努力の結果ではなく，たまたまある社会集団の一員として生まれたことで，自動的に受けられる恩恵を意味する（第 15 章参照）。出口（2021）は特権を「自動ドア」に例え，構造的な不平等について次のように説明している。

> 特権を有しているマジョリティ側の人間は，目的地に向かって進もうとすると自動ドアが次々に開いてくれるので，それがその人にとって「ふつう」「当たり前」となり，ドアが開いてくれている状態が構造的なしくみとして優位な立場にしていることに本人は気づかない。その一方，マイノリティには，これらのドアの多くは自動では開かず，自らの手で一つ一つこじ開けたり，時には開けるための鍵を取りに走ったりしなくてはならず，遅れをとる。あるいは，何をしても開いてくれないこともある。実際，自動ドアを開閉しているのはドアの上にあるセンサーだが，このセンサーこそが直接的・制度的・文化的差別である。このセンサー自体を変えないことには，マジョリティへの優遇と，マイノリティへの抑圧の構造を変えることは不可能だ（出口，2021）。

出口（2021）は，構造的な変革でドアセンサーを変えていくには，組織内の意思決定の場にマイノリティ性のある人々を配置し，すでにトップにいる人が率先して変えていく必要性を指摘している。どのような属性に対する差別への取り組みでも，背景にある社会構造をマジョリティとマイノリティがそれぞれの視点から見つめ，異なる意見を共有し対話を重ねることの重要性に変わりはない。

4. 世界のあり方と見え方

最後に，毎日の生活に異なる視点を取り入れ行動につなげることが，社会にもたらす変化について考察する。「マイノリティが暮らしやすい社会は，誰もが暮らしやすい社会」といわれるが，マジョリティにとってはその暮らしやすさは見えにくいだろう。いつでも一人で外出できる，公共の乗り物やトイレを好きなときに使える，自動販売機で飲みたいものが買える，食べたいものを作り，買い，食べに行くことができる，相手の言葉がわかる，スケジュールが立てられる，ルールがわかる，その他当たり前にしていることは，できる人の特権である。それに気づかずに生活していることこそが，特権を享受していることなのだ。特権がある人は，どんなに暮らしやすくなったとしても，その実感がほとんどないだけでなく，考えなければならないことが増えて面倒だと感じるかもしれない。松田・松田（2022）は，マイノリティが暮らしやすい社会に世界全体の「あり方」は変わらないかもしれないが，「きっと世界の『見え方』は大きく変わる」（p. 189）と述べている。世界の見え方が変わるのはマイノリティだけでなく，意識して暮らすことでマジョリティにも見えてくる世界ではないだろうか。

クロネコヤマトから不在票を受け取り，両端に切り込みが入っていることに気づいたことがあるだろうか。目が見える人には，この切り込みの意味を想像しにくいだろう。この猫の耳の形の切り込みは，クロネコヤマトに勤務する芳賀優子さんのアイデアで 1997 年 6 月から使用されている。目が見える人は，点字にすればよいと思うかもしれない。しかし，目が不自由な人のうち点字を読めるのは 2 割程度といわれている。点字を読めない（読まない）中途失明者の数が増え，点字を日常的に触読する人はマイノリティの中のマイノリティとなっている（広瀬，2015）。

芳賀さんはいくつものサンプルを作成し，目の不自由な人たちのもとへ走った。試行錯誤を重ね，両サイドへの切り込みが最も分かりやすい方法であるという結論に達し，クロネコヤマトの宅急便だと連想しやすいように，切り込みをネコの耳の形にした。クロネコヤマトの不在票は，「どれが不在連絡票なのかわからず荷物が受けとれない」という視覚障害者の声を，同じ障害がある芳賀さんが発信し，見えない人と見える人が一緒につくりあげた「ネコの耳」なのである[8]。

日々の暮らしの中で，当たり前に使っているものを，誰にでも使いやすいか，使いやすくするにはどうしたらよいかを考えてみる。当たり前だとされていることを，本当にそうなのか疑ってみる。世界の見え方が変わることが，きっと社会を動かすきっかけとなるだろう。

5. まとめ

本章では，「ちがい」や多様性の捉え方を，少数派と多数派の視点から考えた。また，当事者と非当事者のコミュニケーションギャップを明らかにし，当事者間で交わされてきた対話や試みを紹介した。社会における多様性の役割とともに，その言葉に潜む危険性についても検討した。異なる者が共に生きていくために，自分の中にある多様性に目を向け，今の自分の立場や状況の偶然性を意識することの大切さを確認した。相互理解へのキーワードとされるエンパシーや想像力も，マジョリティ側の理解が及ばないことを含めて培う必要がある。私たちはマジョリティ

8　ヒューマンライブラリー，2018 年 5 月 26 日，芳賀優子「みんなでつくるみんなのためのバリアフリー」早稲田大学。

ヒューマンライブラリーとは，さまざまな価値観や経験を持つ人が「生きている本」として，生きにくさの自己開示を含む体験を語る「生きている図書館」（リビングライブラリー）である。語り手の「本」役は，主に偏見を持たれやすい人や生きにくさを抱えた人，過去にそうした経験を持つ人など，一般的にマイノリティの立場にある人たちが担う。1～5 名の読者（聴き手）が 1 冊の本（語り手）から 30 分程度話を聴き，読書（対話）をする。2000 年にデンマークで始まった，偏見を減らし多様な社会の実現に向けた取り組みである。

になったりマイノリティになったりして生きているが，マジョリティになることが多いと自分が持つ特権を意識することが難しくなり，社会の構造的不平等にも無自覚になりがちである。マジョリティはそのことを踏まえた上で，マイノリティと異なる視点からコミュニケーションをとり続けることが，世界の見え方を変え，社会を変えていくことにつながるに違いない。

考えてみよう　今までに生きづらさを感じたことを書き出し，それは自分が少数派だからかどうかを考えてみよう。その後に，いつも当たり前にしていることに目を向け，それが当たり前でない場合や，他の人も当たり前のようにできるにはどのような工夫ができるか考えてみよう。

邦文引用文献

朝日新聞（2020 年 1 月 1 日）『（対談　多様性って何だ？）誰も否定されないこと　福岡伸一さん×ブレイディみかこさん』
https://www.asahi.com/articles/DA3S14313773.html（最終閲覧日：2023 年 2 月 1 日）。

綾屋紗月（2018）『ソーシャル・マジョリティ研究』金子書房。

飯野由里子（2022）「『社会モデル』を使いこなす」飯野由里子・星加良司・西倉実季『「社会」を扱う新たなモード「障害の社会モデル」の使い方』終章（pp. 236-253）生活書院。

イギル，ボラ著　矢澤浩子訳（2020）『きらめく拍手の音』リトルモア。

石川准（2004）『見えないものと見えるもの―社交とアシストの障害学』医学書院。

石田祐貴（2020）「僕がこの世界にいる意味を探し続ける」『わたしの身体はままならない〈障害のリアルに迫るゼミ〉特別講義』（pp. 202-218）河出書房新社。

伊藤亜紗（2020）『手の倫理』講談社。

大橋理枝（2019）「コミュニケーションの学び」大橋理枝・根橋玲子（編著）『コミュニケーション学入門』（pp. 255-272）放送大学教育振興会。

玉木幸則（2021年8月28日）「『飛べない生き方もある』バリバラ出演者，パラへの思い」『朝日新聞デジタル』聞き手／小瀬康太郎。
https://www.asahi.com/articles/ASP8X3JDZP8VULEI00P.html（最終閲覧日：2022年12月1日）

頭木弘樹（2020）『食べることと出すこと』医学書院。

グッドマン，D.J.著　出口真紀子監訳　田辺希久子訳（2017）『真のダイバーシティをめざして：特権に無自覚なマジョリティのための社会的校正教育』上智大学出版。

熊谷晋一郎（2010）「あとがきにかえて」綾屋紗月・熊谷晋一郎（2010）『つながりの作法―同じでもなく　違うでもなく―』NHK出版。

熊谷晋一郎（2017）「みんなの当事者研究」熊谷晋一郎編『臨床心理学研究増刊第9号』金剛出版。

熊谷晋一郎（2020）『当事者研究―等身大の〈わたし〉の発見と回復』岩波書店。

榊原賢二郎（2019）『障害社会学という視座―社会モデルから社会学的反省へ』新曜社。

澁谷智子（2009）『コーダの世界―手話の文化と声の文化』医学書院。

清水晶子・ハン，トンヒョン・飯野由里子（2022）『ポリティカル・コレクトネスからどこへ』有斐閣。

清水晶子（2022）「フェミニズムってなんですか？」文春新書。

ソロモン，A.著　依田拓巳・戸田早紀・高橋佳奈子訳（2020）『「ちがい」がある子とその親の物語Ⅰ』海と月社。

ソロモン，A.著　依田拓巳・戸田早紀・高橋佳奈子訳（2022）『「ちがい」がある子とその親の物語Ⅲ』海と月社。

出口真紀子（2021）「マジョリティ側が陥りやすい『多様性』の罠」『国際人権ひろば』ヒューライツ大阪。
https://www.hurights.or.jp/archives/newsletter/section4/2021/11/post-201914.html（最終閲覧日：2023年2月1日）

広瀬浩二郎（2015）『身体でみる異文化』臨川書店。

広瀬浩二郎（2020）『触常者として生きる』伏流社。

松田文登・松田崇弥（2020）『異彩を，放て。―「ヘラルボニー」が福祉×アートで世界を変える』新潮社。
星加良司（2007）『障害とは何か―ディスアビリティの社会理論に向けて』生活書院。
福岡伸一（2012）「生物多様性とは地球の動的均衡―オイコスの美―」『The MIDORI Press』。
https://www.aeon.info/ef/midoripress/jp/column/20121112_post_5.html（最終閲覧日：2023 年 2 月 1 日）
中島岳志（2021）『思いがけず利他』ミシマ社。
西倉実季（2022）「当事者研究と『社会モデル』の近くて遠い関係」飯野由里子・星加良司・西倉実季『「社会」を扱う新たなモード「障害の社会モデル」の使い方』第 1 章（pp. 30-70）生活書院。
日本航空（2023）「福祉実験カンパニー『ヘラルボニー』×JAL の挑戦　空の旅×アート×福祉の融合」SKYWARD 2023 年 9 月号。
森山至貴（2022）「今度はインターセクショナリティが流行ってるんだって？」『現代思想』5 月号　第 50 巻第 5 号　64-73。
文部科学省（2006）『平成 18 年度文部科学省白書第 2 部第 2 章トピックス 2「盲・聾・養護学校」から「特別支援学校」へ（学校教育法等の一部を改正する法律について）』。
https://www.mext.go.jp/b_menu/hakusho/html/hpab200601/002/002/002.htm（最終閲覧日：2023 年 2 月 1 日）
横道誠（2021）『みんな水の中』医学書院。

英文引用文献

Farquhar, C. (January 30, 2012). NAACP's Jealous keynotes National Lesbian and Gay Rights Task Force convention. *People's World*.
https://www.peoplesworld.org/article/naacp-s-jealous-keynotes-national-lesbian-and-gay-rights-task-force-convention/（最終閲覧日：2022 年 12 月 1 日）
Hakim, D., Kaplan, T., & Barbaro, M. (2011, July 4). After backing gay marriage, 4 in G. O. P. face voters' verdict. *The New York Times*.

https://www.nytimes.com/2011/07/04/nyregion/gauging-consequences-for-republicans-who-backed-gay-marriage.html（最終閲覧日：2022年12月1日）

Merriam-Webster. (2023). *Merriam-Webster Dictionary*.
https://www.merriam-webster.com（最終閲覧日：2023年2月1日）

Segal, E. A. (2018). *Social empathy: The art of understanding others*. New York: Columbia University Press.

Spelman, E. V. (1995). Changing the subject: Studies in the appropriation of pain. In L. A. Bell & D. Blumenfeld (Eds.), *Overcoming racism and sexism*. (pp. 181-196). Lanham, MD: Rowman and Littlefield.

15　多文化共生のコミュニケーション

大橋理枝・佐々木由美*

《目標＆ポイント》 全ての人が対等でいられる社会は残念ながら存在しない。日本社会の中で様々なコンテキストをもった人々が生活していることを踏まえて，私たちの身の回りの権力関係や世界の認識の仕方が多文化共生のために必要なコミュニケーションに与える影響について考える。

《キーワード》 権力関係，公正世界信念，システム正当化理論，コンテキスト

1. 権力関係とコミュニケーション

これまで見て来た通り，日本社会の中には様々なコンテキストを持った人々がいる。あるコンテキストが，日本社会の中で主流的な位置を占める人のものとは異なっているとき，そのコンテキストを共有している人々は社会の中でマイノリティの立場に位置付けられることになる。久保田（2021）は次のように述べている。

> 個人や集団はそれぞれ異なる社会的・経済的・歴史的境遇を持ち，同一ではなく，それぞれ権力階層の中で異なる地位を占めている。最上位に君臨するのは権力のある多数者であるのに対して，最下位に存在するのは多くの場合，少数者である弱者である。日本で権力を持つ多数者は，日本国籍を持つ者，それもジェンダーや民族などの点で主流集団に属す者たちだ。その一方で，周縁化される少数者

＊　本章は 1.1 及び 1.2 を佐々木が執筆し，他は大橋が執筆した。

は，女性・障がい者・経済的弱者・先住民族・在日コリアン・ニューカマーである外国籍の住民・性的少数者などである。(p. 195)

河合（2010）は「マイノリティという概念には，権力関係で劣位に置かれている，という意味が含まれる」（p. 162）と指摘し，マジョリティが権力関係で優勢な立場にあると述べている。

権力的に上下がある関係が具体的にどのようなコミュニケーションを生み出すのかを，第10章で述べた国際結婚カップルの例から考えてみよう。

1.1　日本人配偶者の経済的・政治的優位性

第11章で，日本人の国際結婚について，ジェンダー・ロール，言語選択と言語権，コミュニケーションの観点から論じた。日本で暮らす外国籍の配偶者が，言語権（自分の言語で話す権利）を奪われる問題を「文化的暴力」として論じた。本節では，そこでは触れなかった問題について論じる。

日本における国際結婚の増加は，主に「配偶者選択における『内婚』（自分が所属する集団内から配偶者を選択する傾向）原理のうち，『国籍』という要素の規制が男性において急速にゆるんだ」（篠崎，1996，p. 47）ためと考えられており，そこには日本人男性の配偶者となる結婚移住女性と，その家族や社会に対する「経済的優位性」，「政治的優位性」といった要因が指摘される。すなわち，日本人男性が結婚する女性の出身国の約8割は，日本が経済的優位にある他のアジア諸国である[1]。経済的基

1　近年，中国経済の発展は目覚ましく，2010年に中国の国内総生産（GDP）は日本のそれを上回り，世界第2位の経済大国となった。したがって，2010年以降について，日本が中国より経済的に優位とは必ずしも言えない。しかし，現在に至るまで中国では依然，都市部と農村部の経済格差が大きく，また中国国内のジェンダー要因から女性が経済的困窮状態に陥りやすいため，経済的事情が日本人男性との国際結婚の一因になるという報告がある（張，2020）。

盤は家族，家庭の在り方に影響することから，経済的優位性が家庭内における政治的優位性に影響しやすい。

日本の法治下での国際結婚である限り，法的には概して日本人に有利に働くことが多く，日本人配偶者側が政治的優位性を有する傾向がある。外国籍配偶者の在留資格の問題，経済的自立の難しさ，また子どもの親権の問題などをめぐる「法的立場を利用した暴力」が指摘されている（仲里，2015；松代，2004）。在留資格の問題をめぐる暴力とは，外国籍配偶者が日本で暮らすには在留資格の更新があり，その手続きに日本人配偶者の身元保証や署名が必要だが，その立場を利用し，相手をコントロールする行為を指す（仲里，2015；松代，2004）。また一定年月と条件を満たし，本人が希望すれば永住権が申請できるが，これにも日本人配偶者の身元保証と署名が必要である（出入国在留管理庁 HP, n. d.）。それに加え，永住権取得までの 7 ～10 年程度，銀行口座が開けない，クレジットカードや携帯電話の契約もできないなどの社会的差別に遭遇することもあり，日本人配偶者の援助なしの生活は難しい。そのため日本人側の法的，政治的優位性が家庭内での政治的優位性を保持しやすい状況を作る傾向があり，意図的に外国籍配偶者の生活を困窮させる暴力に繋がりやすいという[2]。

1.2　欧米圏配偶者の国際結婚夫婦の言語選択に潜む問題

第 11 章 2. 1. 2 節でみた通り，欧米圏配偶者の国際結婚夫婦の場合，夫婦ともにコミュニケーション言語として英語の選択を「好ましいと感じている」という調査結果（岡戸，2009）から，大きな問題は起こらないように思える。しかし，夫婦間の対等なコミュニケーションを理想とするならば，どちらか一方の母語を選択する場合，コミュニケーションにおいて均衡な力関係は期待できず，次の二つの問題が潜むことが考えら

2　そもそも経済的事情による日本人男性との国際結婚では，「日本人の配偶者」の名のもと，「主婦または母親的仕事」を外国籍女性に無償労働で課すのに都合よく制度化されているという指摘もある（嘉本，2008）。

れる。

まず，言語権の問題が発生する。日本人配偶者が，夫婦間のコミュニケーションで他言語である英語使用を余儀なくされる場合，日本語を話す言語権は家庭内において侵害される。多くの場合，その状況は夫婦間のコミュニケーションに限定されるため，完全な言語権の剥奪にはならず，日本国内にいる限り日本語を使えるため孤独感に繋がることも考えにくい。しかし，夫婦間のコミュニケーション言語が英語で，それが相手の母語である場合，コミュニケーション上の不均等は回避できない。

次に，欧米系配偶者，特に英語圏出身者は自身の出身国の経済的・政治的・言語的優位性から，日本で日本語，日本文化への同化を要求されにくいため，日本語を話さない，話せない状況をよしとしがちになるかもしれない。その場合，日本文化や日本語への関心，理解を深める機会を逸する，または，その努力を怠る可能性がある。そうした態度は，コミュニケーション上の不均等を生むだけでなく，ひいては配偶者の言語文化，すなわち，パートナーへの理解を深める機会を逸する可能性もあり，恒常的に夫婦関係にマイナスの影響があるかもしれない。

一方で，日本で暮らす英語圏出身の配偶者が日本人配偶者とのコミュニケーションで英語を使用するのは，英語圏出身者にとり文化的アイデンティティを保持しやすいという利点はある。英語圏出身者も日本で暮らす限り，普段の生活環境では言語権を剥奪される場面も多いであろうし，孤独感を持つこともあるだろう。せめて家庭内では自分の言語で話すことで文化的アイデンティティを保持できるため，精神的健康にもよい影響があるだろう。英語圏出身の配偶者の立場で考えた場合，そうした利点も考えられるため，英語使用による日本人配偶者側の精神的健康への影響も配慮した上，家庭内でバランスを取りながら言語を選択し，コミュニケーションに臨むのが望ましいのではないだろうか。

多文化共生という観点で，日本国内の国際結婚を考察すると多くの問題が見えてくる。国際結婚の場合，在留資格をはじめ，外国籍の配偶者が基本的人権を保障された生活を送るためには，政府や自治体の支援が必然となる。互いが自分の配偶者の言語，文化的アイデンティティに理解する態度を持ち，敬意を払い，彼女／彼らの生活環境に配慮し，必要な支援をすることはもちろんのこと，社会が外国籍配偶者の立場になって考え，支援するシステムの構築も非常に重要である。

2. 公正世界信念

次に，私たちの世界の認識の仕方がどのようなコミュニケーションに繋がるかの一例を考えてみよう。

私たちは生まれてから成長する過程で身の回りの事態を把握していくようになる。言語を学ぶことを通してモノにはそれを指し示す言葉があることを知り，周りの人を通して自分の行動の影響を知る。何が善く，何が悪いのかを周りの人々に教わり，身の回りに起こることを通して自分の周りの世界がどうなっているのかを理解する。

私達は，自分が理解している世界は基本的には変わらないと信じて生きている。しかしながら，生きている間に，明日も今日と変わらないと信じていた世界が変化することもあるということを知るようになる。例えば病を得ていた人が亡くなる場合などは，ある程度事前にこの「変化」が予想できる例だろう。一方，予想だにしなかった事故などで突然人が亡くなることもあるが，このような場合は「亡くなる」という結果が予想できなかったのみならず，その人が亡くならなくてはならない必然的な理由が見当たらないことになる。

多くの人が理解している世界の在り方の一つとして，「因果応報[3]」が

3　元は仏教用語だが，ここでは宗教的な意味合いを含まず，「現代では，自分の行動について，あとで報いを受ける場合に多く使います」（飯間浩明『四字熟語を知る辞典』https://kotobank.jp/word/%E5%9B%A0%E6%9E%9C%E5%BF%9C%E5%A0%B1-32783（2023 年 2 月 20 日参照））という説明に則って使っている。

挙げられるだろう。現実には多々例外はあるものの，基本的には良いことをした人は良い意味で報われ，悪いことをした人には悪い報いが来る，という因果を通して「世界は公正に成り立っている」と考えているということである。村山（2018）はLerner（1980）が提唱した「『人はその人にふさわしい，分相応のものを得ているのだ』という公正世界信念の考え」（pp. 29-30）について，次のように指摘する。

> 我々は，お金や物の分配，決められた手続きを踏まえているかといった，目に見える形の公正さ以外に，過去の行いと現在得たものの因果関係においても，公正，不公正を認識し，そのバランスがとれている状態を好むのである。［中略］世界が公正で安定しているからこそ，我々は長期的な目標に向かって努力を続けたり，自分自身に起こりうることは自分でコントロールできると考えたりできる。（村山，2018，pp. 22-23）

Lerner（1980）によれば，私達は自分が信じている公正な世界が成り立たなくなると感じられるような状況が生じた場合には様々な考え方で世界公正信念が保たれるようにしようとする。そしてその際に用いられる考え方の一つが，被害者を非難するという方法で「報いを受ける原因」を作り出そうとするというやり方（被害者非難）だという。村山（2018）は「被害者非難が起こりやすい状況」として「①被害者と自分の属性に類似点がある場合，②被害に遭った原因をどこにも帰属できない場合，③被害者が長期的に苦しむ（被害の回復が望めない）場合，などが挙げられる」（p. 23）とする。

例えばある家の金品が盗まれた場合，被害者の家の戸締りが悪かったのだろうから泥棒に入られても仕方がないと考えることによって世界公正信念を保とうとすることがあり得る。その際，このように過去に原因を求めるような考え方を「内在的公正世界信念」と呼ぶ（村山，2018）。一方，世界公正信念を保とうとする場合に，原因を過去の事象に求めることによって原因と結果の整合性を保つのではなく，未来に起こることとの間で原因と結果の整合性を保つという考え方も可能である。つまり，被害者宅から金品を盗んだ者は将来いつか必ず捕まり，被害者宅から盗み出された金品は被害者のところに戻るだろうとする考え方である。村山（2018）によれば，このように「不公正によって受けた損失は将来的に必ず埋め合わされると信じる傾向」（p. 25）が「究極的公正世界信念」であり，この場合は「自分は被害者のような目には遭わないはず，といった形で被害者と自分との距離をとろうとする傾向が強くなる」（p. 26）という。

更に，例えば被害者の家の戸締りは万全であったにも拘わらず，犯人は在宅だった住人を脅して住宅に侵入して金品を奪い，すぐにその金品を換金してそのお金を使い切ってしまったような場合，原因は過去にも求められないし，将来補償される可能性もない。このような状況下で「世界は公正に成り立っている」という世界観を保つためには加害者を非人間化して（村山，2018）「悪魔」や「鬼」呼ばわりして糾弾することが珍しくない。しかし「非人間化は，加害者に対してしばしば直感的で法的妥当性に欠けた厳罰を求める傾向を生じさせやすく，更生や社会復帰の機会を阻む源泉にもなる」（村山，2018，p. 26）とも指摘されている。

3．システム正当化理論

だが，仮にこの事件の加害者が最近職場でリストラに遭ったせいで非常に困窮しており，もう何日もろくに食べるものがなかった挙句にこの事件を起こしたことが分かったとする。そうなると今度は加害者側に同情の余地があるようにも思われ，そのように困窮する人を作り出す社会システムが悪い，という発想になるかもしれない。ところが，ジョスト（2022）は私たちが「現状維持への嗜好性（認知的保守主義やリスク回避）」（p. 6）を持っていると指摘する。ジョスト（2022）によれば，「いろいろあるなかでもリスクをとって悪くなるよりもいまのままがよいという頑健な現状維持バイアスを私たちは示す」（p. 6）ことに加え，「とくに自分が無力で〔それらのシステムに〕依拠していると感じているほど，社会，経済，政治システムの不平等を正当化しやすい傾向にある。（〔　〕内筆者）」（p. 9）という。ジョスト（2022）は「人々は，しばしば非意識レベルで，自分の依存する社会，経済，政治的組織や仕組みを防衛し，支持し，正当化するよう動機づけられている」（p. 3）とする「システム[4]正当化理論」を提唱し，「なぜ不利益を被っている個人や集団は，ネガティブなステレオタイプの所有者ともなり，自分たち自身を低く評価し，その地位ヒエラルキーの中での低いランクを受け入れるのかという疑問を説明」（p. 10）しようとした。それによれば，

> 社会システムやその権威者を（批判が許容される程度に）批判するのではなく，多くの人たちは，目を内側に向けたり，自分自身やあるいは他の不幸な犠牲者に非難の矛先を向けたりする。たとえば，富裕で力のある人をもてはやす一方，貧窮している人たちや搾取を被っている人たちを怠惰で知性に欠け，その人の苦境にふさわしいのだとステレオタイプ化してしまう。不利益を受けている集団のメンバーはある種の劣等感を内面化し，有利な集団の人たちよりも自分自身を否定的に見るようになってくる。（ジョスト，2022，p. 5）

4　ジョスト（2022）は反アパルトヘイト活動家であるビコに倣い，「システム」を「社会の中で有効に作用する力があり，制度化されていても制度化されていなくても，あなたの存在を支配し，あなたの行動を統制し，それはすべからく権威をもってあなたに影響力を及ぼす」（p. 7）ものであると定義する。

という。

先に述べた被害者を非難するような態度や，被害者と自分とを離すような態度，若しくは加害者を非人間化するような態度もこの理論に則った形で説明することが可能だろう。また，加害者が社会におけるシステムの犠牲になっていると考えられる場合でも様々な格差を是正することが難しいのは，次の村山（2018）の指摘からも分かる。

> 現状の社会秩序の肯定は，恵まれた，社会的に優位な集団の成員にとっては自尊心の高揚にもつながり精神状態を安定させる。恵まれない，社会的に劣った集団に属する成員にとっては，現状の肯定は自尊心を低下させ精神状態の悪化につながる。しかし同時に，現状を受け入れさえすれば，「なぜ私はこのような恵まれない集団に属しているのか」という，個人レベルでは解決が困難な問いからは解放される。（村山，2018，p. 30）

「世界は公正に成り立っている」という世界観と矛盾するような事象に面してもシステムを変える方向に行かないのであれば，被害者や加害者個人に原因を求めることにならざるを得なくなってしまうだろう。

4．多文化共生のためのコミュニケーション

高田（2015）は，現代日本にある格差として「所得」「資産」「雇用」「男女」「世代間」「地域」「人口」「企業規模」を挙げる。この他にも「教育」「医療」「情報」など様々な格差を指摘することができるだろうし，本書でもそのいくつかは取り上げた。更に，これらの格差が相互に絡み合っていることを確認しておくことも重要であろう。男女格差は所得格差や雇用格差と密接に絡み合っているし，外国につながる人とそうでな

い人の間の雇用格差や所得格差，外国につながる子どもたちとそうでない子どもたちの間の教育格差，地域格差と重なる形での情報格差など，枚挙に暇がない。これらの例を並べてみると，ほぼ必ずマジョリティとマイノリティの関係が絡んでいることが浮かび上がる。

マジョリティの一員であるということは，それだけで特権を得ている可能性があることを意味する。出口（2021）はMcIntoshによる定義を引用する形で，特権を「あるマジョリティ性のアイデンティティを有した社会集団に属することで，労なくして得られる優位性」（p. 74）と定義し，次のように述べる。

> 特権は持っている側が自分の持っている特権になかなか気づけないという特徴がある。例えば大卒の両親のもとに生まれた子どもが「大学に行くのは当たり前」とされる環境で育つことで大学生になった場合，大抵は「自分が受験勉強をがんばったから合格し，大学生になれた」と本人の努力と能力が合格の要因だと語ることが多いが，実は自分では気づいていない親の経済的基盤，安定的な家庭で勉強に集中できる環境，塾や予備校などの指導があった，など本人の努力以外で優位だったことが多くあるはずである。（出口，2021，pp. 74-75）

社会システムの中で優位に立っている人はそもそもそのことに気付かない。劣位に立っている人もシステムを変えるために積極的に動くことは少ない。その結果どんなに不全なシステムであっても，なかなか変わることはない。それでも世界公正信念を保つために「因果応報」の理屈から「自己責任」という発想が出て来るのは分からなくはないかもしれない。だが，どこまでが「自己責任」なのか。システムの不全が原因ではないのか。そこで話はもとに戻ってしまう。

私たちが持っている世界公正信念や現状維持への嗜好は，精神的に安定した形で日々の生活を送るためには必要なものであろう。その一方で，村山（2018）による次の指摘を認識しておく必要もある。

> 我々は公正世界信念を守るために，過去，現在，未来の出来事をつなぎ合わせ，事件や事故といった不公正な出来事の被害者と加害者に反応する。そしてその方略は，時に被害者や加害者を不当に傷つける可能性がある。（村山，2018，p. 26）

「不当に傷つける」ことを避けるためには，私たちがこのような傾向を持っていることを自覚する必要があると共に，他人と自分とはコンテキストが異なるということを常に意識し続けることが最も重要なのではないだろうか。

相手と自分とがコンテキストが異なるということは，自分にとっての「当たり前」は相手にとっての「当たり前」ではないということを常に意識することでもある。勿論そうすることによって様々な社会的問題が直接解決するわけではない。それでも，多文化共生を実現するためには，自分と相手とが様々な面で異なっており，且つ相手がどのような面で異なっているかは把握しきれないものなのだ（こちらにとっては思いもよらないことが相手にとっては「当たり前」になっているかもしれない）ということを意識し続けるしかないだろう。様々な格差に意識を向けることや，自分が持っている特権を意識することは，相手と自分とがどのような点では一致しており，どのような点で異なっているかを考える際に役に立つだろう。多文化共生社会というのは，「当たり前」を共有しない人たちが共に生活する社会だと言っていい。そのような社会を実現するためには，お互いにコミュニケーションをし続けて行くことが必須であろう。「当たり前」を共有しないコミュニケーションとして，何を言語化する必要があるのか，何を非言語メッセージとして伝えることが効果的なのか，自分と相手との間にはどのような共通点があり得，どのような相違点があり得るのかを常に意識的に考えていくことが，多文化共生社会を実現させるためには必要不可欠であることに，疑いの余地はないだろう。

5. まとめ

本章では最初に結婚している夫婦の間に権力差がある場合にどのようなコミュニケーションが生じ得るかを見たが，このことはコミュニケーションが行われるコンテキストには，当事者同士が対等な関係にある場合だけではなく，当事者同士に何らかの力の差がある場合も珍しくないことを想起させる。また，私たちが世界は公正に成り立っているという信念をもって身の周りの世界を理解しているが故に，その信念に違う事象に遭遇した時には信念を変えるのではなく，認識を枉(ま)げてでも信念を保とうとすることを見た。更に，私たちは世の中を構成しているシステムそのものの不全に気付いてもそれを正そうとすることは非常に困難であり，その故正そうとすることさえ滅多にない。加えて私達はマジョリティの立場にある時こそそのことに気付きにくく，マイノリティの立場に置かれている人との格差に思い至らなくなってしまっている可能性が高い。

多文化共生社会を成り立たせるためには，私達一人一人がこれらの点を自覚することが必須である。そして，私達のコミュニケーションがこれらからどのように影響を受けているかを考えると共に，どのようにこれらに対して影響を与えているかについても考える必要があるだろう。

第 4 節の最後で，多文化共生の対人コミュニケーションを成り立たせるためには，相手が自分とは異なったコンテキストを持っていることを意識し続ける必要があることを述べた。本書では前半部分ではコミュニケーションを成り立たせるために必要な要素について様々な角度から述べ，後半部分では日本でコミュニケーションが行われている様々なコンテキストについて論じたが，それも「共有されていないコンテキスト」が及ぼす影響という観点からコミュニニーションを捉える試みだった。第 1 章でも述べた通り，石井・久米（2013）は「自分の所属している集団，自分の居住している地域などでは『あたりまえ』とされている共通の『考え方』『行動の仕方』『ものの見方』『対処の仕方』」（p. 14）が文化であるとするが，共通の「当たり前」があるということはコンテキストが共有されているということに繋がる。このことは，多文化共生のコミュニケーションはコンテキストが共有されていないコミュニケーションであり，それは即ち異文化間コミュニケーションであると言うこともできる，ということを導き出す。

同じ日本社会という場で行われているコミュニケーションの中にも，文化的背景が異なる人の間のコミュニケーション，つまり異文化間コミュニケーションは数多（あまた）ある。本書を通して改めてそのことに対する認識を深めていきたい。

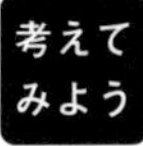

被害者と加害者がいるような事件が報道された際にみられる様々な言説の中で，「公正世界信念」を保つために認知を歪めていることが表れていると思われるものを挙げてみよう。

邦文引用文献

石井敏・久米昭元（2013）「異文化コミュニケーションの基礎概念」石井敏・久米昭元・長谷川典子・桜木俊行・石黒武人『はじめて学ぶ異文化コミュニケーション：多文化共生と平和構築に向けて』第1章（pp. 11-34）有斐閣。

岡戸浩子（2009）「国際結婚と言語意識　―日本人と英語圏出身の配偶者を中心に」河原俊昭・岡戸浩子（編著）『国際結婚　多言語化する家族とアイデンティティ』（pp. 176-200）明石書店。

河合優子（2010）「マイノリティとマジョリティ」池田理知子編著『よくわかる異文化コミュニケーション』第10部第4章（pp. 162-163）ミネルヴァ書房。

久保田竜子（2021）「レイシズムに対抗する多数派の立ち位置と責務」坂本光代編『多様性を再考する：マジョリティに向けた多文化教育』第10章（pp. 195-216）上智大学出版。

篠崎正美（1996）「国際結婚が家族社会学研究に与えるインパクト」家族社会学研究，8，pp. 47-51。

ジョスト，J．(2021)『システム正当化理論』(北村英哉・池上知子・沼崎誠監訳）ちとせプレス。

高田創（2015）「日本の格差に関する現状」2015年度第17回税制調査会（2015年8月28日開催）での報告資料。

https://www.cao.go.jp/zei-cho/content/20150827_27zen17kai7.pdf（2023年2月21日参照）

出口真紀子（2021）「『特権』の概念：北米社会と白人特権の考察」坂本光代編『多様性を再考する：マジョリティに向けた多文化教育』第4章（pp. 73-89）上智大学出版。

仲里和花（2015）「日比国際結婚のフィリピン人妻のDV・離婚に関する一考察　―沖縄県A市在住者の事例を通して―」異文化間教育41号，pp. 95-110。

松代東亜子（2004）「日本における外国籍女性とドメスティックバイオレンス―アジア人女性への支援現場から―」フェミニストカウンセリング研究，3，pp. 69-80。

村山綾（2018）「公正とシステム正当化」北村英哉・唐沢穣編『偏見や差別はなぜ起こる？：心理メカニズムの解明と現象の分析』第2章（pp. 33-51）ちとせプレス。

英文引用文献

Lerner, M.（1980）*The belief in a just world : A fundamental delusion*. New York : Plenum Press.

索 引

●配列はアルファベット順／五十音順。＊は人名を示す。

●た　行

●な　行

●は　行

●ま　行

●や・ら・わ　行

分担執筆者紹介

佐々木　由美（ささき・ゆみ）

・執筆章→2・3・7・11・15

静岡県生まれ
2003年　お茶の水女子大学大学院人間文化研究科より人文科学博士号取得（Communication Studies）
現在　慶應義塾大学経済学部教授
専攻　異文化間コミュニケーション
主な論文・著書
『異文化間コミュニケーションにおける相互作用管理方略―文化スキーマ分析的アプローチ―』（風間書房，2006年）
『米国・中国進出日系企業における異文化間コミュニケーション摩擦』（共著，風間書房，2007年）
『グローバル社会における異文化間コミュニケーション』（共著，風間書房，2008年）
『ブラジル人生徒と日本人教員の異文化間コミュニケーション』（共著，風間書房，2011年）
『中国，ベトナム進出日系企業における異文化間コミュニケーション考察』（共著，風間書房，2016年）
「文化は脳にあり―『文化スキーマ理論』文化定義の再考を中心に」『国際行動学研究』第11巻，59-81（国際行動学会，2016年）
「日本人大学生のコミュニケーション不安：自己観と海外経験との関連についての考察」『国際行動学研究』第13巻，61-88（国際行動学会，2018年）
『コミュニケーション学入門』（共著，放送大学教育振興会，2019年）
「日本人大学生の対面会話における『不安』感情とその関連要因の検討―初対面会話と友人会話における比較」『日本コミュニケーション研究』52(1)，41-64.（日本コミュニケーション学会編，2023年）

桝本　智子（ますもと・ともこ）　・執筆章→4・9

兵庫県生まれ
2000年　ニューメキシコ大学コミュニケーション&ジャーナリズム学部博士課程修了（Ph.D. in Communication）
現在　関西大学外国語学部教授
専攻　異文化間コミュニケーション
主な論文・著書
『対人関係構築のためのコミュニケーション入門』（共著，ひつじ書房，2006年）
With Respect to the Japanese（共著，Intercultural Press, 2011年）
Perceptions of the Salience of Intercultural Communication in the Contexts of Public health and Medical Practice『神田外語大学紀要』25号，49-78（2013年）
Challenging America's Collective Memory of the Bombing of Hiroshima: An Analysis of U.S. University Students' Reactions to the Anime Version of Barefoot Gen. *Journal of Intercultural Communication, 20,* 147-166（2017年）
『コミュニケーション学入門』（共著，放送大学教育振興会，2019年）

花光　里香（はなみつ・りか）

・執筆章→13・14

東京生まれ

2002年　早稲田大学大学院教育学研究科より博士号（学術）取得

現在　早稲田大学社会科学部教授

専攻　異文化コミュニケーション

主な論文・著書

「アレン・セイの『旅』Ⅰ：ステレオタイプとアイデンティティ」『早稲田社会科学総合研究』第15巻第2号，87-112（2014年）

「アレン・セイの『旅』Ⅱ：家族とアイデンティティ」『早稲田社会科学総合研究』第16巻第1号，153-177（2015年）

Global Exposure and Global Perceptions: A Cross-cultural Comparison of Students in China, Japan, Mexico, Saudi Arabia, South Korea, and the USA. *Intercultural Communication Studies, 24*(3), 1-27（共著，2015年）

「多文化共生への祈りと再生」『祈りと再生のコスモロジー』pp. 837-861（成文堂，2016年）

Complicated Identities: A Consideration of Allen Say's Picture Books. *Children's Literature in a Multiliterate World,* pp. 45-58.（共著，Trentham Books，2018年）

『コミュニケーション学入門』（共著，放送大学教育振興会，2019年）

編著者紹介

大橋　理枝（おおはし・りえ）

・執筆章→1・5・6・15

京都生まれ，東京育ち

2000年　ミシガン州立大学大学院コミュニケーション学研究科博士課程修了（Ph.D. in Communication）

2001年　東京大学大学院総合文化研究科言語情報科学専攻博士課程単位取得満期退学，助教授として放送大学勤務

現在　放送大学教授

専攻　異文化間コミュニケーション

主な論文・著書

「小学校・中学校の国語科指導要領にみる学びの型：平成20年版と平成29年版の項目対応を踏まえて」『放送大学研究年報』第36号，113-126（2018年）

『コミュニケーション学入門』（編著，放送大学教育振興会，2019年）

『英語で「道」を語る』（編著，放送大学教育振興会，2021年）

『ビートルズ de 英文法』（分担執筆，放送大学教育振興会，2021年）

『グローバル時代の英語』（編著，放送大学教育振興会，2022年）

『異文化との出会い』（分担執筆，放送大学教育振興会，2022年）

『色を探究する』（分担執筆，放送大学教育振興会，2023年）

根橋　玲子（ねばし・れいこ）

・執筆章→8・10・12

	埼玉県生まれ
1999年	ミシガン州立大学大学院コミュニケーション学研究科博士課程修了（Ph.D. in Communication）
現在	明治大学情報コミュニケーション学部教授，放送大学客員教授
専攻	コミュニケーション学（異文化間・対人コミュニケーション），多文化共生

主な論文・著書

Relationships and Communication in East Asian Cultures: China, Japan, and South Korea（共著，Kendall Hunt，2016年）

『コミュニケーション学入門』（共著，放送大学教育振興会，2019年）

Acculturation styles of bicultural employees: Qualitative research on skilled migrants from China to Japan. *Journal of Intercultural Communication*, 25, 33-52（2022年）

放送大学教材　1740229-1-2411（ラジオ）

多文化共生のコミュニケーション

発　行　　2024年3月20日　第1刷
編著者　　大橋理枝・根橋玲子
発行所　　一般財団法人　放送大学教育振興会
〒105-0001　東京都港区虎ノ門1-14-1　郵政福祉琴平ビル
電話　03（3502）2750

市販用は放送大学教材と同じ内容です。定価はカバーに表示してあります。
落丁本・乱丁本はお取り替えいたします。

Printed in Japan　ISBN978-4-595-32452-9　C1380